本书的出版得到以下资助：

2011 年中央财政支持地方高校发展专项资金项目“汉语言文学三维一体创新团队”（财教〔2012〕140 号）

广东省高等学校教学质量与教学改革工程项目“汉语言文字学课程教学团队”（粤财教〔2011〕473 号）

广东省普通高校人文社会科学研究基地重大项目“基础教育课程改革与教师专业成长研究”（11JDXM88001）

广东省教育厅高等教育质量改革工程（粤教高函〔2012〕80 号）及湛江师范学院 2012 年度教学改革重点项目（ZSJG1207）“对外汉语专业课程体系整体优化与教学内容凸显特色的研究与实践”

湛江师范学院 2012 年度“对外汉语专业综合改革试点”项目（〔2012〕97 号）

汉语国际教育人才培养丛书

走出国门的文化使者

Cultural Ambassadors from Zhanjiang Normal University

主　编　郑继娥
副主编　张鲁昌　胡明亮

暨南大学出版社
JINAN UNIVERSITY PRESS

中国·广州

图书在版编目（CIP）数据

走出国门的文化使者/郑继娥主编；张鲁昌，胡明亮副主编．—广州：暨南大学出版社，2013.12

（汉语国际教育人才培养丛书）

ISBN 978－7－5668－0883－7

Ⅰ．①走…　Ⅱ．①郑…②张…③胡…　Ⅲ．①教育工作者—生平事迹—中国—现代　Ⅳ．①K825.46

中国版本图书馆CIP数据核字（2013）第298739号

出版发行：暨南大学出版社

地　址：中国广州暨南大学

电　话：总编室（8620）85221601

营销部（8620）85225284　85228291　85228292（邮购）

传　真：（8620）85221583（办公室）　85223774（营销部）

邮　编：510630

网　址：http：//www.jnupress.com　http：//press.jnu.edu.cn

排　版：广州市天河星辰文化发展部照排中心

印　刷：佛山市浩文彩色印刷有限公司

开　本：787mm×1092mm　1/16

印　张：11.5

字　数：283千

版　次：2013年12月第1版

印　次：2013年12月第1次

定　价：28.00元

序

我在高校教书已有三十多年，从中文系到后来的人文学院，我始终教中国语言文学这个一级学科，但由于学科的分工，我也只是在文学尤其是中国现当代文学这个圈子里转悠。可以说，我对语言学是一知半解的，对国际汉语教育更是陌生。与此结缘，还是我到人文学院担任行政职务以后，尽管至今此缘尚浅。

记得那是2008年的夏秋之交，我刚刚上任不久，就接到一份由湛江师范学院国际交流与合作处转来的广东省侨务办公室的函件，大意是在印度尼西亚棉兰市，当地华侨华人们创办了一所亚洲国际友好学院，亟须汉语教师，希望我校也能派员支援。经与人文学院领导班子商议，我们选派了国家级普通话测试员、现代汉语教师赵越副教授前往支教。临行前我对她说，此番前去不光是为当地华侨子弟、友族学生讲授汉语，更是传播中华文化、建立友谊，还希望她能把见闻心得记下来，一举数得，题目就叫“棉兰啊，棉兰”。赵老师果然不负所望，撇下当时年仅6岁的儿子，只身前往印尼，坚持一年，并以自己独特的人格魅力赢得了当地学生、家长、同事、亚院领导、棉兰侨领以及广东省侨办的高度赞誉，搭建起了一座友谊的彩桥，打开了一个良好的局面。第二年省侨办又给我们提了一个新的要求，希望能派几名汉语博士或教授前往棉兰，以加强亚洲国际友好学院的招生宣传力度。于是，我们选派了郑继娥博士前往，考虑到当时她的儿子毛毛太小（不到5岁），离不开妈妈，遂又推荐其先生、留美博士胡明亮教授一同前往（胡老师之前在美国十多年一直从事汉语教学工作，他也是最佳人选）。这一家三口不仅成为棉兰亚院的一道风景，还增加了当地学校及广东省侨办对湛江师范学院的满意度和信任感。继之，第三年、第四年，我们又先后派出侯昌硕博士、郑军博士前往支教，他们均以自己的专业特长与学术水准惠及学生，为自己也为学校赢得了荣誉。尤其是郑军老师，作为第一位国际汉语教育专业出身的博士，将对外汉语教学与学术研究结合起来，更多了一重收获。

就在赵越老师被派往棉兰的同时，我校的张鲁昌老师也被国侨办和省侨办派往印度尼西亚西加里曼丹省的山口洋地区支教。不同于在棉兰亚院的老师们的集体任教，张老师独自一人承担了当地华语教师的培训任务，栖身于一间兼作办公室、卧室、厨房的小房间，默默地承受着孤独与寂寞。尽管条件相当艰苦，但张老师还是坚持了下来，并且融入当地华侨华人社群之中，成为他们当中的一员，把中国优秀教师的精神带到了印尼山口洋。2010年春天，张老师一年期满，就在他回国工作之后，印尼赤道基金会及山口洋教师联谊会的70多人来中国观光，他们不辞辛苦，专门挤出两天时间，不远千里，来看望张鲁昌老师，并感谢我校的支持。2011年，在印尼方面的恳切邀请下，张老师再一次奔赴山口洋任教。终于，在2012年，我们经与国侨办、中国海外交流协会、省侨办、广东省海外交流协会和印尼赤道基金会的通力合作，促成了“华文教育·教师研习”印尼山口洋班在湛江师院成功举办。参加研习的人员为45名印尼华语青年教师，学习交流活动为期20天。为了让他们在较短的时间里较全面地提高语言知识和教学技能、掌握一些重要的中国文学和文化知识、感知中国主要传统才艺、了解广东岭南文化特别是雷州半岛的文化，此次研习全程采取语言文学文化为主、文化讲座和才艺选修为辅的课程模式，以及课堂学习为主、户外访问为辅的教学方式。周一到周五安排必修课和选修课。必修课主要是语言、文学和文化课程，选修课集中于中华才艺和手工课程，力图使语言和文化同设，知识和技能并举，必修和选修共存，让学员既能整体拔高知识，也能开阔视野、形成知识体系；既有必须学习的课程，也有选课的自由。学院多次修改、完善课程和培训方案，精心设置研习内容，设计了拼音、汉字、词汇、语法、修辞、写作、现当代文学、古代名著、戏曲、诗词鉴赏、微格教学、儒家人生哲学、道家人生哲学、禅宗思想、姓氏文化、餐饮文化以及民族舞蹈、民歌传唱、武术、太极拳、山水画、书法、手工、烹饪等课程，并安排了滨城文化考察和到教师家中访问等活动。语言基础课程方面，着眼系统，由浅入深，效果良好；文学文化课程方面，突出重点，借助专题，点面结合；教学技能课程方面，立足传统，引进前沿，注重实践；中华才艺课程方面，精选国粹，强调趣味，陶冶情操；社会考察，走进大学、中学课堂，走进宿舍和家庭，体验中国式教育；校外观光，领略湛江秀美景色，感受雷州灿烂文明。整个过程前有开班典礼，后有结业典礼和汇报演出，印尼赤道基金会20多名理事专程从印尼到场观礼。新浪网、中国华文教育网、碧海银沙网、《湛江日报》、印尼《国际日报》等均作了报道。

我们知道，印尼自20世纪60年代至90年代，有着三十多年不能教学华语的历史。50岁以下的许多华侨华人基本都不会说华语，所以需要大量的华语教师，但是仅仅依靠中国派去的志愿者是远远不够的。而我们这个研培项目，就是利用印尼学校放假之际，把印尼的青年教师“请进来”，借助湛江师范学院丰富而全方位的师范教育资源，从知识拓展、技能提高、学术讲座、文化考察、研讨交流等各个方面对他们进行研究式培养，通过“华文教育·教师研习”的方式，逐步由“输血”向“造血”演变，从而有效地满足印尼华侨华人对华语及中华文化的学习需求。

近年来，湛江师范学院已经派出十批教师到泰国、印度尼西亚等国进行对外汉语教学。这项工作既为我们积累了办学经验，也提高了老师们的对外汉语教学水平，并开阔了他们的视野。

随着老师们的披荆斩棘，湛江师院对外汉语专业的毕业生们也陆陆续续地走出国门志愿支教，担当起“文化使者”。在印尼，我们的毕业生任教于不同城市的不同学校：张华琴、柯理静、吴丹霞、蔡君在棉兰亚洲国际友好学院；梁志林、谢佳莲、何广英、李郁玲、钟霞、陈亚耀在棉兰捷捷语言学校；甘楠、江钰钰、李素敏在棉兰韩江学校；吴文静在棉兰崇文中学；江雁在棉兰甲大国际幼儿园；符婷茹、柏彩芹在印尼泗水崇高基督国际学校；黄小娟在泗水新中三语学校；李桂芳、关颖贤在泗水艾莉学校；吴梦霞、林小玲、李翠云等在泗水美礼恩国际学校；梁文彦在日惹崇德三语国民学校；庄瑞华、王盛钦、梁桂华在雅加达慈济学校；黄泽婉在万隆基督教三一学校；符彩花在巴厘岛印华学校等。他们在不同的岗位上，要么是一人独自承担中小学9个年级的教学任务，要么除了教授几个年级的汉语课，还承担周末兴趣班教学、节日节目排演等任务。他们课外辅导的学生在《国际日报》《讯报》和《好报》等报上发表作文上百篇。这些毕业生教风严谨、任劳任怨、兢兢业业、多才多艺、融洽合作，受到当地教职员工和支教同事（我国其他高校教师）的称赞。他们发挥自己的聪明才智，诲人不倦，并以灵活多变的教学方法、过硬的管理能力，以爱校如家、爱生如弟妹的情怀，受到当地学生、领导的一致好评。

而在泰国，我校毕业生杨碧鹊在曼谷贾拉·皮杰龙学校，杨惠敏在博他仑府学校等。此外，潘英典两次赴蒙古国立大学任教。不过，从整体来看，我校汉语国际教育专业毕业生出国支教以及在国内从事对外汉语教学的人数还是太少，这也是全国其他高校的普遍问题。我们应该一方面进行专业改造，另一方面拓宽交流渠道，以促进汉语国际教育专业毕业生就业。同学们也应该把从事汉语国际教育视为自己的本职工作和崇高使命，把走出国门传播中华文化的师兄师姐们当作自己的榜样！

近些年来，湛江师院还先后与泰国皇家理工大学、美国圣约翰大学、韩国忠州大学、越南东都民立大学等签订了交流协定，安排我校对外汉语专业在校学生每年定期到对方大学学习交流1~2个月。他们住在当地老师家或学生宿舍里，和当地人紧密接触，认真学习当地的语言和文化，提高了自身的外语水平和跨文化交际能力。赴泰交流的学生从2009年开始除了学习泰国语和泰国文化外，还有一星期2~4节课的上课任务，他们在泰国交流和教学期间反响较好，得到海外华文报纸《星岛日报》等媒体的报道。赴美的同学还有辅助当地中文老师进行口语教学的机会，这些课堂教学对他们来说，是难得的赴外开展教学实践的机会，这有利于提高他们对专业的兴趣和热爱度。尤其是从2012年开始，每年有数十名对外汉语学生到泰国的中小学实习4~5个月，这既满足了泰国中小学汉语师资之急需，又锻炼了对外汉语学生的教学技能，增强了他们的实战能力。

此书收集了这些出国从事华文教育师生们的部分心得，篇篇情真意切、情深意长。有张鲁昌老师对山口洋人、事、景物的魂牵梦萦，有朱习文老师在马达加斯加岛的艰苦创业，还有赵越老师的“亚院心、棉兰情”；有郑军老师“幸福的笑容”，有郑继娥老师的全方位感受，还有胡明亮老师红豆树下的乡思；有侯昌硕老师和柯理静同学声色并茂的多巴湖之行、峇眼之旅，有庄瑞华同学雅加达的生活、吴文静同学的棉兰见闻，有甘楠、李素敏、江钰钰三位同学在韩江学校的日日月月，还有张华琴、吴丹霞、符彩花、李桂芳、何广英等同学的拳拳爱心。这些经验之谈，对于高校教师回国后应该怎样教、学生在校应该怎样学，都有着极其宝贵的借鉴和启示意义。

2009级至2011级赴泰国实习的同学的近20篇感想，篇篇我都阅读过。从这些感想中，我第一次真切地了解了他们在泰国期间的工作、学习和生活，同时也深切感受到学院当时作出让学生出国实习这个决策是多么正确，并于此感到莫大的欣慰！同学们身处泰国各地中小学，独当一面，从战战兢兢到从容自信，其变化之大令人刮目相看。他们在这个“面带微笑的国度”所感受、所收获到的东西绝不仅仅是友善与多元的文化，还有许多做人为学的道理。即使就实习而论实习，这也是一次极好的锻炼机会。从人才培养的角度看，这样的实习是非常必要的。在这样一个舞台上的“带妆彩排”，将会使他们终生受益！

此外，本书中还汇集了短期出国交流的学生的心得。到泰国皇家理工大学交流的学生主要是学习泰语和泰国文化。由于近年来汉语国际教育专业学生的带薪实习大多选在泰国，我认为学校应该与皇家理工大学保持长期的合作与交流，并且最好安排学生在大三时期赴泰交流。因为这样，他们在实习之前就能掌握一些泰语，这对他们到泰国后能用泰语交流是十分有好处的。同时，这些同学也应该利用在泰国的机会多学一点泰语，回国之后再把所学所感传授给其他同学，以便其今后赴泰国交流实习时能从容面对学生、在生活上更加便利。而这些心得正是贯穿了这一理念，非常感谢这些同学，你们都是“有心人”！赴美带薪实习的学生则是另外一番面貌。他们多是在美国的酒店、游乐园、度假村甚至蛋糕店里打工，与美国人零距离交流。在美国不像在泰国或者印度尼西亚，没有那么多华侨华人来关心、照顾他们，而且美国文化也并不提倡这样做。赴美经历不仅让他们了解到大洋彼岸另一国度的真实生活，还提高了他们的英语水平，更增强了他们独立面对生活以及处理问题的能力。湛江师范学院与韩国忠州国立交通大学的交流刚开始不久，这也是一个不错的项目。湛江师范学院的两位韩国籍教师任教已久，他们教授的韩语颇受欢迎，这为同学们赴韩留学提供了极大的便利。尽管韩国学校的物质条件相对较好，办学层次和教学质量也相对较高，但对我校而言，其所需和所容纳的程度都是有限的。我认为作为地处北部湾、号称东盟“桥头堡”的粤西湛江师范学院，在国际汉语教育战略上还是应该多面对东南亚国家，尤其应该在泰国和印度尼西亚方面多动脑筋、多下功夫、多点沟通与交流。同学们也应该时刻做好在艰苦条件下工作和生活的准备，也许你的价值正是在那里得以实现，人生正是在那里焕发光彩！

我虽然已于2012年6月任期届满，卸去了人文学院的行政工作担子，但对于汉语国际教育的这份感情并未随之消减，仍然关注着“文化使者”的事业。此前，我曾与黄高飞老师一起提出了对外汉语专业“三型一化”人才培养模式的改革设想，而后又于2012年9月会同郑继娥老师申报并最终获批湛江师院对外汉语专业综合改革试点项目。2012年10月，更是接受苏北华社慈善与教育联谊会理事长苏用发先生的邀请，与赵越、郑继娥、胡明亮三位老师一起前往印尼棉兰，出席亚洲国际友好学院首届中文系本科生的毕业典礼及联欢晚会，切身感受到汉语国际教育的重要意义和独特魅力。但是，我一直有一个遗憾，那就是我们学院在国外至今没有一所“孔子学院”或“孔子课堂”。在我的任期内没有完成这项任务，我深感内疚和自责，尽管这不是我一个人所能完成的事情，但我常常扪心自问：你尽全力了吗?!

近些年来，国外掀起了一阵又一阵的“汉语热”，“孔子学院”或“孔子课堂”也在各大洲各个国家生根开花。湛江师范学院的汉语国际教育专业已经开办了十年，积累了较为丰富的办学经验，师资队伍力量也相当雄厚。而我院位于中国大陆南端的湛江，其气候条件、风俗习惯、语言特征与东南亚较为接近，这使得我们的学生更容易适应东南亚生活。因此，我校在专业布局和定位方面兼顾了人才需求区域的文化、气候等特点，人才培养也更具针对性。我希望我们学校的汉语国际教育战略——包括与“孔子学院”或“孔子课堂”的合作，还将继续面向东南亚国家；也希望这一本出国支教师生们的经验总结，能够对我们的专业建设和人才培养起到积极的推动作用。

是为序。

熊家良

2013年12月20日

目　录

万岛之国写华章

湛江师范学院一直以来积极支持东南亚华文教育，目前已经派出教师10批10人到印度尼西亚、泰国等地进行汉语教学。这项工作既使我们积累了丰富的办学经验，也提高了教师国际汉语教学水平。特别是对印尼华文教育，学院从2008年起已经派出6位优秀骨干教师分赴山口洋、棉兰亚洲国际友好学院接连任教5年。

张鲁昌老师两次应印尼赤道基金会邀请，直接受国家侨办和广东省侨办委派前往山口洋地区培训华文师资，并担任了教学顾问和“汉语桥”印尼大中学生全国总决赛的评委。2010年春天，印尼山口洋华人社团70多人，不远万里，专程到我校来看望他，并感谢我校的大力支持。赵越、郑继娥、胡明亮等老师认真上课，勤于育人，辅导学生参加世界大学生“汉语桥”比赛，并取得印尼赛区第一、第二名。他们兢兢业业，恪尽职守，得到了国侨办、省侨办，以及校方的肯定，棉兰亚洲国际友好学院授予他们“优秀教师”称号。侯昌硕、郑军老师获得广东省侨办及广东省教育厅授予的“情系华教、服务华社，积极参与海外华文教育事业，弘扬中华文化，表现优秀”荣誉证书。总之，教师的跨文化教学经验对我们国内的对外汉语专业教学具有很大的指导意义，使他们能够更加有针对性地培养和指导合格的国际汉语教学人才，这样的教学也会更有成效。同样，他们的文化感受在日常的教学中也会有助于学生了解国外的风土人情，增加学生的跨文化交流知识。

此外，学院对外汉语专业的毕业生也有很多直接接受侨办的选派，或者是应印尼不同学校的邀请赴印尼教授汉语。他们在印尼的教学过程中所遇到的问题、困难，不仅可以反映出我们现在人才培养计划存在的问题，同时也促使我们不断修正。

本章选出湛江师范学院部分师生在印尼教学过程中的见闻，希望能为以后赴印尼从事对外汉语教学的师生提供相关经验，也希望能为我们更好地建设汉语国际教育专业提供有力的实践支持。

梦萦山口洋

张鲁昌
（湛江师范学院人文学院讲师）

好快，一年就这样如飞一般过去了！2009年2月，应山口洋教师联谊会邀请、受中国广东省侨办委派，我来到山口洋协助进行华文教学与师资培训工作，如今已近一年。一直无暇顾及的离别猛然间已到了眼前，美丽的山口洋，就要和你说再见了吗？难道以后只能和你在梦中亲近？心头慢慢涌起的淡淡的惆怅，是依依的留恋，是浅浅的离愁，还是深深的感动？

印尼加里曼岛上的山口洋市中心

从坤甸沿海岸线驱车向西北144公里，一路上的山水美不胜收，正当你有些审美疲劳时，仿佛就在路的正前方突兀而起的一座大山，会让你的精神为之一振，好高的山！想进山口洋，当然先要跟门神打个招呼："你好，高杯山！"在山口洋市的各个角落几乎都能看到高杯山，太阳刚要落山时，山林间蒸腾而起的白色雾气与云相接，这时如果爬上山顶，肯定会有身在天庭的感觉。山脚下，空气清新，溪水清澈，路边的参天大树上还长满了寄生植物。鸟鸣声清脆婉转，偶尔还能在树间看到一个彩色的亮丽身影飞过。

山口洋地区的山很奇。拇指山形似翘起的拇指，又像仰卧的睡观音，相隔不远，就是大圣公山，因山脚的大圣公庙而得名，斗战胜佛取经归来，在这里悠闲而安然地享受着人间的香火。三发河口的象山和狮山，隔河相对，不知已相互守望了几百万年。山口洋地区的山很多。从山口洋市出发去孟加影，一路上弯弯绕绕，起起伏伏，路边茂密的原始森林遮去了山的影子，偶尔露出一块空隙，映入眼帘的，除了山，还是山。

山口洋的海是平静的，很难让人将其与波澜壮阔联系起来。海边沙滩上到处都是贝壳，偶尔还能捡到几个小海螺，但它们太小了，放到耳边也听不到潮声。零碎的珊瑚被冲到岸边，静静地躺在那里，是在思念它们大海深处的蓝色家园吗？几叶渔舟在海上显得那么渺小，仿佛已到了天际，船上的渔人在唱歌吗？唱的是不是《渔舟唱晚》？远处那朦胧的几座孤岛，笼罩在淡淡的雾霭中，是神仙居住的地方吗？

从山口洋市到假狮，要经过几条河流。亚默河在乌落港汇入了乌落河，两条河里的水一清一浊，相汇后半边清半边浊，原来这里也有"泾渭分明"啊。两河交汇处的岸边矗立着观世音菩萨高五六米的塑像，端庄、肃穆中隐隐透露出仁爱与慈祥，大慈大悲、救苦救难、普度众生的菩萨，也随着华人的先祖们历尽千辛万苦，远渡重洋，来到了这片遥远的肥田沃土，护佑着她虔诚的生灵。两边的童子一擎莲花，一披彩带，栩栩如生。到了三发，需要坐船渡过三发河去假狮。宽广的河面，河水滔滔，直奔不远处的大海。越过宽阔的水面，船开进一条较狭窄的河道，两岸是稀疏的椰树和较少的乔木，大部分地方被阿笞叶和密密麻麻的灌木、攀爬植物所覆盖，没有留下一丝缝隙，看不到下面是水还是泥土。一路极少看到人类的痕迹，只有很原始的热带沼泽风光。回程的时候，天色黑了，坐在渡船的甲板上，四周黑黢黢的，偶尔闪过一点萤火虫的亮光，在枝杈间好似动物的眼睛，在一片黑暗之中，贼亮贼亮的。回到了三发河上，风很大，河水拍击着船舷，风里带着一股海水的腥咸味道。闭上眼睛，感受茫茫天地间个人的渺小，甚至忘记了自己的存在，进入天人合一的境界。

在这青山秀水之间是大片的良田。不管去哪里，路边都是稀疏的人家，精巧别致的农舍显示出农家的富足，大片广袤的椰林和碧绿的稻田，一直延伸到目光所及的地方，除了几辆在马路上奔跑的汽车和摩托车，这里几乎没有任何工业化的痕迹。椰园里，农人为你砍开刚从树上摘下的椰子，不用杯子，不用吸管，就捧着椰子原汁原味地喝，有多少城市里来去匆匆的人能享受到这种惬意的生活？农人木屋的两边和屋后都种着椰树，椰树的后面是稻田，不用农药，不用化肥，纯天然绿色食品，连食用油都是他们自己用传统的手工方法制取的椰油，不添加任何的化学成分。想吃鱼虾，河沟里就有，离海边只有两公里，涨潮的时候，海蟹都能跑到这里来。日升而作，日落而息，蓝天白云下，忘却了时光与岁月。

依山傍海，地处赤道附近，自然是盛产水果和山珍海味的好地方。椰子当然是毫不稀奇，榴莲、红毛丹、牛油果、山竹、蛇皮果让来自温带的人们大饱眼福的同时大快朵颐，他们原来哪里吃得到刚从树上摘下来的那个新鲜劲儿。还有更多叫不上名字的水果，黄的、绿的、红的、紫的、青的，看着鲜艳的颜色，甜的、酸的、涩的、香的、臭的，闻着或淡或浓的味道，你就只管流口水好了。还有被城里人视为珍品的野菜，在市场上可以买到好几种。至于说海鲜，价格便宜倒在其次，最让人大开眼界的是“块头儿”，肥大的海蟹让你彻底理解什么是横行霸道，海虾的块头大到让你不敢相信那是虾。鲨鱼、鲳鱼、墨鱼、鱿鱼、鲅鱼、海蜇、螺蛳带着海水的咸味和腥味，直撞你的味蕾。淡水甲鱼有几十斤重，你相信吗？乌落港特产的淡水虾，用椰油煎过，红色里透着淡黄，你想吃吗？野生的鹿肉和田鸡在这里还没有被禁止，想尝尝吗？

好留恋呢！如诗如画的山口洋，如曲如歌的山口洋，如梦如幻的山口洋，仙境一般的山口洋，处子一般的山口洋，怎能不让人心生无限的眷恋！

但让人留恋的仅仅只有这些吗？隐隐觉得，不只是这些，甚至觉得，这只是其中一小部分而已。

最让人留恋的是山口洋的人。山口洋人的生活是安静而恬美的。在大街上，你几乎看不到行色匆匆的路人，每个店的店主都在悠闲地品着茶或咖啡，来的顾客也都不紧不慢地看看这个，瞧瞧那个，丝毫没有急于要买的意思。淳朴的民风依然那么浓厚，没听到过争吵，当然更看不到打架。如果你到店里买东西，恰巧下起了大雨，店主都会拿把雨伞送你回家去。走在大街上，很多人向你微笑着打招呼，但你很可能不认识他。工作之前，先叫来一杯咖啡放在桌上，浓浓的，冒着热气，散发着香味儿。有客来访，先问一句：“茶还是咖啡？”

山口洋大多是华人，走到哪里都能听到倍感亲切的客家话。他们大多信奉佛教或道教，其实也是“儒释道”三教合一的，因为佛庙里往往也供奉着道家的神明，在一座神庙里神像的旁边还贴着孔子的画像。寺庙红墙绿瓦、飞檐斗拱，雕梁画栋，典型的中国建筑风格中略带着印尼的韵味。有的庙前还有两根石柱，各盘一条苍龙，昂首向天，似欲待机腾云而去。“五步一寺，十步一庙”似乎并不夸张，山口洋号称“千庙之城”，虽没有千庙，但据说也至少有四百座。各路神明几乎都在寺庙里尽享供奉，如来佛祖、观世音菩萨、济公活佛、三清天尊、玉皇大帝……最多的是福德祠，也叫大伯公祠，供奉着土地公公。令人惊奇的是，这些土地公公竟然还过生日，在那一天人们要锣鼓喧天、高朋满座地庆祝一番。当然还有很多人信奉天主教、基督教，友族大多信奉回教，教堂和清真寺也就有很多。凌晨四点或傍晚，扩音器里传来吟诵可兰经的声音，幽远而又悠扬，宁静、古朴、庄严而又圣洁。也许，正是宗教带给了山口洋人随遇而安、与世无争的闲适心情与性格。

山口洋人中，最让人敬重的是一群“年轻的小老人”。按年龄说，他们都是我的父辈，但他们有着年轻人的精力，有着顽童般的赤子之心，我就尊称他们为“年轻的小老人”。

最早接触到的是不在山口洋的山口洋人——旅椰山口洋地区乡亲会和赤道基金会文教部的义工们。他们中最“年轻”的是陈绍秋先生，他经常笑称自己18岁（实际81岁），他的睿智与豁达让人既钦佩又羡慕；还有沉稳干练的钟学胜先生、风趣幽默的许保义先生、温文儒雅的房蔼宜先生、多才多艺的邓华安先生、热心助人的陈开能先生、执着不懈的唐坤成先生，特别还有一位巾帼不让须眉的陈惠连阿姨，他们让我内心深受感动。年过花甲，含饴弄孙，尽享天伦或许是每个华人最幸福的归宿，但他们跑来跑去地忙碌着，不是为自己，而是为了与他们素不相识的孩子和贫苦的人们。

张鲁昌在钟学胜先生的椰园

2009年4月22日，赤道基金会的义工由“最年轻”的陈绍秋副主席率领来山口洋进行扶贫助学工作。他们凌晨三点多赶赴机场坐飞机，飞抵坤甸后，直接赶赴四所学校看望贫困生并调查其家庭情况，与校领导进行座谈。到达山口洋时已是傍晚六点多，但他们依然精神矍铄，依旧精力旺盛。

在随后的三天里，他们兵分两路，到各处的学校和华文补习所，把接受资助的贫困生叫来，一一进行了解，包括姓名、父母工作、家庭经济状况、兄弟姐妹等。他们做得那么细致、耐心，为热心人士所捐助的每一分钱负责，把钱用在需要的地方，他们自己的食住行全是自掏腰包，他们说这样才好给那些热心捐助的人士一个交代。短短三天时间里，他们走遍了山口洋市、三发县、孟加影县所有有受助学生的学校和华文补习所。连日奔波，这些已年过花甲的老人，竟然看上去毫不疲倦，一路上有说有笑，简直比年轻人还年轻！其间，房蔼宜先生身体不适，但依然随行走完了全程。

4月24日，他们还去探访了一户贫困人家。车开出城，转入一条窄窄的小路，又开了一段时间，转入一条更窄的、仅容一辆车通过的小道。这时已到了大山的腹地。在一片椰林中，有几处破烂的板房。在一处板房前，车停了下来。这家主人赤裸着上身过来迎接。狭小的板房内几乎空无一物，只有几条破烂的板凳，没有什么别的家具。在板房的最里面有一个黑暗狭小的厨房，所谓厨房不过是用几块石头支起一口炒菜的小锅，旁边是一口做米饭的小锅，连油盐酱醋都没有。一个床垫卷在板屋的角落里，晚上他们就把床垫铺在地板上睡。这家主人48岁，有三个孩子。他没有什么文化，又不会什么技术，自己没有土地，只靠给别人除除椰林里的草之类的零工挣点钱糊口。赤道基金会资助了孩子的学费，钟学胜先生又拿出李锡波先生捐赠的200万盾给他补贴家用。出了家门，许保义先生又掏出一些零钱塞进孩子们的手里，然后才上车离开。

这只是他们常规的扶贫助学行动中的一次，而这样的行动他们不知已进行了多少回。多少失学的孩子又背起书包回到了学校，多少贫困的家庭在他们的热情帮助下又找回了生活的希望。令人感动的“年轻的小老人”们！

10月11日，山口洋地区乡亲会副主席陈惠连阿姨专程从雅加达回到山口洋，三天的时间里，她到SMP Nyarumkop国民学校与校长签订了为该校派遣华文教师的备忘录，山口洋地区乡亲会将支持该校开设华文课，并提供华文教师三年的薪水；随后，她又和峇厘多学校的领导开会并与华文教师进行座谈，访问了孟加映大同英华教育中心、邦戛安宁学校、山口洋新光明印华公学，了解华文教育发展情况。几天下来，这位“年轻的小老人”竟然看不出有丝毫的疲倦，让人好生钦佩。山口洋地区乡亲会为家乡的华文教育提供了大量的资助，有力地推动了家乡的华文教育发展。

山口洋教师联谊会主席黄锦陵先生因眼疾不能自己开车了，但他几乎每天都让儿子开车送他去教师联谊会为华文小学补习所的孩子们上课。一上楼，他就习惯似的清清嗓子，于是，几乎每天在同一时间都能听到他那中气十足的咳嗽声。每天晚上，他都要在教师联谊会华文小学补习所的几间教室里巡视好几回。他常常给我带一些蔬菜、水果和阿姨做的美味可口的饭菜，我总觉得过意不去，让他不要总为我花钱，他却总是孩子般天真地说：“没花钱，顺手牵羊牵来的。”

今年7月3日，为推动卡江上游地区的华文教育，实地了解当地华文教育的发展状况，山口洋教师联谊会主席黄锦陵先生组织了“卡江之旅”，带领15位教师走访了卡江上游的万那、上侯、彬路、新当、昔加罗、双勾月等地。四天的时间里，黄主席带领老师们每到一地，就详细询问当地发展华文教育的情况，提出建议，并把书籍作为礼物赠送给他们。行程紧，路又很难走，每天要走几百公里，最后，黄主席的声音都有些嘶哑了，但仍精神十足，他也是一个让人叹服的“年轻的小老人”。这次“卡江之旅”有力地推动了卡江上游地区的华文教育。此后，他又三次亲自送几位年轻老师到几个地方任教。如今，这些地方的华文教育已如火如荼地发展起来了。

“年轻的小老人”里还有一位不是山口洋人，她是西加华文教育协调机构副主席陈慧珍老师。每次来山口洋，陈老师都神采奕奕，因为时间紧，她总是一下车就井井有条地安排各项工作，然后顾不上休息就乘车赶回坤甸。陈老师那为发展华文教育而奔波操劳无私奉献的精神让人由衷地感到敬佩。

在山口洋乡亲会、赤道基金会等众多华社和热心人士的积极努力下，在西加华文教育协调机构的指导下，在中国政府的大力支持下，经过山口洋教师会和每位华文老师的辛勤劳动，山口洋地区的华文教育发展很快，一直走在了印尼华文教育的前列，培养出了一大批优秀的华语人才。今年，仅山口洋地区就获得了30个中国孔子学院奖学金的名额，现在这些学员已分别在中国的几所大学中就读了。

还有两位“年轻的小老人”，傅孙强叔叔和韩妙龄阿姨，他们非常热爱华文，经常与我讨论语音、汉字方面的问题，有时还会发短信问我“赝品”之类的词是什么意思，“有朋自远方来，不亦乐乎”“高处不胜寒”“除却巫山不是云”等怎么解释，那股认真劲儿，真的让人觉得不像是老人，而更像是中学生。他们对所有来山口洋的中国汉语志愿者老师和外派教师都非常疼爱，就像关心自己的孩子一样关心我们的衣食住行，给我们一个心理上的家。这种关爱，我将永远铭记在心！

除了这些“年轻的小老人”，还有太多的人让我难以忘记，德高望重的张纬潜老前辈，和蔼可亲的陈瑞洪先生，大记者林展理先生，不懈追求的黄丞远先生和马秋鹏先生，全力兴办华文教育的李利发先生，用自己为别人操办红白喜事所得的红包贴补华文补习所经费的黄法廷先生，还有教师联谊会的每一位老师……能够有缘结识你们是我一生的幸运，在这片远离祖国的美丽土地上，你们让我深切地感受到了同根同源、血脉相连的骨肉亲情，谢谢你们给予我的疼爱、关怀与感动，我会永远记住这段美好的时光，也真诚地希望你们不要忘记我！

最让人牵挂的还有一群大孩子。这学期我还担任了新光明印华学校华文初中补习班的语文课老师和高级班的语音课老师，并兼任了初中班的班主任。或许是山口洋的山水和人文环境造就了这些孩子懂事、乖巧、恬淡的品性，他们从来不让我操心，这班主任也就有名无实了。不过，毕竟还是一群孩子，他们有时候也“淘气”，趁你不注意的时候，大喊一声：“老师，看这里，笑一下！”然后用手机“咔嚓”给你照一张相，不用说，肯定照得很丑，但他们捧着手机，看着里面的相片，笑嘻嘻地故意气你：“老师，好帅哦！”

他们学习很认真。我常告诉他们：“语文语文，既要学好口头的‘语’，又要学好笔下的‘文’。每个人都要说一口流利的华语，至少能写出一篇可以发表的文章。”虽然他们有几个音发起来很吃力，但经过一段时间的“别扭”之后，现在已经发得比较标准了。他们还把自己写的文章或我批改过的作文修改好后拿给我看。我是一向懒散惯了的，看一下，错了的地方画个圈，不好的地方画条线，最后写几句批语，然后交给他们自己去修改，我做不到徐崇妹老师（也是一位我非常敬重的“年轻的小老人”）那样，错了的她都要亲自在学生的作业本上改过来。结果，学生修改后交上来，我仍不满意，又圈圈画画一通，再让他们去修改，有时这样反复两三次，但每一次他们都重新誊写得干干净净，一笔一画书写得清清楚楚才交给我。当他们的作文终于变成铅字刊登出来的时候，看到他们脸上洋溢着的兴奋与羞涩，真的让人由衷地欣慰和莫名地感动。至今，全班已在《国际日报》发表了10篇作文。好样的，孩子们，加油！

短短的一年，获益良多，感慨良多，感动良多！再见，美丽的山口洋，一个让人魂牵梦萦的地方。在那梦境中，一定会有山口洋的山山水水，会有山口洋美味的海鲜、飘香的水果、纯天然的蔬菜，会有一群悠闲淡定地生活着的人，当然，更多的还是那些忙忙碌碌、不知疲倦的“年轻的小老人”们，还有山口洋华文教育蓬勃发展的美景，还有一群大孩子，还有……

深爱亚院，情系棉兰

赵 越

（湛江师范学院人文学院副教授，在读博士）

在印尼棉兰亚洲国际友好学院的执教生活已经过去四年多了，但每每回想起在棉兰、在亚院度过的那些日子，心中总会涌起深深的感动，眷恋之情挥之不去。人这一生，会经历许多人和事，但能经久不忘永存记忆的却不多，亚院心、棉兰情，就是这“不多”的情愫之一。

万水千山华夏情

“海外侨胞”原来于我只是一个政治术语，离我很遥远。记得以前看春节晚会的时候，一听到念“海外侨胞”的贺电之类，总觉得这个词政治成分大于情感成分，而我现在绝不会那样简单地推断了。真的，只有当你亲眼看到、感受到海外侨胞的那一份中国情的时候，你才能明白那些话语中的真意和真情。在棉兰与华人们接触的经历，升华了我对海外侨胞的感情。

在远离中国的日子里，一切有着浓郁中华色彩的节日在我看来都是那么可爱，值得珍惜。原来觉得春节越过越淡，而在棉兰过的那个春节，华人家里浓浓的年味体现出中华文化的魅力与传承，让我感受到了春节对华人的凝聚力和影响力及华人对中华文化的深情，我于是生发出这样一种想法——回中国后一定要把后半生的每个春节都过得有滋有味、有中国特色。原来我在“五一”节放假时要么睡觉要么旅行，而在棉兰过的那个“五一”，却让我在异国他乡见到了在印尼深山里修筑水电站的中国同胞，体会到了劳动的况味和意义；原来常感慨“年年岁岁粽相似，岁岁年年粽相同”，那年在棉兰过的端午节，却让我知道了粽子绝不仅是粽子，它里面蕴藏了最深最浓的华夏情。

那年的端午节来得比往年都早，因为在离端午节至少还有两个星期的时候，我就吃到了学生送来的碱水粽和肉粽，有的清雅，有的香浓，我早早感受到端午气息的同时，也见证了棉兰华人与中华文化的血脉情缘。而后来的一个晚上，我下课后回到住地，又看到了摆在餐桌上的一大袋粽子，那是跨越了万水千山、从遥远的雅加达“飞”来的粽子！它们串成了串，由一根线牵着，静静地摆在餐桌上，更是把这份不可分离的血脉情缘牵得更加绵长。

我品着粽子的浓香，听着粽子的故事，心里泛起涟漪……那是黄炳康老先生特地拜托朋友从雅加达捎来的粽子啊！我虽从未与黄老先生谋面，但我多次听同事们满怀敬意地说

起黄老先生。

黄老先生在印尼的华人中是位领袖式的风云人物。八十几岁高龄的老人，专程从雅加达赶来棉兰参加亚洲国际友好学院的落成典礼，没有解不开的情缘是不会有此奔波的。他专门看望了在此任教的中国老师，他为华人终于能光明正大地学汉语，而且还兴办大学专门教授汉语而由衷地高兴。老人说起不堪回首的往事，眼泪止不住地流。而眼前的一切令他欣慰，他永远也说不完他的满心欢喜，依然是边说边泪流不止——在他心中蕴藏了太多的浓得化不开的华夏情！

其实何止一个黄老先生让我们感受到了华夏情赤子心呢？我们九位中国老师虽远离祖国，但并不孤单，因为有印尼华人的华夏情相伴左右，印尼华人虽与中国远隔万水千山，但他们对祖籍国的赤子情怀跨越了时空的距离。在棉兰的一年里，我们感受到了华人多少血浓于水的情怀啊！

有一天晚上九点半下课回来，我们看到陈民生、杨彩莉夫妇笑呵呵地站在餐厅里，桌上摆着九盒我们最爱的广东肠粉和香飘四溢的榴梿，我们开心的尖叫声都快要把房盖顶起来了。而他们后来的每次探访，不是有香甜的雪糕，就是有热乎乎的炒粿条，要么就是棉兰糕饼或各式水果，更兼他们可亲的笑脸，温馨就在夜空里一圈圈荡漾开来了……我们从中国来到棉兰，他们夫妇去机场接；我们游完巴厘岛回来，他们夫妇也去接，那天刚好是情人节，他们俩给我们每个人送了一枝玫瑰，同时绽放的九朵玫瑰和同时绽放的九张笑脸，把机场人们的目光都吸引到我们身上来了……素昧平生的我们，因为心中的华夏情，不是一家人，胜似一家人。

多少幸福温暖的回忆冲击着我的心！春节时隆重的团拜、华联理事们的轮番宴请，还有那有着浓浓中国特色、寄托了祝福的红包与舞狮，无不让我们深深地体味到关怀和亲情，体味到中华文化的向心力和影响力。黄世平老师陪着我们深夜探访棉兰华人正月初九的拜天公习俗；程高龄老师坚决免费教我们几个中国老师唱歌；无论我们有什么要求，廖章然先生都会竭力想办法，于是我们借演出服装、借演唱光盘都“一路绿灯”；鹅城慈善基金会、花仙子歌舞团、夕阳红剧艺社……为我们提供方便的社团难以计数，而且不管借什么、借多少、挑多长时间，都有最耐心的等待、最暖心的服务。甚至黄春成先生私家珍藏从不外借的演出服，我们却可以随意挑选……张家楚先生与夫人倾注在我们身上的关爱，温暖着我们的心；参观完苏用发与苏用成先生的糖果厂后提在我们手里大包小包的糖果，甜蜜着我们的心；吴明辉先生请我们吃比萨时的欢声笑语，徐铭锴先生请我们品尝泰国餐时的爽朗诙谐，吴和敬先生在庆功宴上的温良敦厚，我们都铭记在心……

来自学生们的关爱更是数不清，今天这个班的学生送来了清咽利喉的菊花或喉糖，明天那个班的学生又悄悄在我们的包里塞进了可爱的糖果；今天这个班的学生带来了妈妈做的好吃的包子，明天那个班的学生又把粽子和点心放在了我们的餐桌上；今天是我们没见过的水果，明天是我们没尝过的小吃！

一点一滴总关情，关乎华夏赤子情。万水千山怎么能阻隔……

有“粽”自远方来，不亦乐乎？黄老先生跨万水越千山的情谊，让我情动于中的同时，更引发了我无数回忆，只是太多回忆还未来得及整理，新的温暖记忆又如花朵一般悄然绽放了，你看，先达的著名小吃油炸花生又悄悄地摆在了餐桌上……

华族友族情绵长

印尼国家对我而言，印象中它有“千岛之国”的美誉，主要宗教是伊斯兰教，20 世纪六七十年代及九十年代发生过大规模令世人震惊的排华事件。说实话，我印象最深的是排华事件，所以，心里对这里的人民是怀有芥蒂的。来了之后才慢慢发现，这里的百姓其实也和善友好，当年挑起事端的只是一小部分人。这里的民族成分很复杂，超过一百多种，不管是什么肤色的人，我们看到更多的是他们透出善意和笑意的温暖单纯的眼睛。在商场、在餐厅、在机场、在收费站，甚至在卫生间，到处都能看到友善的笑脸，不同皮肤不同信仰的背后，都是一颗向善的心。在校园中，华族、友族学生共同学习、互相帮助、和谐相处的场面也随处可见。

我的学生中就有少部分印尼土著学生，按当地华人的习惯，称他们为“友族”学生。我像对待华人学生一样对待他们，像爱华人学生一样爱他们。思迪是三个孩子的妈妈，已经拿到了英语的本科学位，但还坚持来这里学习汉语，她的勤奋好学让我印象深刻。课下我常常关心她的学习情况，问她哪里不懂，再反复讲给她听。刚开始教她时要不断地用英语跟她解释一些东西，半年后就几乎不用了，她基本上可以完整连续地用汉语表达了。期末考试时她讲述童年的故事，让我们大受感动；综合课考试也能考到友族学生中的最高分，真让人敬佩。路易丝非常聪明，尤其有唱歌天赋，曾被选派到雅加达参加汉语桥比赛。备赛时她跟我吃住在一起，我每天辅导她演讲，一字一句地纠正她的发音，激发她的情感，训练她的语气语调。频繁的接触，让我们建立了很深的感情。临别时她给我写了一封长信，虽然她还不能完全用中文表达，但一片深情让我泪湿枕巾：

Everytime, when I image that you'll leave this school，我哭了。*I love you so much* 老师…*I have never met such a best teacher in my life except you*。*You're the best teacher for me*。老师，您知道吗…*when I write this letter I'm crying*，*I'm so sad*。老师，不要走。*I don't know if I can still have the best teacher like you.* 我不知道。*I write this letter at* 1：00 *midnight*，*I can't sleep*。*I am always thinking of you*！…老师，*You're a candle for me*…（每次，当我想到您即将离开学校，我哭了。老师，我是这样爱您……在我的一生中还从未遇到过像您这样好的老师。对我来说，您是最好的老师。老师，您知道吗……当我写这封信的时候，我是如此伤心，以致哭泣不已。老师，不要走。我不知道是否还能遇见像您这样的好老师。我在午夜一点钟写信给您，我睡不着啊！我一直想着您！……老师，您对我来说，像蜡烛一样……）

面对这样有情有义的学生，做老师的怎能不付出自己所有的爱呢？另一个友族学生马丽莲家境不好，但她特别勤奋，几乎从不缺勤，每次上课和写作业、写作文都特别认真。她告诉我她有两个梦想——去雅加达看足球比赛和去中国旅游，可惜她现在没有钱，去不了，但她相信学好汉语后，她能实现这两个梦想！

我爱看他们纯净的笑脸，爱看他们单纯的渴求了解世界的专注的眼睛，甚至爱看他们祈祷时虔诚的背影、风中飘舞的头巾。无论清晨还是傍晚，耳旁萦绕的祈祷之声，也常常让我祈祷：愿不同的种族不同的文化，在友好的接触中慢慢合流，仇恨和冷漠渐渐远去，爱和温暖永留人间。

中华文化海外行

中华文化是海外侨胞在海外的“根”，是将华族联系在一起的纽带。

语言是文化的重要表现形式，印尼华人在20世纪那么艰难的情况下，还偷偷学华语、教华语（20世纪六七十年代因为教华语和学华语而担惊受怕甚至坐监七年的华人实在不少），足可证明这一点。当我在新年联欢会上听到献身于华文教育几十年而甘愿做一株小草的黄世平老师的歌声时，我不禁感慨：正是这绿遍天涯的小草，让中华文明的血脉不断延伸。现在那么多华校如雨后春笋，也充分说明了语言的血脉作用。

但我们也必须看到：语言毕竟是一种交际工具，华族学生也好，友族学生也好，对语言实用性的追求是非常明显的。如果我们能让他们在尽可能短的时间内有效地学习汉语，快速掌握一般汉语对话，会吸引更多人学习汉语。另外，棉兰的华人大多讲闽南话，也有部分人讲粤语或客家话，如果我们能对这些汉语方言有所调查并进而以此作为普通话教学的一个参照的话，会相当给力，也会使教学更有针对性。我在亚院时通过学生做了一点儿语言调查方面的工作，但尚未形成成果，希望以后还能有机会再调查，继续做这个工作。

在印尼包括在棉兰有不少华文报纸，它们是华语传播的重要园地，常可见不少华文补习学校学生的习作，虽然幼稚，但让人喜爱。可惜大学生的作品极少见，实用文体也不多，这对于推进华语的实际应用还远远不够。另外，报刊中用词及文法的错误相当普遍，编者和作者的汉语写作水平还亟待提高。

春节仍然是华人非常看重的一个节日，除了商场有相当多的应节物品外，大街小巷亦可见“恭喜发财”一类的横幅遍挂，甚至有些印尼土著人也会用中文来说这个词，足见中国的年文化深入人心。春节期间，华人团体也有不少集体活动，相互拜年的习惯也还保留着，当然，也融进了一些印尼文化的元素。舞狮在20世纪那个可怕的年代曾遭禁，但这几年来备受推崇。此外，华人，特别是来自福建的华人，正月初九还保留有非常隆重的“拜祭天公”习俗。这些中华文化在海外的流传有了新形式，值得关注和研究。

刷新认识复反思

亚洲国际友好学院是一所私立大学，刷新了我对大学办学模式的认识，同时也促使我反思在国内的专业课教学。

在办学模式方面，除了私立性质外，差异最大的就是友好学院的学生们几乎都是半工半读，这在国内是极少见的。学生们可以根据自己的实际情况选择上学校开设的晚班或白班课程。白天工作的学生就选择晚上来校学习，即所谓“读晚班”，也有的学生选择上半天来校学习，那就是“读白班”。这样的办学形式很灵活，既可让学校有独特的生存空间，又可满足学生的不同需求，还能让我们这些老师真实地感受到学生们如饥似渴的学习热情。当看到读了半天白班的学生又匆匆赶往另一所大学学习的时候，当看到刚从公司赶来学校连饭都来不及吃的学生端坐在教室里的时候，我心中涌起的不仅是感动，更有责任。

我常想，如果中国的大学生们也能有此经历的话，他们可能就更加清楚他们在课堂里要学的是什么，他们可能就会更加珍惜现有的一切。

不过，因为只上半天课，此外还要努力工作，学生们用于学习的时间就不能保证，而且课上的时间有限，所以，我们利用周六开办课外兴趣小组，以便学生有机会学习更多的东西。我上的是朗诵与演讲课，学生们通过这两种艺术形式，更深刻地感受到了汉语的魅力。

我在国内一直从事现代汉语课程的教学，除了教中文专业本科学生，还教对外汉语专业本科学生。到了亚洲国际友好学院后，在教学过程中，我不断反思自己在国内给对外汉语专业的学生上这门课时的不足之处：联系外国学生学习汉语的实际不够，对中国学生的问题关注多；知识点不应只是让学生掌握，还应该让他们知道，这个知识点外国人学习时常有什么样的问题出现，该如何解决。比如同义词、同义句型的讲解，该专业的学生既要自己明白，也要了解外国人学习这些内容时的困惑之处在哪里。国内学生与外国人接触的机会相对要少，更需要老师为他们引介更多相关的案例。此外，海外华人学生常常因为有一定的汉语基础，在学习的过程中还会体现出与其他外国人学习汉语的不同特点，这都值得我们关注。

因为国际范围内汉语热的升温，国内很多大学开设了对外汉语专业，但不少院校不具备让该专业的学生实习的条件，如没有外国留学生或少有对外国人进行汉语教学的机会，如果老师教学时与外国人学习的实际联系再少的话，学生们的学习简直就是纸上谈兵了。因此，尽管一周二十节课的工作量已让习惯了国内每周六七节课的我筋疲力尽，但我还是坚持把课堂上遇到的问题和学生作业、作文中出现的问题收集起来，作为将来的教学和科研资料。这些真实的语料一方面为我提供了生动的教学实例，另一方面也让我能从另外一个角度思考曾经习以为常的语言现象，启发我重新审视某些学术观点。真是苦中有乐。

总之，这段生活让我感慨良多，收获颇丰，欢笑夹着汗水和泪水……棉兰的天，棉兰的雨；清凉凉的山，绿莹莹的水；富有民族特色的建筑，彰显民族文化的服饰；美味天然的瓜果，个性鲜明的食物；更有与我血脉相通的华族同胞的热情与执着……现代与古朴交融、发达与贫困纠缠着的棉兰啊，日益发展壮大、正展翅翱翔的亚院啊，永镌我心！太多的感受让我在回想这段生活时往往不知从何说起，但我可以肯定：爱必有回报，付出了爱，收获的是更多的爱；行必有回报，行万里路，收获的是更加立体、更加丰满的人生！

奉献和感动之旅

郑继娥

（湛江师范学院人文学院副教授，博士）

亚洲国际友好学院

亚洲国际友好学院（Asian International Friendship College，简称“亚院”）是一所高等外语学校，设有汉语和英语两个专业，也是印尼最大的私立华文教育大学。学校以全部聘请中国老师教授汉语为特色。亚院所在地棉兰是印尼第三大城市、苏北省省会。地处北纬7°，一年四季为夏天，分雨季和旱季。每天气温在21℃～31℃之间，早晚凉爽，属于海洋性气候。比起湿热的广州，棉兰比较干燥。

亚院主体是一栋天井式的五层小楼，设计独具匠心，任何地方都能合理使用。一楼是行政办公室和图书馆、舞蹈室、语音室；二楼和三楼主要是教室，三楼有一个可容纳1 000人的大礼堂；四楼和五楼的一角是我们25个教师的食宿基地。老师一人一间宿舍。学校分白班和晚班。白班每天上午4节课，早上9：00上课，10：00～10：30课间休息，为的是让学生吃早餐，12：30下课。晚班18：00上课，中间也有半小时晚餐时间。有不少学生会自己带饭来，也有一些会到学校的餐厅吃。

中国老师的一日三餐是自助餐，由华人大姐莉莉操持，另有一位友族职工的妻子爱玛做助手。星期一到星期五是工作时间，莉莉通常在早上7：10左右开始做饭，8：10左右开饭。午饭一般在10：30左右做好。爱玛会在下午3：00左右洗锅洗盘。下午4：10左右做晚饭，我们5：00吃晚饭。如果是节假日，莉莉会晚一点做饭；有时我们也会自己做一顿饭。早饭常有稀饭、馒头、炒面（或炒粉、粿条）、豆奶、鸡蛋，有时有印尼小吃，如油条、油炸糯米饼、彩色的糕点等。午餐和晚餐常大同小异。饭菜以家常菜为主，每次两个荤菜，两三个素菜。一星期会有一两次虾或蟹等海鲜。莉莉在学期初做过一个印尼菜，但不辣，就是有种奇特的味道，大家吃不惯，后来也就以中国菜为主了。中午和晚上都会有汤和水果，水果以木瓜居多，西瓜次之，有时会有橘子、香蕉、杨桃等水果。

我和其他24个中国老师于2009年8月21日到达印尼苏门答腊岛的棉兰亚洲国际友好学院，作为最大的一个“中国老师”群体，我们开始了丰富而有趣的执教生涯。我们这群人，既有50多岁的大学教授，也有20多岁刚毕业的研究生和本科生；既有来自中国东北、华北的北方人，也有来自广东、广西的南方人。我们25个老师共同构成了一个大家庭，以亚院那座天井式五层小楼为家，共吃一锅饭，过着在印尼的美好集体生活。虽然我只工作了一年，但华人领袖们鞠躬尽瘁传承华文的热情一直留在我的脑海里，那里也有我牵挂的最忙又最调皮可爱的学生们，还有我们同事间的点点趣事，想起来总是难以忘怀。

来到印尼，我才更深刻地理解了都德《最后一课》中所表达的失去祖国语言的悲痛，才认识到棉兰华人两代人经历了 34 年不能公开学习华语的艰难困境，也才深切感受到现在抓住时机办校兴学的赤子爱国之忧。2009 年 11 月 7 日，院方理事为我们举行了欢迎宴会。在宴会上，华人企业家苏用发理事长致辞，坦言办学之后他常常夜不能寐，身体比以往更加疲惫，原因是担心办不好，不能在有生之年让后代人学会自己祖籍国的语言等等。他多次感谢中国老师给他极大的支持。我们每个人也都充分感受到亚院董事们对我们的尊重和关照。

在印尼的日子里，碰上周末或节假日，理事会常组织我们参加当地华人的活动，如各宗亲会的秋祭活动、弥勒佛堂纪念活动、华人的婚礼、闽南歌国际大赛、苏北文联的庆中秋活动、《印广日报》十周年庆典等，每一次都让我们深切体会到棉兰的华人领袖推广华文、教育后代的良苦用心。

苏氏宗亲会秋祭不忘奖优

2009 年 9 月 6 日，星期日上午，我们应邀到苏氏宗亲会“武功堂”观摩秋祭活动。陈先生驾车载着我们四个老师从拥挤的小路开进一个类似小区的僻静宽敞大路，跟守门的几个友族保安说一句话就长驱直入了。沿途相隔一两百米或更远能看到一栋一栋豪华的别墅，设计新颖，各不相同。有的像欧洲圆拱形回栏环绕，有的像一个城堡，但每一家都是一个房屋群，高高低低互相呼应，上下相连。

路两旁是高尔夫球场，有池塘和高低起伏的绿色草地，视野较开阔。到了目的地，看到一个小院中矗立着一栋镶有一副长长对联的两层小楼，一层的楼门开着，里面两旁各有一排桌子，桌子后坐着穿着印尼民族服的华人。我们依次看过去，第一张桌上放着一个“乐捐”箱，工作人员负责登记。别的桌上放着一些杯子之类的东西。桌面玻璃下压着一些集体活动的照片。还没看仔细，就被堂屋后面正中舞台上热闹的场面吸引了过去。

台上一男一女两个主持人，男的讲印尼语，女的讲一些简单的华语。台后面的墙上刻着“武功堂”三个描金大字，下面是“苏氏宗亲会”的牌匾，再下方是今天的活动主题“奖学金颁奖典礼”。从孩子们穿的衣服来看，穿白衣灰裤的是高中生，穿白衣蓝裤的是初中生，穿白衣红裤的是小学生，从上到下依次排开，这次奖励的是功课成绩在 80 分以上的所有苏氏子弟。每六七个孩子一组上台领奖金和证书，由苏氏的一位宗长上台颁奖。每颁发一次，照一次相，最后所有 85 个孩子集体合影。台下的老师们纷纷拿起自己的数码相机拍照，还有的全程录像，好像是自己的孩子在台上。

捐建会所的苏理事长说，苏氏宗亲会主要是举办慈善和教育活动。这个“武功堂”既可以联络宗亲，又可以带动经济，还可以奖励后学不断进步。每个周末都会开放，人们可以来这里唱歌、跳舞、下棋、聊天等等。每年正月十五、清明节、七月十五都是宗亲活动的大节日。

给孩子们颁完奖，便开始吃饭。我们 24 个老师被优先安排到早已摆好饭菜的桌上，每人一个带有米饭的大盘，桌子中间摆有六盘菜和一大碗汤。吃饭前有人送来一小碗加有冰块的豆色的汤，里面是甜味的彩色西米和水果块。我们每人还有一杯封口纯净水，可以自己拿吸管吸着喝。想得可真周到啊！老师们既欣喜又惊奇，动刀叉前先拍照。

吃完饭，我们到礼堂中央的椅子上坐下，开始唱卡拉 OK 助兴，主持人热情地让大家选歌。苏董事长先带头唱了一首《酒干倘卖无》，然后我们大家共推唱歌好的吴老师唱，他的《把根留住》引来大家阵阵欢呼声和掌声。其他老师也一首一首地唱了起来。

小楼前左下角有一小龛，前面放着一些贡品。上了二楼，上面正墙上挂着四幅画像，从着装来看，时代不一。画像上的人都是苏氏的宗祖，最早的来自安徽阜阳。画像前的长桌上摆满了贡品，有烤乳猪、糕点、面点，还有水果和米饭。楼外阳台很大很长，也摆了一张满是贡品的桌子，前面还有一个长而高的插着香的鼎，烟雾缭绕，香气浓郁，有着浓厚的祭祖气氛。墙上有一幅福建南安市的地图，那是苏姓印尼人的故乡。据说他们每年都会回中国祭拜祖先，还曾经在那里捐建学校。下午两点，祭拜祖先开始，唱歌跳舞随即停止，我们被安排回学校。

通过参加这次印尼棉兰苏氏宗亲会，我感受到海外华人为传统文化的保留付出了很大的努力，对华夏文化在海外的延续作出了巨大的贡献。从原来 6 个孩子受奖励，到今天 85 个孩子得到奖学金，这不仅说明苏氏人丁兴旺，也说明不断奖励上进的方法对其他孩子也产生了鼓励的作用。

慈光弥勒佛院

根据印尼的规定，每个人都必须有宗教信仰，而绝大多数印尼华人信仰佛教。2009 年 9 月 6 日晚上，我们亚洲国际友好学院的 12 位老师应邀乘车参加慈光弥勒佛院一周年庆典活动。未去之前，我抱着学习佛学知识的心理，以为可能像以前在美国参加佛光山举办的活动一样，吃吃斋饭，聆听一下佛学大师对佛经的解释，没想到这次却很特别。

一下车就看到一座宏伟的庞大建筑群，不像我们在国内见到的寺庙，倒像是高大、气派的宫殿。门口有一对汉白玉大石狮子，门面宽敞开阔，显得很大气。闻到香气时，已看到地上摆着十几个厚厚的圆形垫子，几个香客正恭恭敬敬地上香，他们双手合十，闭目祈祷。往后看见一尊高达两人的满脸笑容的大肚子弥勒佛。也有人正在后面摸着弥勒佛大肚子上的“福”字，久久不愿放下双手，也许心中正祈愿一生平安幸福吧。

大厅的两侧，有几个柜台，摆着纪念品、食品、饮料和玩具等。这种情形轻松得倒像是在逛一个商场，丝毫没有香味带给人庄严肃穆的庙堂感觉。在大肚子弥勒佛身后有一道高大宽敞的门，有门槛，是跟一般寺庙相同的释迦牟尼大雄宝殿，大殿的左边是观音宝殿，右边是普贤宝殿，供奉的是关羽财神爷。向里望去，静然无声，远远地看见有人在里面跪坐祈祷。大殿里地面洁净如镜，进去的人都是光脚轻步，不觉使人增添了虔敬之心。大堂里外的墙壁上都雕有大幅的壁画，无声地讲述着一个个佛教故事，教人行善积德。

大堂两侧还有意想不到的处所，一边是几座小桥横跨的小河，小河两岸有不少人物小塑像，好像在讲某个故事，小桥的中央是一尊高达三四米的观音塑像。另一边是儿童游戏场，有秋千、滑梯、小城堡等。围绕着三座宝殿的两侧墙下设有不少供人休息的双人座椅。从外围看，那种轻松、愉快的气氛又呈现了出来。大殿后的走廊十分宽敞，殿后的建筑是文艺室，可能是供演员化妆、排练、上场的地方。

顾不得仔细看，也因为不懂印尼文，小的标牌看不懂，只能猜测其意思。随着人群向右走向楼梯，看到八个身着印尼传统服装的年轻小伙子和姑娘分列两旁，一有人来，马上微笑着点头微蹲，用印尼语说“欢迎光临”。上了二楼，又得到十位年轻礼仪人员的热情欢迎，如此一直到四楼。到了四楼，门面一下宽大了许多，在彩色气球搭建的拱形门下，一下子又见到二十个分列两旁的礼仪人员，他们齐刷刷地向我们表示欢迎，使我们再次感受到如贵宾一般的礼遇。

一转弯，看到一个装点得充满节日气氛的大礼堂，厚厚的地毯上一字排开几十张铺着红红桌布的圆桌。在中间的通道上每隔三步五步就有一个礼仪人员向我们微笑点头。已有不少嘉宾就座用餐。正中的舞台上印着佛院的图像，礼堂舞台两侧都设有投影布，方便大家从前、左、右都能看到舞台上的节目。

坐好后，工作人员指示我们可以到前边拿自助餐。这时我们才看到礼堂前面两侧摆有几张桌子，有各种菜肴、水果、小吃，甚至还有冰激凌供应。每一样饭菜都很精美，每一样餐具都洁净如新，使人感觉像是在参加一个盛宴。我们都很喜欢，因此每一样小吃、水果拼盘我们都用相机拍下来，闪光灯左闪右闪，忙个不停。

在吃饭时分，屏幕上放了两遍关于佛院的建设情况和对社会贡献的视频。从中我们知道该佛院不但讲经说法，还为社会提供文化和体育教育，进行扶助老弱病残、植树造林等多项公益活动。他们倡导的是热爱大自然，热爱一切生命，创建一个大同、和谐以及至真、至善、至美的大自然乐园。

这个理念通过第一个节目充分地展示出来。一群穿着传统服装的少年们，以活泼、明快、整齐的舞蹈展现了年轻人充满朝气、充满活力的精神风貌。这是他们参加在北京举行的一个国际比赛的获奖节目，它再次以震撼的力量感染了在座的每一个人，观众报以热烈的掌声。第二个节目是一个合唱团献出的，它向人们传诵着老有所乐、老有所依的幸福健康的心声。

我们怀着依依不舍的心情离开了庆典现场。整个佛院给人的感觉亲切而随和，犹如笑口常开的弥勒佛，但轻松中又不失大雄宝殿的庄重威严之感。这种融合着两种不同情调的特殊观感，是我在其他寺庙中未曾感受到的，这也可能正是创建者对弥勒佛这尊未来佛、快乐佛、幸运佛、笑佛的最好诠释吧。

华文媒体在印尼

《印广日报》是印尼苏北省四大中文报纸之一，也是最早恢复的中文报。2009 年 11 月 15 日，在其十周年庆典之际，邀请我们 25 位老师（还有我儿子毛毛）一起参加了庆典午会。庆典有 60 多桌客人，整个大厅宾客满堂，热闹非凡。

宴会之前我们看了不少表演。节目以唱歌为主，穿插了伞上滚球的绝活，还有对“酸甜苦辣”的理解、猜谜等有趣的游戏，更有一些搞笑的“公鸡啼，母鸡叫”“逐个传动作猜意思”的活动。有两个小女孩表演了朗诵还演唱了《外婆的澎湖湾》，都很不错。我们学院的老师表演了两个节目，一个是*Ayo Mama*的歌唱，一个是《四月的记忆》的朗诵，充分发挥出我们教师的语言优势。最有意思的就是“脑筋急转弯”这一环节，毛毛第一个说出问题的答案，第一个获得奖品。其他中国老师也纷纷举手作答，我们拿到了好几个奖品。那晚，大家都很高兴。

在亚院，除了《印广日报》，我们还经常看《讯报》。身边的老师经常在上面发表散文，我们都争相阅读。《青讯报》是专门针对中小学生设计的，每期都有寓言故事、一日一字，以及学生的习作。报纸一到，毛毛准是去找《青讯报》，它是儿子离开中国后最喜爱的课外阅读资料。我自己也经常拿给友族学生，让他们试着阅读故事，提高他们猜字猜词的能力。

虽然远在印尼，但我们对国内外的大事一样了解，这多亏了印尼华人精心创办的各种华文报纸。

在印尼过圣诞节

2009年12月24日晚，我参加了卫理会荣耀堂的平安夜弥撒，这是我从美国回来后第一次到教堂。刚下车就看见院子两边那两座高高的教堂，大楼装点了各种灯饰，闪闪发光，悠扬动听的圣诞音乐飘荡着，令人陶醉和感动。教堂在六楼，电梯门打开，只见教堂的执事们一字排开，微笑着跟出电梯的人一一握手，一边说着“Merry Christmas”，一边给人们发荧光棒和节目单，一切井然有序。

节目开始了，先是唱诗班的孩子们演唱圣歌，然后牧师带领大家赞美基督。接着，美声唱英文颂歌，主题是关爱家庭。最精彩的是那两个牧师，他们穿着西装，打着领带，一个讲印尼语，一个讲汉语，语调时而低昂，时而高亢，很投入很动情。

我以前去过不少教堂，如成都的天主教堂、美国三个不同地区的教堂，我曾聆听过无数次圣歌，参加过几次圣诞晚会，但感觉印尼的牧师讲得最具体、最形象。他们经常用寓言故事或是身边的经历来教导人们相信上帝，那种感觉很美妙。语言常是双语，有时是三语，让想学汉语或是想学英语的年轻人在接受福音的同时学习外语。这正是教堂真正走向社会的很重要的一步。

世界上最忙、最调皮的大学生

印尼棉兰的大学生，是世界上最忙的学生。可能是由于印尼社会非常看重工作经验，也可能是由于当地人有着18岁就应独立的思想，棉兰的大学生形成了边工作边读书的风气。那里的大学大都为适应这种特点实行半天读书制度，国立大学一般是上午八点上课，到下午一点半左右；而私立大学一般开设上午班和晚班，允许学生选择其一。有工作的学生选择晚班，白天工作，晚上读书。有的学生不工作，但也不甘示弱，他们一般选择两所大学，或者一所大学的两个专业，白天和晚上学习不同的专业课。如有的学生白天上建筑，晚上学汉语。甚至有的学生可以三者兼顾，在两所大学读书的同时还要工作，他们在晚上九点半前不是工作就是上课，学习生活非常紧张。

这种高强度的半工半读，或者兼读，使得我们的教学工作出现了在中国很少发生的现象。第一，迟到现象普遍。很多上晚班的学生都是有工作的，从工作地点到学校的路上恰巧是下班高峰，加上棉兰经常晚上下雨，很多学生很难准时到达。第二，作业难以完成。他们每天早上六点左右起床，起来后洗澡、吃饭、上班，一直工作到下午五点多，时间这么紧张，能按时到校上课就很不错了，作业很难完成。第三，上课期间总想出去。课间，特别是上最后一节课时，总有学生要出去 10 分钟左右，有的就再也不回来了。第四，缺课多。有的学生由于工作或者其他兴趣，常常请假。第五，考试交头接耳、传试卷、传照片等作弊现象很严重。这些现象，在我换班后，体会得更加深刻。

我原来教一个快班，学生汉语水平较高，他们或者私下补习过几年汉语，或者已经在别的专科学校学过一点中文，或者本身就是电台的播音员，还有几个是补习学校的中文老师。这个快班的同学接受能力很强，书本上的东西，他们早就会了。我只需着重纠正他们的发音，并把汉语语法、词汇的知识穿插进去，增加一些课外知识。为了让他们系统性地学习，我还是按照课本编排教学，不到一个月，就已经学到了第 12 课，并已写了几次小作文。

在我们一年级综合课组教师开教学碰头会时，听说平行的 13 班才学到第 8 课，大大落后于其他班，而且任课的综合课老师好像快顶不住了。他说这个班男生多，上课老跟老师对着干。作为老教师的我感到奇怪，也不服气，所以主动请求换班，希望能使这个班赶上来。

换班后才发现，这个班原来是华族、友族混合班，当时一共 12 个人，只有 1 个女生兰兰，还是友族，这跟其他班女生占大多数的情况迥然不同。据说，这是汉语基础为零的一个班。说是零起点，可能只是指友族的五个学生，因为他们都是上大学后才第一次接触汉语；而七八个华族男生都会说印尼福建话，口语和听力很好，已经能用汉语交流。由于这是基础班，其他班的后进生退下来，都会退到这个班里，因此 13 班的人数是变化着的。从这个角度说，这个班的学生汉语水平并不是零，而是有汉语背景的和无汉语背景的学生夹杂在一起，听说能力参差不齐。

这个班不但存在上面所说的纪律问题，甚至还出现一些其他问题，两个星期下来，我也感到教学进展缓慢，尽管已身心疲惫，但正常的教学设计还是常常完成不了，可能是由课上常有专门起哄的华族学生，另外学生上课时频繁进出打乱教学进程而导致的。

印尼学生迟到现象非常普遍，一般是由于路上堵车或者公司加班等客观原因。由于客观原因迟到，我们可以理解，也可以等几分钟。但我们这个班有几个学生每天是商量好故意一起迟到，一起晚来十几分钟。我发现后，就在校门口等他们，或者到学校的小饭店找他们。有一次上课铃声响了，我在小饭店找到了他们。他们看来已经吃完了饭，但依旧坐在桌边，不紧不慢地聊着。我赶紧催促他们去上课，他们不好意思地站起来，但走路还是慢悠悠的，丝毫没有觉得上课迟到是不光彩的事。这样的情况，有时候也发生在后两节课。他们去喝咖啡，也故意拖着不来上课。印尼的学生总是很“讲义气”，如果有一人不走，好朋友都会陪着，因此产生了这种群体迟到、群体早退的现象。

他们迟到后，竟大摇大摆地进来，从来不顾及其他人正在读书还是写字，而且喜欢挪移桌子，或者合并桌子坐在一起，弄得嘎吱嘎吱响，十分影响教学秩序。有时还大声地跟

别人打招呼，高声说笑，好像是在公共场所，根本无视老师和同学的存在。10 月 21 日晚上，我上第三、四节课，恰巧有两位年轻女老师来听课。上课后，我先给在场的五个学生作了介绍，并且让大家欢迎了她们。看到大多数学生还未到，为了等他们，我先让学生一起背读已学过的 1～10 课。快背完时，六个华族的学生才慢悠悠地走进来。他们进来发现有两个新面孔，就在后面悄悄地议论起来。后来听会说闽南话的陈老师说，那几个男生课堂上一直在猜测女老师的年龄，还争论起两位女老师到底比他们大多少岁。

这些调皮鬼上课时说的都是福建话的印尼变体。他们趁老师讲课或者提问其他同学的间隙，赶紧聊起来。有时还跟周围的友族学生聊，影响别人听课和练习。让他们读生词、课文时，故意声音很大，像小学生一样。当我请女生兰兰回答问题时，他们就专门起哄，大声地喊“兰兰，兰兰”，好像是在球场上为她加油一样。而兰兰则被吓得缩着头，一声不吭。

针对聊天、起哄这些问题，我想了各种方法去解决。首先是增加课堂的气氛，采用课堂讲故事、课中穿插游戏的方式，来调动每个学生的学习兴趣。此外谁说话就提问谁，甚至还用了惩罚措施，谁在课堂上说福建话或者印尼语就罚 1 000 印尼盾（相当于 0.7 元人民币）充当班费。有几次下课后，我找那些起哄的学生谈心，跟他们讲尊重老师和同学的道理。后来，我调换了他们的座位，不让他们几个坐在一起，从而减少其上课说话的机会。在办公室，我还向周围同事、领导吐“苦水”，索要良方。后来又跟校方联系，希望他们与学生强调一下应有的礼貌、重申一下学校的纪律。最后校方也出面跟这几个调皮的学生的父母反映了情况，还狠抓考勤，严格考试制度，如果缺课三分之一以上则不得参加考试。通过合力整顿纪律，这个班的班风总算有了好转。

但还有一些没办法改变的事情。我们的友族学生是学校董事提供奖学金资助他们来读汉语、了解华族文化的，学校也非常尊重他们的信仰，专门开辟了一个教室作为祈祷室。晚上的“拜拜”（昏礼）是黄昏六点半左右，那时恰巧是在晚上上课后的半小时。他们一般要去祈祷室虔诚祷告 20 分钟左右。那么友族学生出去了，其他学生是继续学，还是停下来等他们回来呢？这种问题令教师左右为难。不管是继续上新内容，还是复习旧知识点，友族学生都会错过这些内容。如果其他学生也休息，那么学生六点上课后学习情绪刚调动起来，六点半就休息会影响他们的学习劲头，从而打乱学校的正常教学秩序。我在的时候这种问题一直没办法解决，不知现在的亚院有无更好的方法。

另外，学生缺课现象也很严重。如有个同学得了登革热，头两个月没有来上课；有个是小老板，生意忙，常不来。还有三人视踢足球为生命，有两人是某俱乐部篮球队员，他们因为训练常常缺课。有个别学生常常借口过生日，或者参加同学姐姐的婚宴而不上课。也有因另一所大学调课要补课不来的。这种“三天打鱼，两天晒网”的现象严重影响了他们的汉语学习，也使整个班的学习进度非常缓慢。

语言课的特点是学习了就得马上巩固和复习，每门课特别是综合课每天都有作业。可是由于各种原因，学生常常完不成作业。第二天上课检查时，做作业的一般只有六个人左右，华族的几个调皮鬼一般不做作业。到 11 月中旬时，友族学生可以书写汉字、认读汉字。可华族的几个本来就会福建话的调皮鬼却不会写，如果没有拼音，他们连最起码的简单汉字都不认得。在背课文时，强调了无数次的“去”还发成“气”；“十八”发成“蛇罢”；刚学习了生词和课文，马上去认读后面的词组时，大多数学生会傻眼；而听写只能写拼音，极个别的才能写出一些汉字。

我当时认为，可能那些调皮的华族学生心理年龄小，还不懂为什么学习汉语。如何转化他们的态度，明确他们学汉语的动机，从而提高课堂质量是当务之急。经过反复地与之谈心、讲道理后，令人感到高兴的是，四个调皮鬼中的三个正在进步，因为他们已经认识到了问题所在，上课主动分开，尽量不说话。作业也能做一些了，听写时汉字书写正确率显著提升。五个友族学生稳步向前，三个友族学生在全学院“普通话朗诵”比赛中，声情并茂地朗诵了《天上的街市》，吸引了最多关注，获得二等奖。在欢送老师回国的晚会上，我们班的友族同学竟然也有一个节目，安迪和丽妮首先出场，然后兰兰把我和其他两位老师从观众席请到台上。友族学生桐非、乌兰、斯林还用诗一样的语言表达了对老师的热爱。那一刻，我流泪了。

与获奖友族同学合影。左起为斯林、刁艳萍、兰兰、郑继娥、桐非

这个班的学生是我见过的最调皮、最有个性的大学生，也是最令我头疼、印象最深的一批学生。直到现在兰兰还一直跟我保持联络，她多次在 QQ 上问我什么时候回到印尼，而我总是说：“老师希望你能来中国。”

2012 年 10 月，在离开印尼两年后，当我再次回到亚院参加第一届毕业生的毕业典礼时，问及这些学生的去向，领头的调皮鬼、久病的学生、做生意的学生都自己退学了，友族的学生进行了分流，一些合并到其他班，一些复读了一年。我教学十几年，亚院这个班的学生是最让我操心、最让我牵挂的，衷心祝愿他们都能学有所成。

木瓜风波

2010 年 1 月 17 日早上，我终于知道为什么前一晚上剩下那么多木瓜了！平常水果是最先被吃光的，可最近几天总是有剩余，尤其前天剩下多半，这是为什么呢？原来早上吃饭时，谈到有一位老师的手心、脚心发黄是木瓜使然。而说这话的春燕自己的手也泛黄了，并且她查到网上有同样的案例。一霎时，大家你看看我，我看看你，仔细一看，每个

人的手都有点黄色素了。一下子“谈黄色变”。最先被大家注意到手、脸发黄的那两个老师，最近几天已经坚决不吃木瓜、红薯（黄色），甚至连带点黄的馒头也不敢吃了。

由此大家联想到，应该多吃白色的东西来抗衡一下。张三说多喝水，多吃椰子、梨等发白的水果；李四说喝饮料就喝雪碧不喝可乐；王五说喝酒就喝白酒绝不喝啤酒；赵六说吃面就吃白面绝不吃红薯面等。在大家的调侃中，也谈起了发黄的原因：木瓜是光感性水果，吃得太多导致黄色素沉淀过多。

的确，我们每天中午和晚上的水果，几乎都是木瓜，偶尔才吃点西瓜、杨桃、橘子、香蕉。可能水果太单调了，以至于发生如此有趣的现象。

吃不完的生日蛋糕

印尼人特别看重生日，不管是自己的老师，还是同学过生日，校方和学生都会送上精美的蛋糕。我们每个老师的生日都记录在校方的日历本上，学生竟然也多方打听到任课老师的生日，于是我们经常吃到免费的蛋糕。而我自己的生日，印象最深的、陪我过生日的人数最多的，也当属在印尼过的那一次了。大家到齐后，先点好蜡烛，然后一起唱印尼语庆祝歌，再唱汉语生日歌，然后许愿、吹蜡烛、切蛋糕。玩疯了的还给寿星脸上乱涂奶油，极尽娱乐之至。

最激动的是我的丈夫大胡的生日。大胡的生日是7月8日，正好是全校师生为我们归国的老师在大礼堂开欢送会的那天。晚会进行到一半的时候，主持人请大胡上台，说要向他请教一个问题：今天是什么日子？大胡有点丈二和尚摸不着头脑，拿着话筒不知从何回答。这时生日歌的音乐响起，从后台深情款款地走出来两位同学，端着一个大蛋糕。这时早有主持人把我和毛毛也请到台上，各位同事也跑上台来，一起祝福大胡，台上台下共同唱起生日歌。这是一个令人感动，也让人难忘的生日大会！

最特别的生日要数丹霞的生日。那晚大家聚齐唱完歌准备吃蛋糕时，她提出今天有礼物送给大家。只见她拿出一个薯片长筒，让一位年长的老师代表大家打开盖子，然后从长筒里倒出来一个一个用白线系好的小纸卷，她让每位老师从盒子里随意抽取一个，并把纸卷里的话读出来。每张纸条都写了几句，多则四五行，少则两三行，刚开始我们不知她盒子里卖的是什么药，都拿着纸条，站着听。等读了一两张后，才发现这是她写的对每一位同事的评价和祝福。每个人都想听听她对自己的看法和祝福，于是大都找到椅子坐下，仔细倾听。

最精彩的就是大家朗读自己手上的纸条时各尽其能、各显其才的场景。有的人读得慢条斯理，故意吊大家的胃口；有的人加几句“呵呵呵”“哈哈哈”进行调剂，逗得大家开怀大笑；有的人故作甜蜜状，假装是读给妻子的信；有的人铿锵有力地大声朗读，假装是在舞台上表演。大家各发奇想，神态、声音各不相同，整个餐厅笑声连绵起伏，很多女老师笑出了眼泪，笑弯了腰，笑得东倒西歪，实在尽兴！这是丹霞细致的观察、优美的文笔和别致的设计带给大家的一个快乐时刻。

最让人吃惊的，还属学生上课时给老师过生日的离奇方式。一天上午，我和几个老师正在办公室批改作业，突然在隔壁上课的蒋老师急匆匆地跑进来说：“不好了！学生吵起来了，怎么办?”等我们过去一看，却发现每个学生都笑嘻嘻地看着我们，而桌上放着一个蛋糕。原来这是印尼的“生日文化”。他们专门在老师生日那天，排练好吵架，在老师上课时故意捣乱，看老师如何生气。印尼的孩子真是又可气又可爱!

最让人尴尬的是课堂上学生之间送蛋糕的事。有一天我去上课，在上课前几分钟，不经意间看见一个女学生进了教室，她嘴角带着微笑，从书包里拿出用来做晚餐的面包，很快地摆在一位男同学的桌上，然后点上蜡烛。可能因为太可笑了，她点上蜡烛后自己哈哈大笑起来。那位男同学来了，心存感谢，拿出相机拍下了这个奇怪的面包生日蛋糕。而我趁机让其他同学利用学过的句式“祝你……”来操练他们学过的祝福语。离下课还有10分钟，正当我带领学生读课文的时候，门轻轻打开了，班里的一位女学生端着一个点着蜡烛的长条蛋糕走了进来，这下把我刚刚调动好的学习情绪一下子给冲淡了，学生们的注意力又集中在蛋糕上。弄得我批评也不是，继续练习课文也不是。虽然我有点儿生气，但后来一想只剩下几分钟了，就过生日吧，于是和大家一起为这位男同学唱生日歌，那节课以每人写一句祝福的话结束。真是尴尬又温馨的一课。

生日蛋糕是生日宴会的必备食品，但不是吃蛋糕就算过生日的。印尼学生为了某朋友过生日而请假不上课，为过生日可以占用课堂时间，这些都令我吃惊，由此可见，我们对印尼的生日文化了解得还很少。

虽然我们从印尼回来已经三年了，但每个老师都依然关心着那里的华文事业，关注着那里亲人般的朋友和学生，由衷地希望印尼早日拥有自己的华文师资，也希望友族同学能理解并接纳中国文化。如果需要，我愿意再回去奉献一己之力，推动印尼的华文事业蒸蒸日上，为中印文化交流添砖加瓦!

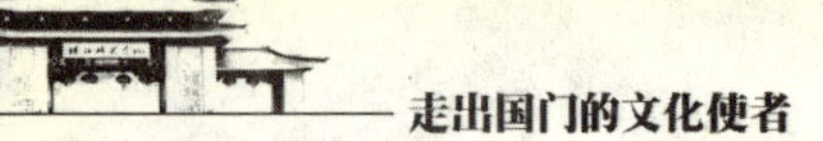

与《讯报》文友同游多巴湖

侯昌硕

（湛江师范学院人文学院讲师，博士）

早就听说印尼苏北省的多巴湖了，只是没有机会前去一睹风采。11月13日、14日是周末，棉兰《讯报》组织文友读者前往西马岭多巴湖参观交流，我虽不是其文友，但也是来棉兰之后其忠实的读者，有幸能够成为其中的一员前往向往已久的旅游胜地旅行，并结识众多《讯报》的文友，真是不胜荣幸。

13日上午8时我们一行共33人，在棉兰谭林街集合出发。一辆大巴刚好坐满，后面还堆满了文友们准备的各种早点、点心、瓶装水等。启程了，我们的车在棉兰狭窄的街道上缓慢前行。由于大家都来得早，没来得及吃早餐，于是文友们便把他们早已准备好的早餐、点心分发给大家。肚子是有点咕咕叫了，吃着还是热乎乎的香蕉叶包着的干椰浆饭，品尝着美味的点心，心里暖呼呼的，来的时候我还在担心：这么早，早餐该怎么解决啊？原来文友们早就为每个人准备好了，真是细心周到！

车逐渐驶离市区，速度明显加快了。这时大家也吃完了早餐，就像汽车加满了油，一个个显得精神饱满，干劲十足。我们的领队——《讯报》执行编辑叶选雄先生开始发言了。他首先向大家介绍了这次的行程，然后一一介绍每位文友，并把一些文友的作品分发给大家，以便大家一路上交流。车在前行，车内的文友们也在彼此交流。有的文友彼此早已认识，只是平时都很忙，在一起面对面交流的机会并不多，这次有这样好的机会，当然有说不完的话。有的文友可能是彼此久闻其名不见其人，第一次见面，却像久违的老朋友，一点都不陌生。当然像我这样新来的，对各位文友几乎都不认识，但看到各位文友亲切的笑容，听到他们热情的问候，我心里原有的紧张和恐惧马上消失了，一下子感觉离他们很近很近。

车开始爬山了。山路弯弯曲曲，车内欢声笑语，歌声阵阵。这不，你听，领队叶先生的一曲《我的太阳》，声音浑厚低沉，有很强的穿透力，赢得了全车热烈的掌声。接着他又带领大家一起唱《让我们荡起双桨》《团结就是力量》《我的祖国》《洪湖水浪打浪》……这些歌虽然小时候经常听，也唱过，但现在在国内很少再听到有人唱了。尤其是80后、90后的小青年们整天听的、唱的都是最新流行歌曲，对这些老歌他们更是陌生。现在却在国外再次听到这些熟悉的歌声，我感到非常亲切，同时也有些惭愧，因为很久不听，已经不能完整地记起每一首歌的歌词了，所以只能跟着他们哼。除了唱歌，还有猜谜。文友的一个“平平仄平平仄仄”（猜字谜）让大家比划了半天，不过最后还是有人猜出来了，并得到了一份小小的礼品。

节目还在进行着，突然大巴在路边停下来了，所有人都下了车。原来路边一家店铺的老板也是文友，她邀请大家品尝她家的豆腐作坊做出来的豆腐脑。大家走进一个后院，里面就是豆腐作坊，几位工人正忙着做豆腐。很多人经常吃豆腐，却不一定知道豆腐的制作过程。现在豆腐的制作就在眼前，这可是一个好机会，于是很多文友拿起手里的相机、摄像机对着工人师傅拍个不停，记录下豆腐的制作过程。光看不行，还得尝尝。于是每人拿起盘子、勺子舀起刚做出来的豆腐脑，品尝了起来，这新鲜的豆腐脑滑滑的，软软的，带着清香，真好吃。我真想坐下来好好地吃上几大碗，可是还得赶路，也只能尝尝罢了。大家尝了一点豆腐脑，便纷纷跟文友老板告别，坐上车继续前进。

中午12点多，到了赫赫有名的西马岭了。车刚停稳，文友们便急着下车，饱览这美丽的山和山脚下平静广阔的多巴湖，我们都迫不及待地拿出了相机，对着身前的美景拍个不停。不过领队说要先解决肚子问题，原来风景区的老板陈亭墅先生早已为我们准备好了午餐。我们只好暂时忘记一下美景，先去享受美食。走进多巴咖啡厅，准备好的午餐、饮料正等着大家享用。餐厅在二楼，四周都是玻璃，外面的风景一览无遗，所以大家大可以一边享用着美餐，一边欣赏着美景，这美食、这美景令人不禁啧啧称叹，这地方简直太美了！

吃饱喝足，接下来就要好好地欣赏美景了。走出咖啡厅，领队为大家选择最佳的角度以便眺望山脚下远处的多巴湖。在山顶上，美丽的多巴湖尽收眼底。天气不错，蓝天中飘浮着朵朵白云，在太阳的照射下格外耀眼。白云下面就是蓝色的多巴湖，湖面很平静，像一面镜子，衬着天空中的白云，一切都显得那么和谐，那么安详。湖中有一个岛，听说这个岛很大，比新加坡国土的面积还大，可想多巴湖有多大。由于岛的遮挡，我们只能看到岛这面的多巴湖，岛与周围的山把湖包围起来，形成了一个月牙形的多巴湖。天气晴朗，但由于有白云的遮挡，所以并不晒，无须撑伞遮阳；虽地处热带，但这里山势较高，空气一点也不燥热，反而令人感到凉爽，所以也没有汗流浃背的情景。山脚下静静的湖水，周围葱绿的起伏的山，清新凉爽的空气，让人不由得感叹，这就是世外桃源！

久居闹市，看到这样的美景，大家兴致高涨，一边赏景，一边拍照留念。或单人照，或三五文友合照，每个人都想把这无边的美景印在记忆里。最后所有文友都站在“多巴湖明珠”的石屏前合影留念。

侯昌硕老师（后左一）和文友游多巴湖

由于行程紧凑，我们不得不告别这美丽的多巴湖，乘车前往下一个景点——万丹谷。坐了十多分钟的车，我们便来到了万丹谷。万丹谷是一条峡谷，中间是一条溪流，溪水潺潺；两边茂密的树林把整个峡谷遮挡得严严实实，外面阳光灿烂，宛若盛夏，里面却是阴凉如春。走过吊桥，迎面一条瀑布从半山中飞泻而下，虽然瀑布并不高大，也算不上壮观，但在这并不宽大的峡谷中，却是最恰当不过的。蜜月房就建在半山上，有潺潺的溪水声，哗哗的瀑布声，还有动听的鸟声相伴，新人在这里度蜜月，我想是最幸福的了。小溪边是建好的凉亭，旁边有一棵红豆杉树，据说红豆杉能产生负氧离子，可净化空气，吸附空气中的有害物质，所以在红豆杉旁边连续工作几个小时都不会感到疲倦。据说在这条峡谷中已发现了22棵红豆杉。有这样奇特功效的红豆杉，让大家都感到稀奇，于是纷纷站在树下留影，我也抓紧机会，做深呼吸，想多吸一点富含负氧离子的空气。

出了万丹谷，我们乘车前往陈先生在西马岭修建的露天剧场。车从山顶公路往下开，不多久，就到了半山一座宾馆的楼前。我们走下车，这里依旧可以看到美丽的多巴湖。由于在半山上，我们离多巴湖更近了。清清的湖水仿佛就在眼前，伸手就可以摸着似的。湖水很蓝，很平静，仿佛一块巨大的翡翠镶嵌在群山之间。当我们还陶醉在美丽的景色中时，西马岭风景区的主人陈先生出现了，他头戴一顶运动帽，上身穿一件夹克衫，脚穿一双休闲鞋，笑容满面地跟大家打招呼，很随和，一点没有大老板的派头。他先带我们参观了刚修建好的宾馆，接着带我们去看露天剧场。穿过一个大草坪，就到了露天剧场。剧场面向多巴湖，依山而建，顺着阶梯座位向下走，就是舞台，舞台的两边是依山而建的几层楼房，那是餐厅、咖啡厅，目前内部还没有完全竣工。站在剧场最高的位置向下看，整个多巴湖就像一个巨大的天然舞台，而剧场的舞台只是巨大舞台上的一个小舞台。在这里看演出，该是何等享受啊！大家无不惊叹陈先生的创意和魄力。为了开发这一片风景区，为给人们提供一个惬意的休闲场所，他克服种种困难，倾注了自己的心血，实在让人钦佩。

侯昌硕老师（右一）在西马岭火山下

时间过得真快，不觉已是夕阳西下了，我们不得不跟陈先生道别。虽然西马岭还有许多美景值得一看，可是由于行程紧张，我们只能等待下次有机会再来欣赏了。

晚上，我们在马达山的西巴雅酒店住了一晚，第二天，吃了早餐，我们一行又去马达山蓝毗尼花园参观了瑞光大金塔并欣赏了花园内美丽的风景。吃了午餐，我们便踏上了返程的路。一路上，文友们在车内相互交流着，撒下一路欢歌笑语。直到棉兰，大家才依依不舍地告别，并约定今后再相聚。

这次的西马岭多巴湖之行，时间虽然很紧，但由于欣赏到了最美丽的风景，心情格外好。很开心认识了许多《讯报》文友，从他们那里我学到了许多许多，真是不虚此行。

印尼感想二则

郑　军
（湛江师范学院人文学院副教授，博士）

印尼学生喜欢什么样的老师

印尼学生热爱喜欢自己和尊重自己的中国老师，他们希望老师在课外的时间能主动关心他们的学习和生活情况，关心他们的爱好。这就要求老师自觉改变在中国长期形成的“老师只要上好课就行”和“老师应有威严，与学生保持一定的距离”的观念，老师应该利用课外时间主动走到学生当中，和学生打成一片，和学生成为好朋友，问一问他们工作累不累、学习还有什么要求，赞扬他们白天上班，晚上又要来学习的进取精神，努力缩短老师和学生之间的距离，从而让学生切身感受到来自中国老师的浓浓亲情。

同时，印尼学生希望老师尊重自己，尊重自己的个性，尊重自己在印尼的生活。时常听到学生抱怨，有些中国老师经常问他们“你们在印尼生活得好吗”“1998 年排华事件你是怎么看待的”“你们都信教吗”“信教有用吗”“亚洲国际友好学院是私立大学，你们为什么不上国立大学”等等，这些老师总是带着好奇和异样的眼光打探印尼华人的生活情况，甚至有一种怜悯同情和救世主的心理隐含其中。或者介绍中国经济发展很快，印尼现在还落后；中国很安全，印尼现在还不太安全；中国环境很好，印尼垃圾成堆……这些介绍不仅不能促进学生对中国的热爱、对中国老师的好感，反而让他们感受到丝丝刺痛，让他们主动疏远老师。要知道，这些学生是印尼的学生，他们的国籍是印尼。老师在尊重学生的同时，还应当尊重自我，上课和监考时老师应该着装得体而不是穿衣随便，上课时应当尊重他人而不是在课堂上当着学生说其他老师的坏话，老师上完课后应该把黑板擦干净而不是转身离去。

印尼学生喜欢认真负责的中国老师，他们希望老师能认真备课，认真上课，认真回答学生的问题。不喜欢上课没有准备，上课时没有教案的老师；不喜欢上课经常迟到，无故旷课的老师；不喜欢敷衍学生问题，对学生不负责的老师；不喜欢作业批改不认真，批改只写日期的老师；不喜欢一上课就让学生看电影，浪费学生时间和生命的老师。

同时，印尼学生喜欢知识丰富的中国老师，他们希望老师在上课时既能采用恰当的教学方法讲授知识，又能及时介绍相关知识；既能讲授语言知识，又能讲授与之相关的文化知识；既能讲授课本知识，又能讲授与之相关的人生知识。他们不喜欢知识贫乏的老师，对学生的问题不知如何回答；不喜欢上课照着课本讲的老师，讲课缺乏丰富性；不喜欢上课缺乏激情无精打采的老师，上课时死气沉沉，让人感到压抑痛苦。

印尼学生喜欢多才多艺的中国老师，他们希望老师要么会唱歌，能随时为学生献歌一首，活跃课堂气氛；要么会朗读，能随时为学生有感情地朗读一首诗，让学生感受到语言的魅力；要么会讲笑话，能随时为学生幽默一次，让学生开怀大笑。

同时，印尼学生喜欢教学轻松的中国老师，他们希望上课时学习轻松，不喜欢严肃的老师，特别不喜欢上课时经常批评或严苛要求自己的老师。比如，他们不喜欢批评自己迟到的老师，不喜欢作业布置较多的老师，不喜欢上课经常提问的老师，不喜欢上课时经常发脾气的老师，更不喜欢嘲笑和挖苦自己的老师。

总之，作为一名对外汉语老师，既要有认真负责的工作态度，又要有深厚扎实的专业知识，更要从跨文化的角度主动研究学生，有针对性地开展教学工作，努力提升教学质量，才能不辜负侨办领导和所在单位对外派老师的殷殷期望，才能让“南粤华教情”的旗帜高高飘扬在异国他乡。

幸福是什么

幸福是什么？你幸福吗？随着《小撒探会》和不丹全民幸福的传播，幸福越来越受到人们的关注，成为人们茶余饭后谈论的话题。也因此有人调侃地说，原来人们见面时习惯问“吃了吗”，现在人们见面时习惯地问“你幸福吗”。

幸福是什么？幸福就是那些你平时最喜欢，但不能常常得到的，当你得到了，你就非常幸福。比如，我长期生活在皖北农村，在家养成了吃馒头的习惯。去年，我来到了印尼棉兰支教，这里不需要我们做饭，有专门的厨师为我们做饭。在棉兰和中国南方，许多人习惯吃米饭，因此这里的主食也以米饭为主。但厨师每周会做两三次馒头，当我吃到馒头时，我非常幸福！看到馒头，我会情不自禁地笑着说：“真幸福，又吃到馒头了！”又如，写一篇论文，要广泛阅读文章，认真地调查和统计分析，经过长时间的思考。当一篇文章跃然纸上的时候，非常幸福！

幸福是什么？幸福就是有人牵挂你，有人想念你。远离家人和亲朋好友来到棉兰，老婆和孩子会经常给我打电话，然后说非常想我，我非常幸福！家中的老母亲经常担心我在外是否安全，是否吃得好，是否能习惯当地的生活等等，我非常幸福！4月11日，印尼苏北发生了8.7级地震，我的老婆、儿子、领导、老师、同事、学生和其他亲人纷纷在第一时间通过各种渠道打听我是否安全，这让我非常感动，非常幸福！前一段时间，看不到央视12套，突然有一天一位老师给我打电话说可以看到了，我非常幸福！

幸福是什么？幸福就是做你喜欢做的事。我是老师，我最喜欢做的事也就是教书了，我最幸福的时候也就是上课的时候。每当上课时看到一个个学生用期盼的眼光等着我上课时，我非常幸福！每当我慷慨激昂地讲课，学生如痴如醉地沉浸在我的讲课中时，我非常幸福！每当我看到学生有所收获有所进步，正确运用我所讲的知识时，我非常幸福！每当下课时，听到学生纷纷充满感激依依不舍地和我告别说“老师，再见”时，我非常幸福！每当下课后，看见学生笑着主动和我打招呼，向我问好时，我体会到了做老师的骄傲，我非常幸福！

幸福是什么？幸福就是看到别人幸福，别人高兴，你也幸福。看到我们的一位同事，他的大作在报纸上发表了，我带着欣赏的心情读着他的大作，看见他幸福的笑容，我非常幸福！看到我们班的一位同学非常喜欢某位女生，在上课时，他会不自觉地坐在这位女生身旁，脸上总是洋溢着幸福的笑容，看到他如此幸福，我非常幸福！看到一位小朋友，在学校跑步比赛中获得冠军，得到了一块金灿灿的奖牌，把奖牌挂在脖子上跑来跑去，我笑着夸奖他："你得冠军了，你得奖牌了，真棒！"看见他高兴的样子，我非常幸福！

幸福是什么？幸福就是能为别人做事，把自己的爱和关心带给他人。一位同事不小心把吃饭的碗摔破了，拿着笤帚在那儿扫，我主动走过去说："让我来帮你，你去吃饭吧！"看到她幸福的笑容和听着她感激的话语，我非常幸福！一位同学不小心把圆珠笔掉在了地上，我默默地走过去，帮他捡起来放到课桌上，听着他说"谢谢老师"，我非常幸福！在打球时，看到队友一个漂亮的扣球，我会忍不住说"巴顾斯"（印尼语，汉语"真好"的意思），看到他眉开眼笑地继续打球，我非常幸福！

一位老师笑着说："郑老师，看见你天天幸福，原来幸福如此简单。"是的，幸福非常简单，因为，幸福就像一面镜子，你笑它也笑，愿我们天天幸福，也愿幸福陪伴着每一个人！

郑军老师在棉兰日里苏丹王宫前

印尼执教记

胡明亮

（湛江师范学院外语学院教授，博士）

初到印尼一切新鲜，幼儿教育真心佩服

印尼的人口多达两亿，其中多为穆斯林。黎明前，约四点钟，抑扬顿挫的诵经声便从市内各清真寺的高音喇叭传过来。但是，这里并不像我想的那样：人们都穿传统服装，特别是女性，会包裹得严严实实。来了以后，看到在大街上，一般穆斯林女性只用头巾包在脸周围，其他都没有什么特别的。

棉兰是一座绿色城市，到处是绿树和草地。蔚蓝的天空，飘着片片白云。没有什么高楼大厦，据说是因为当地人不喜欢把房屋建得比树高，打搅了树上的神祇。

印尼的教育方法与我们不同。幼儿园重在培养孩子的创新能力和动手能力。园内除阅览室和卧室外，还有计算机室，用来教孩子用计算机绘画、设计。甚至还有一个厨房，让孩子动手制作简单的食物，然后自己品尝。

白天，很少有闲人在街上游荡，各人都在为生活奔忙。亚洲国际友好学院的本科生，很多都是兼职学生，下课后还要工作。就是达到退休年龄的人，也还在做力所能及的工作，除了为补贴家用，也是为了能与社会保持接触。

车辆很多，但是一般都是私家车，除了警车，很难看到政府的车辆。私家车一般为日系品牌，美国车很少。没有私家车的人，多以摩托车为交通工具。连摩托车也没有的人，可以乘坐黄色面的或坐公共面包车。

街道上的标志，一般只用印尼语，很少加英语。但是有的店铺会在印尼语名称下边加英语翻译。普通人的英语水平有限，交流比较困难。只有上了大学的人，用英语交流才比较顺利。

胼手胝足传承华文，老侨新秀努力耕耘

印尼的汉语教学，在20世纪60年代中期开始受到官方的打压，落入低潮。曾经三十多年里，不许出版汉语读物，不许教授汉语，公开场合不许说汉语。华人只能在家里教自己的孩子，或者利用庙宇和教堂开设秘密的学习班。有些学生因为偷偷学习汉语被警察抓进监狱，有些教师也因为偷偷教汉语而被抓，一位老师竟然因为教汉语而被判了20年

胡明亮在亚洲国际友好学院留影

徒刑！

20世纪90年代开始，印尼实行民主改革，废止了一些种族歧视和压制汉语教学的法律法令，汉语教学也从地下转为公开。加上中国改革开放以来，经济快速发展，今天中国已经成为印尼的主要贸易伙伴，政府和民众学习汉语的热情空前高涨。世界的“汉语热”，最“热”的地方恐怕就是印尼了。很多大学都设立了汉语课和汉语专业。很多已经工作多年的华人，以及其他族裔的青年，都利用下班后的时间来大学学习汉语。据说，中小学也将全面开设汉语课。

目前，印尼的汉语教学面临的主要困难是缺乏师资。三十多年对汉语的压制和禁止，造成了汉语教师的断代。每年从中国留学回来的人，都成为各大中小学争抢的对象，但远远不能满足教学的需求。中国也在向印尼派出一些汉语教师，但是人数少，而且中国教师来印尼的手续比较麻烦，需要办理劳工证等。另外，中国老师毕竟不是印尼公民，极少愿意在印尼长期执教。从长远来看，印尼还是应该以本国教师为基本力量，外国教师只能是一种补充。

中国教师在印尼遇到的困难，主要在师生交流方面。中国教师不懂印尼语，无法清楚地讲解课文和语法；也不懂闽南语，又无法与华人学生顺利交流；如果用英语，则因为老师和学生的英语水平均有限，也无法顺利沟通。所以，国内对外汉语专业的学生还应加强英语和东南亚国家语言的学习，起码能掌握基本的课堂用语。

幸运的是，印尼有一千多万华人，他们对中国文化的执着和热爱，令全世界的华人叹服。他们或者四处奔走，推广汉语，或者捐款捐物，为汉语教学的大厦添砖加瓦。在各界华人和友好人士的赞助下，印尼的汉语教育呈现出欣欣向荣的景象。例如，两年前，苏门答腊北部的棉兰市成立了第一所拥有中文系的语言大学——亚洲国际友好学院，这标志着印尼的汉语教学在层次和范围上都向前迈进了一大步。

印尼华人曾经折磨，华文教育顽强复苏

“二战”以前，控制印尼的荷兰当局为维护其统治，拉拢少数华人。而处于社会底层的马来族等族群，在反抗荷兰殖民者的同时，也将华人看作竞争对手，甚至敌人。

“二战”期间，日本占领苏门答腊岛，华人积极参加了抗日斗争。在1943年的“9·21”事件中，有十几位抗日志士被日寇逮捕和杀害。日本投降后，盟军协同荷兰军队登陆，受中国共产党影响的一部分华人支持印尼本地人反抗荷兰军队，争取印尼独立；而受

国民党影响的华人则支持盟军和荷兰军队。但是，对印尼人来说，似乎中国人都是在支持荷兰，反对印尼独立。这几天，印尼政府给一位华裔将军授勋，算正式承认华人对印尼独立运动的贡献。

苏哈托时期（1967—1998），政府强制推行民族同化政策，“鼓励”华人加入印尼籍。还发生六千多华人在广场集体宣誓效忠印尼国家、加入印尼国籍的事情。各种歧视华人的法律法规纷纷出笼，限制和剥夺华人参加国家政治活动的权利。为了隐藏自己的华人身份，避免被迫害和歧视，大多数华人都改用印尼或者西方名字。有时，他们会在外文姓名里暗藏自己中文姓氏的发音。如周南京的文章《从改名换姓看印度尼西亚华人社会的变迁》提到：“Tanoto，Tanudjaia，Tanara（陈姓的闽南话发音为 Tan），Ongko（王姓的闽南话发音为 Ong），Gondokusumo、Mergonoto（吴姓的闽南话发音为 Go），Limputra，Liman（林姓的闽南话发音 Lim，Limputra 意即林姓之子），Tjandra（曾姓的闽南话发音为 Tjan），Kusima（古姓为 Ku）。”显然，如何拼写，由各家决定，并没有宗亲内的统一约定。

棉兰人口两百万，华裔就占了百分之二十，多达四十万，但拥有百分之八十的商店。大的企业，如钢铁、大酒店、教育机构等，也多为华人所有。

棉兰的华人，一般讲闽南语系的潮州话。在苏哈托时代，汉语受到打压。学校不准教汉语，公开场合不能讲汉语。华裔只能在家里讲自己的母语——闽南语。年轻一些的华人，只能说闽南方言，不能阅读汉字。他们的印尼语能力比母语闽南话强得多，印尼语也就成了他们的母语。给他们讲汉语课时，用印尼语解释的效果比用汉语好得多。

左起：郑继娥、陈民生、胡毛毛、陈夫人、胡明亮

1998 年以后，汉语教学得到恢复和发展，华裔青年开始走进大学学习汉语。有的人，已经工作十多年，有三个孩子，还要抽时间选修大学的汉语课。对他们来说，语法和词汇相对容易一些，但是汉字比较难写。

富裕家庭喜欢将孩子送到欧美、澳大利亚等国家留学。条件差一些的，也尽量把孩子送到新加坡和马来西亚留学。出不了国的，也会选择印尼的名牌大学。

印尼城市颇有特色，重视教育值得学习

棉兰市内的道路，一般都比较狭窄，并行两辆车都很挤。两边没有人行道。当然，街上的行人很少。在红绿灯的地方，常有人向司机发广告，也会有人向司机乞讨。道路交通，规定靠左行车，车速都很快，堵车的情况较少。骑摩托车的人，一般都戴很大、能遮住耳朵的那种头盔，有的还戴有机玻璃面罩挡风。虽然天气很热，但是骑摩托车者也要穿

很厚的长袖衣服。

出租车是面包车，很旧，可以坐八九个人。还有一种“巴扎”，就是在摩托车旁边装一个轮子，挂一个车斗，可以拉一个人。小商小贩也用这种“巴扎”运送食品和炊具，走到哪儿都可以随时做饭出售。

绝大多数房屋都很低，两层，据说当地风俗，房子不能超过椰子树，以免影响树上的神灵。全市只有两三栋十几层以上的高楼，没有看到公寓大楼，好像老百姓都住在低矮的房屋里。也有大点儿的房子，类似在美国看到的，有车库和草坪。

全市各中小学的校服统一，上边为白衬衫，下边裤子、裙子颜色不同——小学生为红色，初中生为蓝色，高中生为灰色。

幼儿园没有全日制，都是半天。据说，政府要求母亲和孩子至少有半天在一起。好的幼儿园，每班人数不超过 16 个。幼儿园设有小图书馆，让孩子们学习；设有小厨房，让孩子们体验做饭。

一般人们都能说点儿英语。政府部门的人，英语很好，可以顺利交流。

政府房子旧、简陋，办事需通过类似旅行社那样的中介公司帮助填表、补充材料等。排到日期后，跟中介公司的人一起去政府部门办理。在申请居留证的表格上签字，也要求中国人用汉字签名，不像美国那样可以用拼音。政府部门的厕所，上一次一千盾，大约相当于七角人民币。

饭店、机关、学校等建筑的洗手间，用抽水马桶。马桶的水箱接着一个塑料管喷头，供便后清洗用。据说，都要用左手洗，所以印尼人互相握手，必须用右手。

苏门答腊经济滞后，万岛之国环境优美

印尼是万岛之国，人口多达两亿，自然资源非常丰富。位于赤道附近，植物繁茂，水果、蔬菜每天都有。

各岛屿都有石油、天然气和矿石。居民做饭都用本地产的天然气，很多电厂也用天然气发电。石油业发达，下游塑料行业的产品也是世界有名。苏门答腊也有钢铁产业，但本地的矿石质量不是很好。

印尼与中国的经济合作不断发展。目前，中国公司正帮助其修建一座水电站，据说 2009 年底完工。中国银行、中国工商银行等在印尼都有分行。

尽管苏门答腊岛环境优美，风景如画，但是旅游业还不是重要产业。很多地方道路不平，交通缓慢。比如苏门答腊岛上，只有一条铁路。

在政治上，目前由人民选举的政府比较开明。比如，家庭和单位都可以安装电视接收天线。电脑网络，除机械故障外，很少出现封网的情况，美国可以上的网页，在印尼也可以上。一位华人女士当了现政府的商业部长，但总的来说华人从政还不普遍。

占人口百分之八十以上的穆斯林，每天祈祷五次。感觉他们挺友好，对外国人、对异教徒，没有表现出排斥。当然，也有极个别极端分子，曾制造过几次恐怖爆炸事件。所以，反恐仍然是政府的主要工作，为此专门成立了“88 特种部队”，专门打击恐怖活动。

华人社团集体散步，锻炼身体增进感情

华人聚会，除了寿宴、喜宴以外，就是早晨集体散步了。早晨散步简称“晨运”，即早晨运动之意。多则几千人，少则几百人。早晨六点开始，走四五公里，七点左右结束。

12 月 20 日的晨运，是由苏门答腊北省的客家人联谊会组织的。五点钟，天还没有亮，人们陆续聚集到亚纳广场。一边搭了舞台，上面有乐队演奏中、印歌曲，倒也显得热闹非凡。不禁想起，那句话应该改成“锻炼光荣”。二十人的乐队，长笛短号，西洋锣鼓。虽然华、印夹杂，居然也能奏出《爱我中华》《歌唱祖国》《你和我》等中国歌曲。

先是领导讲话。不是政府官员，而是客家人联谊会的新老领导上台致词，祝大家新年吉祥、富贵荣华等等。然后，奏起印尼进行曲 Maju Jalan（《向前进》）。于是，人们踩着音乐节奏，开始散步。

散步从亚纳广场开始，绕附近街区一圈，再回到广场。人们一般都穿着事先发的短袖衫，背后印着“客家”字样。长裤短裤都有。鞋没有统一规定，最多的是运动鞋，个别人穿拖鞋，倒也不会掉队。

散步就是讲究悠闲，一边走一边聊天。有尤氏业余记者，跟一位老妇聊了一路，搜集了不少写报道的资料。当地华人都比较健谈，看到中国来的人，非常热情，问长问短，同时不吝赐教，将所有知识和盘托出。每到转弯处，都有佩戴胸牌的志愿者指示道路，还有全副武装的警察和宪兵，在旁监视、保护。

这广场一带为欧式建筑，属于豪华社区，街道宽敞清洁，绿树成荫，好像到了欧美城市。据说其中一条街，全是高官、将军的宅邸，外号为“龙头街”。这里的房屋，十多年前不许卖给华人。现在已开始有华人迁入。广场原名为“伊丽莎白广场”，后来为了纪念 1965 年“9·30”事件被害的亚纳将军，而改为“亚纳广场”。广场一边的纪念碑上有他的塑像，一身戎装，左手扶剑，右手抬平指向右。

散步以后，有冷、热快餐供应，都是热心商人的赞助。同时有文艺演出、集体摇滚、健身操、踢毽子、卡拉 OK 等活动。或者 CD 伴奏，或者乐队助兴。这种活动，照例有抽奖环节，奖品有手机、电视和冰箱等。

散步是锻炼，也是一种娱乐。我觉得，除了锻炼和娱乐，这种散步更是一种同胞乡情的宣示，它将锻炼、娱乐和宣示结合在一起，是这里的一大发明。

语言种类复杂多样，使用英语远超中国

印尼全国人口两亿三千万，可是真正以印尼语为母语的人，只有两三千万。其他人说各种各样的母语，如母语为汉语福建话和潮汕话的人达一百多万。印尼全国的语言多达 600 种。所以，印尼语是大多数印尼人的第二语言，主要用于政府、法律、商业、学校。但平时，同民族的人一般用母语。

就好像英语在多语言的印度很流行一样，英语在多语言的印尼也很流行，成为很多人的第三语言。孩子从幼儿园就开始学习英语。另外，从小学到高中，家长还要送孩子上周

末的各种英语补习班学习。一般高中生，都可以比较流畅地用英语交流。可以说，英语在印尼的普及程度，远远超过中国。

走上印尼棉兰的大街，大部分商店招牌、银行名称等，都有英语翻译，很多直接就是全英文的名称。路边的广告牌，也是英语、印尼语混合使用。因为英语和印尼语都用拉丁字母，所以混合使用并不像英、汉混用那样醒目和刺眼。可见，人们对英、印并用和混用并不排斥，而是持一种宽容甚至鼓励的态度。

我们夫妇在 Maju Bersama（“共进”）超市前

走进商场，货架上的商品名称，也是英、印双语。货架间的分类牌，也是英、印双语。如果找不到东西，可以问售货员。不会印尼语？没有关系。售货员一般都可以说流利的英语。有一次在名叫“太阳城”（Sun Plaza）的商城，去收款处退购物卡时，没等我说完“把卡上的钱拿回来”，收款员脱口而出：“Refund（退款）?”商店、机关等公共场所的门上，常用英语的 push 和 pull 表示“推”和“拉”，而不总是印尼语的 dorong 和 tarik。

书店的图书，包括小说、历史、益智、成功书籍等，书皮上会同时印英语和印尼语书名，而且往往是英语比印尼语的字体大。所以，有英语书名，不一定是英语书，一定要打开书确认一下。如果是塑料薄膜封起来的书，不让打开，那就应该仔细看书皮，来判断内容是印尼语还是英语。

20 世纪，印尼为了清除殖民主义的影响，曾把一些荷兰语词素清除出印尼语。可是，现在英语却像空气一样，蔓延到印尼人生活的各方面。大量的英语词，稍微改头换面，就成了印尼语的正式词汇，比如 presiden（来自英语 president）、koleksi（来自英语 collection）。有的词汇，连妆也不用化，就直接登堂入室了，如 bank、bus、printer 等。

马达美景终生难忘，原生山水体会良多

一、路

2010 年 1 月 3 日，我们乘车从棉兰去马达山区。公路只有来去两个车道，据说是荷兰统治时期修建的，独立后只加宽了半米，弯弯曲曲，常有急转弯，大点儿的客车很难行驶。似乎是因为马达人（Batak）希望保护自然环境，反对开发。

除了个别地方修建旅馆、咖啡店外，绝大部分地区还是原生态。树木参天，灌木丛生。棉兰的蔬菜、水果，都是从马达山区运去的。

当地居民以种植业为主，作物有玉米、咖啡豆、热带水果和蔬菜。当地的咖啡和猪肉，还出口到马来西亚和新加坡。

沿路商店常有香烟广告。虽然公共场合很少看到有人吸烟，但也可以看到一些人在家门口闲坐吸烟。讲究一些的饭店，设有“吸烟区”。

路边可以看到猴子，有的就坐在公路的护栏上，有的在垃圾堆里寻找食物。看来，苏门答腊，包括马达山区，是自然环境保护得较好的地方，但愿能保持下去。

二、多巴湖

据说，七万年前苏门答腊岛上，火山大爆发，消灭了当时人类的绝大多数。那次火山爆发的地方，形成了今天的多巴湖（Lake Toba）。

多巴湖以其优美的景色闻名世界。湖中有一个岛屿——沙摩西尔岛（Samosir），面积是新加坡的两倍。沿湖建有一些旅馆，可以游泳、划艇，是休闲的好地方。但是岛上道路狭窄，交通不太方便。小路边有一些小商店、饭店，我们经过时看到一间小店里，几个年轻男女在摇骰子。他们喝的啤酒是当地的星牌啤酒（Bir Bintang），这种啤酒味道较淡。

居住在马达山区的马达族，男人负责照顾孩子、做家务，女人则种地。街上时有马达妇女头顶罐子或者包袱。马达族对祖先非常崇拜，坟墓修得特别豪华，而且往往和住房建在一起。

马达语与印尼语虽然同属南岛语系，但是很不一样。马达人上学后才开始学习印尼语。据说不同马达部落之间，交流也困难，需要用印尼语作为共同交际语。

在多巴湖东边的巴拉巴特小镇（Parapat）乘坐轮船，花一小时，抵达湖心的沙摩西岛西北角，入住 Toledo Inn 旅馆。门前就是湖水，碧波荡漾，远处山峦郁郁葱葱，连接着天上的白云。带游泳衣裤的人，立刻换衣下水，享受清凉的湖水和灿烂的阳光。

三、西马岭度假区

西马岭度假区（Simalem Resort）是华裔巨商在多巴湖北部沿岸山区开发的一片旅游、休闲、教育胜地，占地 206 公顷。大部分土地不准备修建房屋，而是将保留其原始森林状态。度假区的旅馆是四星级的，设有卡拉 OK 厅、剧场、儿童游乐场、游泳池、高尔夫球场等娱乐设施。餐厅的饭菜也非常可口。

来印尼一定要来苏门答腊，来苏门答腊一定要来多巴湖。中国和东盟互相免签证后，一定会有很多中国游客来此游览。

四、西巴亚克火山

西巴亚克火山（Mount Sibayak），位于多巴湖西北，海拔两千多米。汽车只能开到山脚下，必须步行上山，先是拐了九道弯的柏油路，然后是山上密林中的崎岖小路。山上没有高大的树木，只有低矮的灌木和草类植物，这也许是因为这座火山最近爆发过一次。

爬到山顶，就是火山口的边沿，可以看到巨大的火山口里有一片湖水。湖水清澈碧绿，湖底有游客用石头拼写的文字（大概是他们的姓名）。

巨大的火山口里，小湖四周的山坡上，四处是冒着黄色和白色烟雾的火山喷口，发出令人窒息的硫黄味。周围土地都是硫黄的黄色和石灰的白色，一不小心，衣服就会被蹭成灰白色。

大学院长发出邀请，红豆树下触动乡情

汽车驶进苏门答腊的最高学府苏北大学，一下从破落杂乱的街区，进入了一个静谧优雅的校园。大树参天，绿荫遍地。虽然建筑物既不是百年古典，也不是现代豪华，竟也有其半新不旧的独特风格。

正好遇上宰牲节，学校放假，只有个别学生利用假期在爬满藤萝的长廊里讨论功课。到了经济学院的后院，猛然间看到挂着的一头刚剥了皮的血淋淋的牲牛。原来，经济学院的师生在宰杀牲口，煮熟后，第二天分给大家。不好意思马上退出，就走过去看看。一位师者模样的人过来问好，攀谈起来，他指着旁边一位戴白帽的黑脸大汉说，这是我们的副院长。副院长忙放下手中庖具，过来打招呼。我们祝他们节日快乐，他们也解释宰牲节的活动。副院长递过名片，说现在学校放假，我们可以在星期五下午五点再来，他带我们参观校园。

别了经济学院的师生，在校园游荡。本来要去图书馆查资料，因为放假不开门，只得作罢。听上次游览苏北大学校园的同事说，有一种树结红豆果，小巧玲珑，色泽鲜艳。虽然不能确认就是“红豆生南国”的红豆，但姑且称为“红豆”。这次来，游览半日，却没有找到。正谈笑说“白来一趟”，就听陈姑娘“啊”地惊叫一声。大家过去一看，只见大树下，无数红豆像红宝石一样在绿草之间隐现。大家纷纷蹲下，把红豆一颗颗捡起，不一会儿就是一大把。这红豆，大小就像小时候吃的四环素药片，圆圆的，扁扁的，中间厚，周围薄。众人睹物生情，说红豆象征爱情纯洁的有之，说红豆代表侨胞精神的有之，说红豆传达友谊的有之。于是，我写下了歌颂红豆树的散文诗：

我爱红豆树

红豆树，你是不平凡的树，
当其他树还在闷声发财的时候，
你却张扬地把红色的果实撒在人间，
引发异乡客的思乡之情。

红豆树，我们贸然闯进你的世界，
你却像老朋友一样迎接我们，
一群候鸟落在南洋的沃土，
红豆是顽强的生命。

不虚此行，特别是做母亲的陈老师，用红豆在镜框里铺成“心”字，准备带回国去送给自己的孩子。

薪火相传教华文

——人文学院对外汉语专业毕业生赴外教学篇

近年来，湛江师范学院的应届毕业生赴印尼、泰国任教人数增加：2008 年 1 人，2009 年、2010 年各 4 人，2011 年 9 人，2012 年 5 人，2013 年 4 人。从 2008 年至今，学校赴外进行汉语教学的应届毕业生共 27 名，并获得广泛赞誉。

在印尼棉兰亚洲国际友好学院工作的 4 名毕业生，凭借其严谨的教风，任劳任怨、兢兢业业的教学态度，能打（太极拳）善剪（剪纸）的多方才艺，以及跟当地学生、当地管理人员的融洽合作，受到当地教职员工和支教同事（我国其他高校教师）的称赞。其中张华琴、柯理静两位校友连续两年被评为优秀教师，获得"最受学生喜爱的老师"称号；两位老师发表了多篇学术论文，并受邀出席了第八、九届世界汉语教学大会。吴丹霞连续支教三年，多次受到媒体采访，现已留在印尼自己创业，从事华文教育事业。在印尼中小学工作的甘楠等人辅导学生在《国际日报》《讯报》和《好报》等刊物上发表了近 300 篇作文。江钰钰等老师带领学生参加印尼赛区"汉语桥"比赛并获奖。何广英等老师在印尼补习学校成为教学骨干。符彩花亲手做醒狮并教学生表演；李桂芳教学生中国民族舞蹈；符婷茹教学生制作环保旗袍等等。在泗水、巴厘岛、棉兰华文中小学工作的 6 名校友，也以其灵活多变的教学方法、过硬的管理能力，以爱校如家、爱生如弟妹的情怀，不计条件艰苦，诲人不倦，受到用人单位的好评。符婷茹创造的分层次累积奖惩制度已成为印尼崇圣中学中文教师遵循的制度。

湛江师范学院学生的优良教风、扎实的教学技能受到广东省侨办的认可。2011 年 6 月广东省侨办特意把计划外的两个去印尼支教名额给了该校对外汉语专业 2011 届的毕业生。

由于湛江师范学院对外汉语专业学生在泰国、蒙古国教学期间在海外及国内均产生了良好的影响，海外华文报纸《星岛日报》、中国《湛江晚报》等媒体都进行过专门报道。

苏门答腊的风土人情

柯理静
（湛江师范学院人文学院对外汉语专业2004级学生）

漫长的旅途

我于2009年开始在印尼苏门答腊棉兰的亚洲国际友好学院教汉语。年底，两位女学生邀请我们几位老师去她家——800多公里以外的峇眼做客。我以前对印尼时间、印尼速度已经有过数十回的交手切磋，但是当再次遭遇的时候，依旧只能用“无可奈何”这个词语来轻抚我那被打击的心。出发十分钟后，司机禁不住印尼小吃摊的诱惑，决定下车吃晚饭。吃吃停停，正常出发在我们的千呼万唤中探头露脸，我们也终于欣喜地收拾心情重新上路。

漫漫长夜，我们一车六人相坐无言（司机不懂汉语，无法沟通），无聊的老爹只能盯着行车速度来找点话题。以平均每小时60~70公里的速度来算，我们到达目的地要12个小时，这是我除了很久以前去福建外，第一次经历这么长时间的旅行，似乎真的有点慢。我们坐的是私家车，不像国内的大巴车那样舒服，在车上待了没多久，就开始腰酸背痛。幸好，途中司机不时地加油，我们也及时下车活动活动，过得还算优哉游哉。然而我们没想到的是一路上不仅要遭受酷热的洗礼，而且还迷了路。在那坑坑洼洼的路上我们领略了被炼油厂污染过的河水以及枯死的棕榈树的荒芜风景，状况百出令我们的心情跌落到冰点，真是漫长的旅途啊！就这样辗辗转转，最后终于到达了我们的落脚点——峇眼佛光寺。

落榻佛光寺

假若说海市蜃楼是一种幻境，那我们绝对愿意沉迷其中；假若说沙漠中的绿洲是一种奇景，那我们绝对乐意趋之若鹜；假若受骗是一种错，那我们绝对愿意一错再错。峇眼——我们的目的地，让我们跌破眼镜的干净与漂亮，与我们想象中的原生态相差十万八千里。到达前的忐忑不安、忧心忡忡全在那时烟消云散，我心里高兴得像不断涌起了泉水，不断冒出幸福的泡泡。想象中的密林参天、草长莺飞、鸡鸭猪牛暴走、房屋破落不堪、人们披头散发、树叶裹体、茹毛饮血、牛车横行等情况根本不存在。截然相反的是这个城市规划得相当完善，道路整齐划一，房子窗明几净，人们穿金戴银，道路车水马龙，熙熙攘攘，好不热闹。更绝的是，每家每户门前都贴着对联、福字，家家户户门前都挂着红灯笼，每隔几户人家就会有一间道观、地坛或者寺庙什么的。不知道的，还以为是时空错落，一下从印度尼西亚回到了中国的城镇，只不过人们身上那花花绿绿的服装以及那夹杂着印尼语的福建话，让我们从错愕中幡然醒来。由于那几天是峇眼传统的节日——烧船节，因此有不少外地游客涌来此地，当地的旅馆、酒店在几个月前就已经订满。我们这种临时前来的人当然是没有办法再订到房间的。幸运的是，我们的两个学生早就聪明地跟本地的一个寺庙联系好了，可以让我们在他们的寺庙里借宿几宿。佛家信奉普度众生，自然乐意接收我们这一群特殊的“有缘人”。饥肠辘辘的我们找了一家本以为普通的饭馆吃了一顿家常菜，结账时却被那高昂的价格吓得不轻，四菜一汤吃了40万盾（差不多280元人民币）。

饭后，我们落榻佛光寺。这间寺庙不算大，只有一个主殿，殿内庄严肃穆，与国内的全无二样。殿后就是我们要借宿的禅房，禅房是刚建好不久的，有些地方还没有完全收拾好，主殿的左右两边还散落着不少建筑材料，右边还在继续搭建。我们五女三男借住了两间禅房，禅房很干净。女生的房间相对大一些，管理的Meli告知我们，可能还会有人来借宿，所以我们可能要和别的借宿者一起睡在同一张床上。禅房里的床是长长的木板床，类似北方人家的炕，不过比炕更长、更宽，一张床能睡8～10个人。我们在奔波了15个小时后，也没力气去在意这些，只管倒床大睡。

夜　市

在峇眼，大小商店，林林总总，几乎每栋建筑物的第一层都是一家自立门户的小商店。店里的装修没有国内讲究，而且不少商店是由坛或者观变装而成的，白天不做生意供人参拜，晚上则转换成经营地。但是这种转换没有一丝一毫的突兀感，反而显得相当和谐，经营的东西琳琅满目，毫不逊色。当然，也有街头的小本经营，因为我们在峇眼的时间正好是节日期间，其繁荣程度更是不可同日而语。街上人山人海，人潮拥挤，车子川流不息。峇眼人或三五朋友相约而逛，或父母拖儿带女走走停停。有意思的是，峇眼的人与广东人一样，以食为天，街头巷尾，不管在什么地方都能找到吃东西的小店或小摊，吃的、喝的，应有尽有。但是口味还是以甜和辣为主，主食一般都香味浓郁，辣味十足。他们的餐桌上不管什么时候都会有辣椒酱，而且辣椒酱竟也有不同的分类。他们的饮料中糖的含量较高，就连平时喝的茶都是甜的，印尼人对辣与甜的喜爱由此可见一斑。而另一个有趣的地方是，各家商店在经营的时候，可以互通有无，客人们可以在一间店安定下来，然后去不同的店点自己需要的食物，或者客人直接告诉店家自己想要的东西，让店家帮忙联系，之后店家会将客人订的东西送过来。据介绍，客人只要在一间店里点一杯喝的，就能坐在那里享用自己喜欢的各种不同店面的特色食物，而且所有的东西都是在吃完后再给钱的，只要把钱给所在的店家就可以，最后其他的店家会根据客人的点餐情况来向这家店收钱。他们之间相互信任，相互信赖，真是难能可贵。

聆听佛家言

禅院钟声，静谧悠远，远处鸟鸣，近处花香，偶尔还有一两声“南无阿弥陀佛”传来，感觉像在深山老林，远离尘嚣，相伴相随的只有那暮鼓晨钟，只有那心随意转的轮回，一切似乎都是淡淡的，静静的，悠悠的，不强求，不留恋，似乎来去的只不过是那一片轻轻划过的云霞，似乎停驻的也不过是那一片过往的云霞，来去之间没有彼此。我不知道自己有没有宗教信仰，也不知道自己信仰的是什么，但是身处佛家清净地，鼓噪的恐慌在慢慢地消弭，那久违的心安理得与随遇而安就这样悄然而至。吃早饭的时候，遇到了一位佛堂师傅，年纪不大，一身黄布衣，简单，无欲无求，很干净的感觉。他吃早饭的姿势也很奇特，在长条的板凳上打着莲花坐，静静地吃着斋饭。我甚是好奇，他怎么坐得稳？我和同事拿了点儿斋饭一起在旁边轻轻坐下，生怕打扰了师傅的清修。后来忍不住，都各自问了一些心中的疑惑，在谈话中我们知道师傅法号“释贤增”，之前一直在别的地方游历、建庙，是最近几天才回到峇眼来的。据说，我们相遇是缘，同桌而食是缘，因此他与我们结了佛缘。他向我们解释了一下“烧船节”——峇眼的传统节日，原来这是一个道教的活动，而不是佛教的。我们一行人一直都以为这是佛家的一个传统节日，正当我们觉得尴尬的时候，师傅说不怪我们，很多人都分不清佛道之间的区别，因为在中国，佛道儒不分家，峇眼的人也同样保存这样的传统。而在我们四处逛过后才发现，其实在峇眼，主要的还是道家的传统习惯。佛家很多时候没办法和道家完全分离，这是一个历史遗留问题，也是一个骨子里的东西，并不会因时因地而改变。虽然很多人分不清，但是作为出家人的他很明白。师傅说他是佛家弟子，佛光寺虽然受邀参加这次活动，可他不会参加。他还告诉我们其实佛家很简单，不像我们想的那么复杂，要专门抽时间来礼佛或者诵经，而是“心中有佛，时时处处是佛”“万事万物万理，均无定法，顿悟通明得之”。其实聆听佛家言也是挺享受的一件事，简单，没有强迫性，吾心即吾所得，缘深缘浅，信与不信全在你。很多事，只要简单点，也许就没有那么多烦恼了，只是能抛开三千烦恼丝的人并不多，世人都爱作茧自缚。我凡世微尘，当然也逃脱不开，但是听君一席话，略有开悟，到底是好的。

赶场的美味

俗话说“计划赶不上变化”，这真的是至理名言。我们一行人冲着峇眼的烧船节而来，在计划中，烧船节应该是在我们到达峇眼后的第二天，而居住在这里的学生也和我们说是这个时间，并为我们做了参加完烧船节后的计划。但是在和师傅聊天的过程中，我们发现烧船节要比我们计划的晚一天。这突如其来的变化让我们措手不及，我们只好在匆忙中重新制订计划。在学生们一番策划行程、设计路线、订票后，我们匆匆收拾好行李，风风火火地赶去第一位学生家。

这位学生的家很别致，是一幢两层高的木建筑，从外面看，50 多平方米的迎客厅，似乎普普通通，不大，甚至还有点小。但其实屋里别有洞天，光着脚丫踩在木板上，地板会发出咯吱的声音，感觉很实在。穿过一条长廊，就是饭厅，比迎客厅宽敞，我们是坐在地上吃的饭，就像吃韩国或者日本料理那样。饭菜以海鲜为主，有虾、蛤蜊、鱼等，我们和学生边吃边聊，可惜的是，她的爸妈似乎没有在十一点前吃饭的习惯，因此只有我们吃，他们会偶尔来给我们添一下菜，弄得我们很不好意思。我们将饭菜一扫而空，在礼貌地和主人道别后，便又乘车去另一个学生家。第二个学生家的布局和第一个学生家一样，只不过这次我们是在方桌上吃饭，在我们来之前热情的家长早就把菜摆上了桌。和国内的宴客情况相似，菜的款式也和国内差不多，有红烧肉、蟹、鱼、猪肚汤等等。只不过这些菜都用印尼特有的香料调味，味道与中国菜有很大区别。饭菜十分可口，主人待客非常热情。在异国他乡能吃上这些家常菜，我们都感到很幸运。

小岛轶事

美味的食物，宜人的风景，一切都美好得让人只想托着一杯热茶，坐在门前的木板上，对着冉冉升起的茶烟，细细品尝那甘甜的苦涩。仰起头，微笑着看那蓝天白云，多么悠然自得。这种生活令人向往。假若我们有足够的时间，一定会好好享受一番，可惜享受完美味的食物我们还要赶着坐船，去下一站——小岛。

码头不大，也不漂亮，相当简洁。与其他码头不同，进码头候船或送人需要买门票，这门票不包括在船票里，船票是上了船以后另买的。码头上停泊的船不多，只有零零星星的两三艘，有点破落。船是敞篷船，没有固定的座位，中间是一块木板，船沿边有长凳子。人们可以自由选择坐在船沿的长凳上或是坐在中间的木板上。据说，上船早的人还能在木板上找到一块睡觉的地方，三教九流的人都挤在这片天地里，躺着、坐着、蹲着，或天南海北地聊天，或旁若无人地吃起手抓饭，或自由自在地看天、吹风，不紧不慢，就像流淌着的海水那样自然。我们在船上欣赏着形形色色的人，也被形形色色的人打量着，我们都是彼此眼中的风景。徐徐而来的海风，让人昏昏欲睡，看着沿岸的捕鱼船，望着那些在船上滑动的黝黑肩膀，似乎更热了。一道道的绿意似乎了解我们的苦闷，很快用自己的身躯把我们圈绕起来。小岛慢慢地出现了，一个一个的海上村落呈现在我们眼前。那一根根木桩，还有木桩上凌空架着的木屋子，似乎在说着遥远的故事。每个独立的村落都有自己的小码头，每个码头上都停有一艘插着彩旗、挂着缤纷灯笼、装扮得很漂亮的船，据说这些船是要参加明天的赛船活动的，可惜我们看不了明天的赛船盛事。

船在摇摇摆摆中靠近小岛，下船时，我看着那一块块有些松动的踏板，心里有点害怕，担心这些踏板承受不住我的重量。不过还好，这些历经风吹雨打的木板还是把我们安全地送上了岸。学生领着我们回家，小岛难得有客人来，岛上一些在屋前闲聊的居民不时向我们投来好奇的目光。我们笑着向他们问好，也不管他们听得懂还是听不懂。带着浓烈的海水味道的空气迎面扑来，我们到了晚上的住宿地，这里的建筑与峇眼类似，不同的是，这里的房子建在一根根木桩上，据说，晚上涨潮时，海水会涨到家门前，我们不禁有点担心睡觉时会不会被水包围。安顿好后，我们便兴致勃勃地去钓鱼，学生已经给我们装好了鱼钩，准备好了鱼饵。万事俱备，只欠东风了。来到钓鱼的渔船，我们发现一位老师全身湿漉漉的，衣服都黏在了身上，头发上还不时有水滴落下来。我们吓了一跳，赶紧问怎么回事，原来他上船时不小心掉进了水里。他自我解嘲地说："看着天蓝蓝的，水浊浊的，一看就知道是直排水（五谷轮回之物直接排到这里），能不污染，能不变黄吗？一心想着千万不要掉进水里，没想到却一语成谶。"听完，大家都哈哈大笑起来。

学生帮我们装好鱼饵后，我们就开始上阵了。我们中不少人是第一次钓鱼，都不知道怎么操作，只好以静制动——等，但是陪着我们一起钓鱼的学生在短短十五分钟里，接二连三地钓上鱼来。虽然都是小鱼，但是也让我们有些嫉妒，甚至开始怀疑，那些鱼是不是他家养熟的，只上自家人的鱼钩。尽管我们手中的鱼竿还是水静钩沉，我们却不愿就此认输。突然，我感觉手中微微颤动，我知道有鱼来吃饵了，于是赶紧拉钩收线，可惜我遇上了一条精明的鱼，它竟然声东击西，我只能眼睁睁地看着它在水中划下一道完美的弧线，逃之夭夭。皇天不负有心人，鱼儿终于上钩了，有了上次失败的经验，这次我特别耐心，见到鱼线在水里转了几个圈后，再猛力一扯，钓到了一条大鱼，我开心的尖叫声吓了大家一跳。大家看我钓上鱼来了，也都高兴起来，变得有信心了。学生的爷爷见到我钓到了鱼，也很高兴。我看着桶里的鱼，心里涌起了一股满足感，似乎灿烂的阳光扫走了一切阴霾。随着第一条鱼的上钩，慢慢地，大部分老师都有了收获，当然也有人没有"鱼运"，一条也没钓到。最后，我们还根据鱼的大小评了前三名，虽然我不是第一名，但是我包揽了第二和第三名，真是太高兴了。看来我有当渔夫的潜质啊！

钓鱼兴尽而归，迎接我们的是今天的第三顿丰盛大餐，看着地板上摆着的饭菜，我们食欲大开，鲜美的蛤蜊，清淡的什锦菜，让人垂涎欲滴的濑尿虾，真是美味。那么大的濑尿虾，我还是第一次吃，要剥下坚硬的虾壳真是挺费力的一件事，看着别人品尝虾肉的一脸幸福样，我当然不甘落后。幸好我们当中有吃虾专家，教我们怎么样又快又好地剥虾壳。在她的指导下，我们剥虾壳的技术大有长进，我吃了自己剥好的那两只后还偷吃了老爹剥好的。那美味的虾肉，真是齿颊留香啊！现在想起来还忍不住流口水。

道教盛典——烧船节

虽然只离开峇眼一天，但是当我们回到佛堂后，仍然还是感慨一句"回来了"。佛堂受邀参加烧船节，因此有不少远方的客人寄宿在此，他们会跟着佛堂的游行队伍参加游行活动。一直在说烧船节，到底什么是烧船节呢？据学生的不完全解释，大概在清朝时，纪府王爷派遣了一支船队出海航行（可能是为了寻找新的居住地），船队上的人将纪府王爷的一张画像带上了船，从此开始了他们漫长的航海生涯。最后当他们抵达峇眼的时候，船不堪重负坏了，而船上的人就在此地居住下来。他们根据船帆倒下的方向决定自己的生活方式，船帆指向了海洋，他们便以捕鱼为生，安居乐业。他们认为自己能找到安身立命之所，全是由于纪府王爷的恩德，因此，每年的这个日子，他们就将船烧毁。据说以前烧的是真的船，后来改以纸船代之，目的是为纪府王爷祈福以及祈求来年的风调雨顺。久而久之，便演变成了今天的烧船节。我们无法从学生那里得到更多关于烧船节的信息，例如，这位纪府王爷到底是何许人也？他派船航行的缘由为何？人们为什么要通过烧船的方式来纪念他？很多很多的疑惑都未能解开。

下午一点，我们穿上佛堂发的马甲，整装出发。街上比前一天更热闹，锣鼓声声震

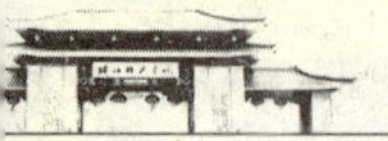

天，狮舞步步动地，各堂、各坛、各观、各宫都蓄势待发，摇旗呐喊，摆动神龛。我们在指定的地方排队，这时我们发现在队伍的最前方有一群衣着异于其他人的仪仗队，他们大多是十来岁的孩子，女孩子有的身着清朝的满装，提着红灯笼；有的身着旗袍，手里拿着丝巾；有的身着蒙服；有的身着藏服。而男孩的服装大多类似清朝的士卒服，也有一些类似韩服，他们手里举着布幅，在人群中无疑是最抢眼的一群。

烧船节的游行队伍

游行在一片喧闹中开始，我们缓缓地跟着队伍前进。沿途可以看见人们都站在各家门前，手拿一束香，虔诚地朝着游行队伍礼拜。不少人对着游行队伍拍照，电视台的摄像机也在人群中不停地穿梭，似乎要为这一重要时刻来个历史见证。游行队伍每行进一段距离，就会有一些家庭自发地拿着水和食物分发给我们，以便让我们一边行进一边解暑。烟雾缭绕，冉冉升起的青烟搅动着空气中的燥热分子，人潮热浪汹涌而至，举目所至，全都是虔诚的举香参拜之人，想想所谓的万人空巷也不过是这样了吧。为了不枉此行，彻底看清楚游行队伍中的一切动向，我们开始分头行动，逆流而上。那摇旗呐喊的护神人，那摇头晃脑、手舞足蹈的巫师，那庄严肃穆、被人敬若神明的神龛，那形形色色、各种各样、栩栩如生的纸扎，那迎风破浪、精细华美的船只，随着护送的人流剧增，我们只能对着那人头攒动的前方止步，左穿右插地好不容易突破重围回归大队，最后来到一个广场，所有的人都围聚在广场的周围。广场的正中央已经站满了围观的群众，把广场里三层外三层地围了个水泄不通。有意思的是，在最中央的是印尼本地官员以及他们的妻子，接受万人瞩目；在最外一层的也是印尼本地人，他们与广场一水之隔，站在河岸另一边的堤上凑热闹；华人则在中间，虔诚、敬畏地等待着烧船仪式的开始。这种有趣的站位是华人在本地的最好写照——在夹缝中生存。终于，在官员和一些重要人物上船逡巡结束后，随着漫天飞扬的纸钱，火光一点点蔓延，最后以燎原之势席卷全场，火光中的船只熠熠生辉。在震耳欲聋的锣鼓声中，在连绵不断的“香雨”下，在狮腾龛动的游神下，人们喃喃自语的祈愿随着一阵滚滚浓烟上报苍穹。

烧船节

小麻烦

一种传统穿越了大洋依旧香火鼎盛，一种信仰经历了岁月变迁依然始终如一。真的让我们叹为观止，在国内我们从来没有接触过如此盛大的宗教盛典，但是在这样的一个异国小城，传统却如此完整地保存了下来，真让我们折服不已。小城的喧闹随着烧船节的结束而渐渐地平淡下来，回归到往日的宁静，我们计划在这一片宁静中踏上去往下一站的路途。天微微亮，我们便收拾好自己的行李，准备出发。迎着一片朝霞，我们想挥一挥衣袖，不带走一片云彩，但是没想到在佛门前竟遭到了勒索。我们的司机准时来接我们，但是在我们放行李、准备上车时，却被两个年轻人拦在门前，用手比划着另外一辆车，让我们坐他们的车。我们预约好的司机发现情况后与他们交涉，用印尼语向他们说明情况。谁知那两个年轻人依旧死缠烂打，不让我们上车，我们的学生和佛堂师傅闻声赶来，跟那两个年轻人解释，听不懂的印尼语弄得我们头昏脑涨。最后，我们的司机把他们拉到一边，往他们手里塞了一叠钱，我们这才得以顺利离开。在车上，学生向我们解释，那些人和司机是一个公司的，知道我们要离开小城，想让我们用他们的车，多租一辆车，但是司机不想让他们抢了自己的生意，最后互相调和，给他们一点钱了事。而我们没有想到半路上会遭遇另一种更可怕的勒索。

我们撇除了早晨的不愉快，一路上欢歌笑语，车子在路上飞驰着。但是当我们即将进入兰都市内，在郊外的公路上却遇到了警察查牌。警察看车上坐的是“外国人”，就盘问了司机几句，接着对着我们叽里咕噜地说了几句，我们一头雾水。他看我们“形迹可疑”，便将司机叫下车进行深入了解，而司机将我们是哪国人、做什么的都和盘托出，于是那警察便要我们的证件，经过多番交涉，最终，同行的学生气呼呼地抽出两万盾（约人民币14元）递给警察，我们才被放行。

在车上，我们一边抚慰紧张的学生，一边听她说，本来警察一定要我们的护照，但是经过她一番催人泪下的陈述以及讨好求饶后，警察决定要我们给五十万盾（约人民币350元），在学生嗲声嗲气地叫了几声“警察哥哥”求饶后，价钱由五十万盾骤降到两万盾。这次多亏了我们这聪明机智的学生。

告别兰都

兰都是同行的一位学生的家乡，也是我们旅程的最后一站，我们在车上蒸了六个小时的“桑拿”后，终于到达一家小旅馆。一天的疲累让我们到达旅馆后蒙头大睡，也不管肚子饿不饿。等我们睡醒后已经是下午五点多了，那时才发现肚子唱起了空城计。为了安抚那咕咕叫的肚子，我们将剩下的零食一扫而空。随后学生安排我们去探望她的奶奶——一位九十高龄的老人，让她也认识认识我们这些从中国来的老师。为了节省费用，我们一致同意坐三轮车。一行八人，我们叫了三辆车，两位老教师坐一辆，其余的六人发挥“挤油”精神，两人并坐一起，剩下一人逆向而坐，体验倒着看世界的滋味，本来这也是挺好的一件事，但是当你坐在一条细细的梁子上，手里握着那细小的护栏，看着司机左闪右躲地穿行在坑洼的大街小巷时，就只能祈求自己能平安到达目的地了。最终，我们有惊无险地来到了学生家。奶奶很热情，也能说一点简单的华语，她向我们介绍了自己的情况，真是一位健谈而爽朗的老人。探亲结束后，我们在学生姑丈的安排下，去了一家不错的饭店吃饭。为了照顾我们这群人，点的饭菜甚具粤菜特色，餐桌上的菜很快就被战斗力十足的我们扫光了。

雨过天晴，早晨的兰都经过雨水的滋润后一切都显得特别清新，我们踏上了回家的火车。据说我们坐的那节车厢是贵宾区，在环境舒适度、空间密集度上，都与后面的车厢有着天壤之别。当然也有人忍不住好奇心走到后面去看了看，发现确有其事，没有半分言过其实的地方。火车上的基本设置与国内的相差不大。不同的是，这里的火车，椅子竟然可以一百八十度转换方向。

我们的旅程在那火车长鸣的汽笛声中宣告结束。

对外汉语教学是一份良心活儿

吴丹霞
（湛江师范学院人文学院对外汉语专业2005级学生）

我于2009年从湛江师范学院毕业后，由广东省侨办选拔去印度尼西亚棉兰亚洲国际友好学院任汉语教师。第一次踏上印度尼西亚这片土地，面对许许多多有着丰富经验的教育前辈，面对大部分比我年长的学生，我忐忑中夹杂着些许自卑。一位教育前辈看出我的心事来，专门找了我谈心。他说："一个人，不管年纪大小，不论做什么工作，只要能认真勇敢地负起责任，用心去坚守，就会获得大家的尊重和敬意。"还有一位前辈这样说："责任胜于能力。如果一个人心中时刻怀着高度的责任感，那么他一定会忠诚于自己的工作，并且能尽自己最大的努力出色地完成自己所负的使命。而你现在具备了这种责任感，你想、你愿意去为这份工作担当起责任，并且你选择了信守自己的专业使命，你就一定能够做好它！"

正因为这两位前辈的启发和鼓励，我逐渐端正了自己的心态，不再妄自菲薄。我告诉自己，我是一名汉语教师，我是中国文化的使者，我所做的一切都是有价值的！我不聪明，但是我很努力！我对学生认真负责，对自己的专业认真负责，对祖国文化传承与传播的事业认真负责！我一定能成为一名优秀的汉语传播者！

找到了自己的位置，教学工作似乎也变得顺心了。对于这个阶段的我而言，教学工作，便是我生活的全部。我仔细琢磨每一个词汇与语法点，认真备好每一节课，耐心地教导每一位学生。在备课时遇到了问题，我一定要查阅各种资料尽力解决，有时候查阅了手上各种资料后依然无法解决，就邀请同事们一起探讨，共同去解决它。学生由于出差或者生病缺了课，跟不上学习的进度，我就主动利用休息时间为他们补课。此外，我还积极探索多样化的教学模式，通过故事会、辩论赛以及其他各种小竞赛来激发学生的学习兴趣，增进师生之间的交流。我不仅积极地向身边的老师学习，虚心求教，而且还认真地和学生交流，了解学生的需要，及时调整教学策略，提高教学效果。记得有位前辈说过"课大于天"，所以，为了备好课、及时改好学生作业，我宁可放弃周末的休息时间，有时候更是通宵备课。有人觉得不能理解，问我何必这么折磨自己，我回答说，我要对学生负责，也要对自己负责。现在的拼搏，是为了将来能走得更远！

在第二年的欢送会上，学生们给我的告别语是："老师，在学校的日子，是我们最开心的日子！我们周末最想念的，是您的声音；我们假期最盼望的，是快点儿回到学校上课。感谢您教会了我们许许多多的知识，感谢您教给了我们很多很多做人的道理，感谢您为我们营造了一个温暖的大家庭！我们爱您！将来，我们一定去中国找您！到时候，再请

您带着我们去感受中国文化的魅力！我们约好了哦！”

那一年，在学校宣布优秀教师名单的时候，我听到了自己的名字，然后身边的老前辈对我说：“丫头，你做到了！”那一刻，我感慨万千！

另外一位前辈，则这样对我说：“我们来到印尼这个地方工作，没有严格的考核机制，也没有人硬性要求我们要怎么做，教得好与不好，教得是否用心，全凭自己的良心。对外汉语教学工作，是一份良心活儿啊！从这一点来看，毫无疑问你比很多人都做得好！”听了这话，我觉得我所有的付出都值得了！

第三年，我用一个过来人的眼光看着新一批的汉语志愿者，我从他们身上找到了自己当年的影子。我看到了自己当年的无知与迷惘，当年的自卑与焦虑，当年的不甘与坚持。我更加确定了，教育，需要用热情和忠诚去投入，用真心和责任去成就！身为人师，更应该时刻提醒自己，学习是一项终生的事业！我们要教导学生明智，引领学生探索博大精深的中华文化，那么，首先我们自己就要成为学生的楷模！换句话说，我们对外汉语教师本身，就是对中华文化最好的宣传！

陶行知先生说：“学高为师，身正为范。”叶圣陶先生说：“教育工作者的全部工作就是为人师表。教师必须具有高尚的道德品质和崇高的精神境界。”我身边的教育前辈则告诉我：“教师工作要凭良心，对外汉语教学更要凭良心，而良心是上苍赋予我们每个人心灵深处的无形法律。”

身为对外汉语教师，身负传播祖国文化的重任，我们的言行举止不仅影响着学生的行为与思想，更影响着整个中国教师队伍在海外的形象。因此，我们更应该时刻牢记自己的使命，不断鞭策自己成长为一个高素质的文化使者！

我在韩江学校的日日月月

李素敏
（湛江师范学院人文学院对外汉语专业2006级学生）

不知不觉我们来到印尼棉兰的韩江学校已经两个月了。回想起7月5日那天惊险的登机经历，好像就在昨天，而第一天跟学生见面的情形也还是那么清晰。由衷地感叹时间过得飞快。

本以为来这边的第一个月会很难熬，它却一眨眼就过去了。可能是因为我们每天的生活都那样忙碌而充实。韩江学校在棉兰市的市中心，学校从幼儿园到高中都包揽了，学生有1 200多人。幼儿园到小学二年级的华文课由本地老师来教，我们三个中国来的老师则负责教小学三年级到高中三年级的课程。我教的班级有十个，分别是小学的四（A）、五（B）、六（A），初中的二（A）、三（B），高中二年级的文科（2）班，三年级的理科（1）班、文科（1）班，还有两个国际班，分别是初二和高一的。说真的，刚开始拿到课程表，我的头都大了。课程的跨度如此之大，我都不知道如何下手了。上第一节课的时候，我有种被赶鸭子上架的感觉。不过既然来到这边了，我们只能服从学校的安排，尽自己最大的努力把工作做好。

开始上课了，我知道自己要做的第一件事就是了解学生的情况。因为只有这样，我才能对症下药，针对每个班的不同情况进行教学。第一天，我上的是小学的课。四、五年级的孩子，才九岁、十岁，正是调皮的时候。他们上课喜欢跑来跑去，课堂纪律很不好。问他们名字，一些没有华文名字，更多的是不会写自己的名字，或是写错了字。我的第一天就在帮孩子们写华文名字和嘶喊声中度过了。

本以为初、高中的情况会好一点。谁知道他们当中也有很多人不会写自己的华文名字，纪律也很散漫，特别是初三的（B）班和高二的文科（2）班。他们当中有些学生连最简单的问话都听不懂，更别说听课了。第一个星期下来，我有一种无力感，真的不知道接下来的课该如何上。虽然这样，但作为一名老师，怎么能连一点努力都不尝试就放弃学生呢！于是我上网找资料，看一下现在的初、高中学生都喜欢些什么，同时也积极向国内的老师、同学请教。学生的基础不好，不愿意学，我就得想方设法地把他们的注意力吸引到课堂上来。我上网找来了很多视频，有教学的，也有音乐的，上课的时候就放一些给他们看。虽然由于各种原因，收到的效果跟我想象的有一定差距，可是课堂总算没那么枯燥了，学生们也开始有了一点兴趣。当然，音乐只能作为调料，要想把华文课这盘大餐做好，还是得从教学内容下手。为此，我根据他们的课文内容给他们设计了小对话，还准备了一些小游戏让他们记生词。这些活动在小学收到了不错的效果，在高中则效果一般。可是我想，让课堂的形式多样化一点总是没有错的，可能得在操作上改动一下，毕竟高中生不同于小学生，太过幼稚的游戏他们很难提起兴趣。

每个班都有其特点，而我需要做的就是根据他们的特点进行教学。小学四、五年级的学生年纪还小，表现欲很强，课堂气氛很容易调动，一颗糖果就可以让他们鼓足了劲去竞争。六年级呢，处于儿童与少年之间，太幼稚的游戏他们已经不屑了。可他们毕竟还是孩子，我把在四、五年级玩过的游戏略微改动一下，还是可以吸引他们的注意力的。至于初中，初二那个班是（A）班，他们的基础不错，虽然有时也比较闹，但总的来说他们还是比较听话的，对于我的课也比较配合。国际班虽然六个学生里面只有两个女生学得不错，可是毕竟他们班人少，管理起来还是比较容易的。最让我头疼的是初三的那个班，本来他们的基础就不好，对华文的兴趣也不大，再加上调皮的学生多，上课的时候只要我一转过身去，教室就闹成了一锅粥。每次上完他们班的课，我都觉得身心疲惫。高中的四个班，因为他们都比较大了，在课堂的管理上，我可以省心一点，可是同样存在着基础差和对华文不感兴趣的问题，这让我十分苦恼。

总的来说，小学是最好教的。他们年纪小，好奇心强，易于接受新事物，对华文也感兴趣。我的课堂设计总能在小学收到不错的效果。至于初、高中，看来我还得继续努力，寻找适合他们的教学方法。在这边教了两个月，我最大的感触就是后悔在国内的时候没多学点东西，没有十八般武艺来吸引学生的注意力。书到用时方恨少啊！

在生活方面，我们上班穿的是工作服，一起开伙，每人煮两天饭，洗碗和打扫也是轮流的。因为市场就在学校后面，我们总能吃到新鲜的蔬菜跟水果。过来之前，我还特意买了本食谱，可以说来这里两个月我进步最大的不是教学而是厨艺。偶尔我们也会跟学校管财政的英姐和董事长出去打打牙祭。这边的食物热量都很高，加上我本来就是贪吃之人，两个月下来，我“光荣”地长胖了。我们住在市中心，门外就是大马路，当地特有的三轮车就停了好几辆在学校门口。本来我们出行应该是很方便的，可是因为我们人生路不熟，又不会说印尼语，而且听说坐三轮车不安全，或有小贼跳上车抢东西，或让坏心的司机欺生载到人迹罕至的地方，结果我们三个到现在都没有自己出去过，都是有人带着才会出去，平时就只能乖乖地待在学校里做宅女了。无聊是有点，不过好处也不是没有，起码我们都没有像国内的朋友想的那样，变成一块黑炭。

两个月的生活我可以说是适应良好，唯一的遗憾就是没能好好地学习印尼语。一是没时间，二是惰性太强了。平常不是上课就是备课，一到放假就懒洋洋地不想学习。这样下去我们只能继续待在屋子里做宅女了。可是要我大老远跑来印尼做宅女，叫我怎么甘心？看来好好学习印尼语是势在必行了。

我的对外汉语路

甘　楠
（湛江师范学院人文学院对外汉语专业2006级学生）

“结缘”对外汉语

回首将近六年的成长历程，我以直率的性子、热情的心怀始终不懈地努力着，为自己、为集体、为不断实现自己的人生价值！在这些奋斗的日子里，令我感觉最温暖的是在领导、老师的关怀、支持下和同学们一起努力。每组织一场活动，每完成一项任务，每一次进步，都让我兴奋无比，就是这股暖流一直支持着我不断地向前，向前……

对我来说，从事对外汉语教学既是注定的，也是机缘巧合。因为高考后的一个选择，我跨进了对外汉语的门槛，在学校不断学习对外汉语的相关知识。但是，我却从未打算成为一名对外汉语老师，直到那一天，郑老师、陈老师和李老师就像约好了似的，几乎同时给我指出对外汉语这条路。他们说，以我的经验、能力和兴趣爱好，做一名对外汉语老师应该是个不错的选择。那时，我慢慢地回想，回想起过去几年的学习，似乎自己也已准备好了当一名对外汉语老师。因为经常参加学生工作，一直在锻炼着自己的组织、策划和管理能力，这为课堂管理打下了基础。在专业知识方面，因为不断地在实践中总结，也有了比较扎实的基础，尤其是大三参加了泰国皇家理工大学交流的活动。

在泰国期间（2009年7月20日—2009年9月20日），学校从周一到周六都给我们安排了课程，不仅学习泰语（语音、语法和日常交际语）、泰国舞蹈、手工、雕刻和泰国文化课，还让我们深入了解这个古老而神秘的国度，感受和善友好的温情，学习谦虚、礼让和宽容的处世态度。这些一直影响着我，直到现在。除了学习之外，我还肩负着推广汉语、传播文化的使命。在日常生活中，我们把中国人吃苦耐劳、文明礼让、相互帮助的精神展示给泰国友人，在欢送会上，我们表演了独具中国特色的文化节目，更在对外汉语教学实践中，让他们学习汉语、了解中国。虽然我们这次实习是历年来时间安排最长、课程最多、最累的，但我们收获颇丰。

当时，我非常珍惜学校给我们提供的泰国学习、实习机会，希望能真正把在校三年学到的对外汉语教学知识和对外汉语教学法运用到教泰国学生汉语上，希望能为传播博大精深的中华文化尽自己的力量。所以，在短暂的实习期间，我实施了一系列的教学方案。首先，在教学内容上狠下功夫，根据学生的汉语水平准备了口语、语音、汉字、词汇等课程（语法方面的知识对于大一的学生来说偏难，所以没有纳入）。在课堂教学上把听、说、读、写紧密结合，力求用最简单的方法收到最好的效果。此外，还运用了绕口令、唱儿歌、动画等手段来辅助教学，不仅能活跃课堂气氛，还能提高学生学习汉语的兴趣，让泰国学生易于接受我所要教授的汉语知识，同时也让老师、学生之间建立了深厚的情谊。这是一段充实的日子。

“热爱”对外汉语

2010 年 7 月 5 日，毕业后的几天，我匆匆忙忙地离开学校，甚至没来得及回家休息，就带着自己对外汉语的梦想去了印尼棉兰韩江学校。值得安慰的是，就在那儿，在那一年中，我度过了奋斗期间最感动的日子。

甘楠（右二）与学生

作为华文教育志愿者，在韩江的首要任务就是赶紧熟悉环境，尽快进入教学状态。记得，在韩江的第一节课是给小学三年级 A 班的小朋友上的。因为在大学期间我曾教过泰国学生和越南学生，有对外汉语教学的经验，所以信心满满的。但是当我走进教室的那一刻，面对着四十个小朋友时，我慌了！孩子们叽叽喳喳的，我一个字都听不懂，很多孩子还涌了上来……自己准备好的材料竟然完全不知道要怎么使用。这时，传来董事长召开全校师生跟中文老师的见面会的消息，这节课不用上了，真是太好了！其实，开完会之后我还有五年级的课，但是那节课讲了什么内容、课堂气氛怎么样，我竟然完全没有印象了。

在接下来一年的时间里，我就每天给三年级（A）班、四年级（B）班、五年级（C）班、初一（A）班、初二（B）班、初三（C）班、高一（2）班、高二理科班和高三理科（2）班九个班级上课。一个星期中的六天，我们做的事情就是备课、改作业，每个月出 36 份卷子，批改 360 份考卷。另外，辅导学生写作文（优秀的作文还要寄到苏北省的《青讯报》发表），直到回国前，我辅导学生刊登的作文共 68 篇。

3 月 18 日，我接到了棉兰高中生汉语演讲比赛的通知——棉兰的首届汉语桥比赛。这是我在韩江学校接到的最后一项大任务。从接到任务起，我就开始着手准备，这时候我的教学生活又多了一项挑战。经过筛选，代表学校参赛的四名同学都是我的学生，我自然而然地成为她们的指导老师。从决定人选、拟定演讲题目、修改演讲词到每天的训练，再到选定服装乃至演讲当天的饮食，每一样都要交代清楚，在这期间真的付出太多。最后，刘嘉儿同学以优异的成绩晋级“苏北省高中生汉语演讲比赛”。其他三名同学虽然没能一起晋级，但是她们充分展现了自己的实力，希望她们在这次比赛中能积累经验、学到知识、有所进步。比赛之后我更希望她们能继续保持学习汉语的这份激情，不断地进步！

在为期一年的志愿者生活中，每天听着学生们对我嚷着、叫着：“老师，早安！”“老师，我爱你！”“老师，漂亮！”我感到无比的甜蜜。当然，我也力求用心地对待每一个学生，做他们合格的老师、亲爱的姐姐、亲密的朋友。看到学生们喜欢我的汉语课堂，感觉到学生们一天天地进步，听到他们说喜欢我这位汉语老师，我感动不已……

给师弟、师妹的信

亲爱的师弟、师妹们：

我和李素敏、江钰钰三人来到印尼棉兰韩江学校差不多四个月了。因为工作忙碌的原因，所以一直没能给你们写信，望请见谅！

我们来到的这所韩江学校，是印尼棉兰市中心的私立学校（这边的学校大多是私立的），建校已经三十多年了。是一所从幼儿园到高中的学校，学校现有1 200人左右。从学校开始聘请中国的中文老师到现在已经有五年多了，董事长对学生学习华文很重视，并寄予很高的期望。他希望在五年之内华人学生都能说一口流利的汉语。但现实并不太理想，因为华文并不是政府统一考试的科目，很多学生认为对他们的升学无益，所以学习态度不太端正。

这边的学生纪律性不太强，而且每个班平均人数是40人左右，所以上课的时候很喧闹。学生华文水平参差不齐，A班有的学生基础扎实，程度还不错，但是B、C班的学生半数连基本的都不懂。初、高中的学生和小学的程度差不多，只有A班的学生认真学习华文，B、C班有一半学生不愿意学。特别是高三的学生，很快就毕业了，除了想到中国读大学的学生认真学习之外，其他的并不重视。所以在韩江教授华文任重而道远。

我们三人从小学三年级到高中三年级都有课，从今年开始，棉兰市实行六天制学习，所以一个星期下来我们每人都有24～25节课。董事长说这是为了公平起见，但是一开始我们觉得这样很吃力，毕竟九个不同的年级备起课来特别麻烦，而且考试出试卷也难（每个学期有两次月考，小学的还有周考。加之，每个年级的试卷都要分出A、B、C、D卷，所以我们每次考试都要出至少32份试卷）。但是现在慢慢地适应了，觉得面对不同的班级还可以调节一下我们上课的情绪。

至于课程安排，小学、初中各个班每个星期都会有3节华文课，学校要求我们用两节课讲授课本内容，另外一节就用于拓展课外知识也就是第二课堂，旨在提高学生的学习兴趣、教授中华文化和提高他们的口语表达能力。所以，我们每个星期都会通过各种方法给学生教授一些新知识。

以上的情况均为我们学校独有，泗水和巴厘岛开设中文的学校都实行小班教学，而且一般来说一位老师只给一个或者两三个年级上课，没有我们学校那一整套完整的教师考核制度和学生考试制度。所以我们平时都在忙着备课、上课、出试卷、改作业和辅导学生写作文（优秀的作文还要寄到苏北省的《青讯报》发表），有时候会觉得压力大、很累。

师姐在这边的情况大概就是这样，对于想要当对外汉语老师的师弟、师妹们，我有以下几个建议：

第一，在大三、大四的学习中一定要注重专业知识和教学技能的训练，一定要掌握汉语作为第二语言教学的特点，培养良好的习惯。问学生问题的时候不能太含糊，也不能用太多的术语，尽量用简单的语言（适合学生水平的话）去问。因为学生会听不懂，而且可能会完全没有反应或者不愿意听。平时试讲和实习时要注意语速、写规范字等。学生对老师写的字要求很高，别说多一点、少一画不行，就算一横一竖都要写得清清楚楚。例如："白色"的"白"字。一撇要是往下写了一点，他们就会上来问你了，为什么书上的和老师写的不一样？下面那一横要是没写到两头，他们就会说："老师写错了。"所以，上课的时候一定要注意各方面的细节。

第二，除了专业知识的学习之外，还要培养自己广泛的兴趣爱好和特长。以前师姐经常跟你们说，如果你们能结合兴趣爱好和个人的特长来选择或者做一件事情的话，一定能事半功倍。对外汉语教学也一样，上课不仅仅要求你能讲课文，还要注意方法和形式。例如，给学生讲解中国传统节日时，剪几个具有代表性的剪纸、画几幅图画让他们有直观的感受都可以帮助他们理解和感知。所以剪纸、画画、唱歌、跳舞、朗诵、演讲等，都能顺手拈来的话上课就可以得心应手了。对小学生，我以提高兴趣为主，所以就要穿插教儿歌、听音乐、剪纸、玩游戏、讲故事等等，寓教于乐，让他们在快乐中学习。

第三，注重心理学的学习。我们的教学法中都有提及，教学对象的特点、年龄、性格、学习动机等要尽快了解。因为只有了解清楚了才能制定有针对性的应对策略和要求。虽然，以后你们未必像师姐一样同时面对年龄差距那么大的学生，但是多多了解总是有好处的，而且只有在了解的基础上才能跟他们培养感情。

第四，多积累经验。不管是每年的泰国交流生还是越南留学生，我都希望你们能把握机会，好好学习，积累经验。在交流的过程中一定要注意学生的行为习惯，学习汉语的主要问题、难点等，要注意与其沟通的方法。记住，沟通的目标是让他们听懂你的话，能运用。

最后，如果你想成为对外汉语教师，一定要注意你们的现实情况。爸爸、妈妈是否支持？你自己是否真的有决心？国外的生活你能不能适应？这些问题不要因你现在满脑子的狂热而被忽略。

对我们对外汉语这个专业，也许现在还有人在质疑。我可以说，就算我们现在还存在不足的地方，但是总是在不断完善的。我们学院的书记、院长和对外汉语专业的老师们一直都在为我们寻找各种渠道，给我们铺路，一直在忙着想办法拓宽我们的出路。相信这几年来我们专业的建设和完善大家都是看在眼里的，而且受益良多。所以只要我们大家一起努力，师弟师妹们，我们的未来一定是光明的！让我们大家一起努力，为自己的梦想而奋斗！

好了，一下子把我憋在心里几个月的话说完了，希望能对你们有用。如果有什么想了解的话可以给师姐发邮件或者留言，师姐衷心希望你们都能顺顺利利！

师姐：甘楠

2010 年 10 月 28 日

难忘的印尼支教

江钰钰

（湛江师范学院人文学院对外汉语专业2006级学生）

我于2010年毕业于湛江师范学院对外汉语专业，2010年7月至2011年6月任教于印度尼西亚苏北省棉兰市韩江学校（Hang Kesturi School）。

我所任教的韩江学校是一所华校，有着悠久的华文教学历史。在印尼华文教育被迫中断三十多年后，韩江学校是最先开展华文教育的学校之一。由于华文教育中断了几十年，尽管学校校董和大部分老师都是华人，但能够较流利地说华语的老师寥寥无几。

韩江学校“井”字形校舍

我任教的班级从小学三年级到高中三年级，几乎每个年级都有，每周24节课，小学和初中每个班三节，高中每个班两节。此外我们还要指导学生写作文，选取优秀文章投稿发表；指导学生参加华文演讲比赛，每个月出一份试卷对学生进行测评等，因此每天都过得很忙碌。

小学生接触华文不久，他们的听说读写能力有限，课文比较简单。为了提高他们的学习兴趣，我使尽十八般武艺，听华文歌曲、教唱华文儿歌、图片展示、将课文内容编排成小品和小游戏、奖励糖果等等，终于成功地提高了他们的学习兴趣。学生们都很爱上华文课，上课热情也很高。尽管会说的不多，但小朋友们课后经常到我宿舍来找我说话，我也尽量逗他们多开口说华文。小学生的学习热情高了，接受能力也很强，但就是学得快也忘得快。因此每次上课之前，我都要给他们把前面的教学重点复习一遍以巩固知识。最令我开心的是，我所教的六年级是B班，华文基础较差，刚开始班上会讲会听的同学很少。但是一年过去，经过我和孩子们的共同努力，班上学生的华文听力水平提高了许多，口语能力也比以前强。看到孩子们进步，是老师最开心的事！

印尼的华文教育开放时间还不长，因此初中、高中学生的基础并不比小学好，有的甚至比不上小学高年级。初中生的声调很不好，针对这一情况，每次上课我都将生词按声调分类教读，最后才组合起来拼读，并且通过口型、手势等等，纠正他们的声调问题。初中生还有一些问题就是课堂纪律很差，学生自律性不强，上课难以集中精神，喜欢讲话搞小

动作等等。我尝试了很多方法，终于发现学生们都有自己的偶像，喜欢追星。于是我找来他们喜欢的华文歌手的歌曲，告诉他们完成我的课堂任务后，就奖励他们听歌看 MV。这个方法很有效，学生的学习热情明显高起来。为了进一步活跃课堂气氛，我采取上课回答问题奖励加分的制度。上课表现好的可以加分，反之讲话的、捣蛋的就要扣分处罚。这样对规范课堂纪律和活跃课堂起到了一定的作用。不过在普通班里，还是有学生不太愿意做作业，因此我不得不采取强制手段。这里从来没有留堂这回事，我在课堂上留时间给学生写作业，有的学生偷懒不写，被我强制留堂。一两次之后，学生们基本都乖乖地完成作业了。

高中部我教三个班。高一的尖子班，高二中班和高三的普通班。高一尖子班的学生基本上不用太操心，我重点给他们讲解句型，锻炼他们的造句能力和写作能力。平时多给他们介绍一些中国的文化知识，拓宽他们的汉语知识面。高二学生的基础处于中上水平，但刚开始的时候学习汉语的热情一般，后来我采取加分奖励制度，用听音乐等奖励法鼓励他们学习，取得了很好的效果。平时和学生多点交流、培养感情，学生们就喜欢上我的课了。高三的普通班基础比较差，连基本的听说能力都很不好。加上他们即将毕业，汉语不作为统考科目，因此他们对中文的学习热情很低。上课的时候懒洋洋地不爱听，还喜欢玩手机、讲话等，令我很头疼。高三了，他们对分数不太看重，我的奖励加分制度在这里几乎失灵。并且他们刚更换了教材，课本范文没有拼音，对学生来说学习难度更大。上课的时候我尽量将课文的拼音标出来，培养他们的拼读能力。另外设计一些简单实用的对白让他们练习对话，尽量提高他们的学习兴趣。但总的来说，由于年龄和年级关系，高三的教学效果一直不尽如人意。

作为一名对外汉语教师，我时刻谨记自己不仅仅要教授中文，更重要的是要将中华文化传递给孩子们。但是，由于他们对中国的了解不深，特别是华文基础薄弱，想让他们学习、喜欢中华传统文化不是一件容易的事。平时遇上中国的传统节日，我都会及时给学生讲解这些节日的由来及其中包含的意义。棉兰的华人保存了很多中国传统节日，因此节日文化的学习了解对孩子们来说问题不大。剪纸作为中华传统的民间艺术之一，一直很受海内外的华人欢迎。出国前我特地买来剪纸教程带过去，自己按照里面的方法，一边学一边教，学生们的学习兴致很高，教学效果很好。

江钰钰（中）和韩江学校的孩子们

学生总喜欢新鲜潮流的东西，香港、台湾的明星在印尼的学生当中也很受欢迎，其中周杰伦和王力宏是他们最喜欢的歌手。我借助他们追星的热情，将传统文化与明星相结合进行教学。王力宏主演的电影《恋爱通告》里出现了不少中国传统乐器，如二胡、古筝等等，我就利用这部电影向高中学生介绍常见的中国传统乐器。此外还用周杰伦的歌曲《青花瓷》向初三的学生介绍中国陶瓷文化，都收到了不错的教学效果。

棉兰是印尼的第三大城市，市区大部分是华人，是印尼华人比较集中的城市之一。棉兰的华人大多来自福建和广东，饮食和广东很像。不过友族的食物以煎炸为主，配以辣椒用手抓着吃，和华人饮食习惯相差较大。

印尼地处热带，盛产各种热带水果。在国内价格不菲的榴莲和山竹，在这里到处都有，便宜得很。国内一年一熟的芒果，在印尼四季都开花结果，天天都可以吃到新鲜的芒果。不过在中国随处可见的苹果、葡萄，到了印尼就摇身变成进口的高价水果了。印尼很多日用品都是从中国进口，价格较国内贵一点。

我们在宿舍可以收到国内的电视台，除了粤语台之外，国内的电视台基本上都可以看到。过春节的时候，我们一起看春晚、倒数新年，和国内亲人一样感受节日的气氛。人在异乡，孤独是难免的，幸亏有中国同事的陪伴和当地华人的照顾，我们的生活也不算寂寞。

这里的华人对中国老师都很好，校董不时带我们出去吃饭。学校的财务英姐待我们如女儿一般，经常带我们去逛街吃东西，宿舍缺什么她都及时叫工人给我们添上，对我们的照顾真是无微不至。亚洲国际友好学院的董事长助理陈民生先生对我们非常关心，经常带我们参加华人的各种活动，让我们可以近距离了解接触棉兰华人的生活，丰富我们的社交活动。学生对我们也很好，常常邀请我们参加他们的活动，带我们出去游玩。每次想起印尼这些热心的华人，我心里都充满了感激之情。

由于历史原因，出国前家人、朋友都非常担心我们的安全。在印尼生活的时候，华人也不时提醒我们要关好门，尽量避免单独出门。但所幸的是我们所遇到的印尼友族人都很友好，平时在学校里碰到友族同事，大家都会互相点头微笑打招呼。我生日那天，一个友族工人用刚刚跟另一位年轻华人老师学来的中文对我说："老师，生日快乐！"虽然发音不标准，但依然令我感到无比的惊喜和感动。汉语能够被印尼友族人接受和学习，这不是我们华文教师最大的愿望吗？

印尼地处太平洋地震带，火山、地震频繁。我所在的苏门答腊岛 2004 年的时候曾发生地震并引发严重海啸。我们运气很好，在印尼的一年里没有碰上地震。虽然附近有一座活火山——马达山一度活跃，但也没有造成什么危险和不便，火山给印尼带来了丰富的旅游资源。棉兰近郊有"东方小瑞士"之称的多巴湖，景区内空气清新，湖水清澈明净，葱郁的山上点缀着白墙红瓦的房子，景色真的不亚于欧洲小镇。距离市区七十多公里的马达山，山上四季如春，号称棉兰的后花园，也是棉兰人休息度假的好去处。印尼的华人一到周末或假期就会外出度假，长假到马来西亚、新加坡或是欧洲旅游，短假就会到多巴湖或是马达山上住一两晚，看看风景，泡泡纯正的火山温泉，非常惬意。

不知不觉回国已经大半年，我常常想起印尼，也曾无数次在梦里回到印尼。在印尼支教的一年，成为我一生受用的宝贵经历。回国后的我供职于广州一所国际学校，每天面对各种肤色的孩子，总让我想起印尼的学生们。不少印尼学生直到现在还经常给我打电话、在 Facebook 上给我留言，叫我有空回去看他们。

我非常感谢我的大学老师郑继娥老师、赵越老师和张鲁昌老师的悉心教导和栽培，是他们让我打开心扉，把握机会，勇敢地走出国门。在印尼的日子，我不但学会了坚强独立，而且感受到了不同的异域文化，开阔了自己的眼界，增加了生命的宽度。我想将来有机会的话，我一定还会再到印尼，或是其他国家继续从事对外汉语事业。

我的华文志愿者点滴

符彩花
（湛江师范学院人文学院对外汉语专业2006级学生）

我于2010年6月毕业于湛江师范学院对外汉语专业，同年7月由广东省侨办选派为华文志愿者，奔赴印尼巴厘岛从事华文教育活动，服务于印华三语学校。

在印尼从事华文教育工作的过程中，我时刻谨记自己的身份和使命。我是一名侨办派出的华文志愿者，我的任务是在支教学校教好华文，传播中国文化。不管碰到任何困难，都决不退缩，在教学上，我刻苦钻研，根据自己在学校的所学，结合当地学生的学习实际进行教学，并取得了不错的效果，也得到了一致好评。

巴厘岛是印尼非常有名的国际旅游地，但是华文教育起步很晚，到目前为止，巴厘岛有三所较大的三语学校，分别是印华学校、文桥学校和光明学校。印华学校是成立时间最早的一所三语学校，从2000年的中文补习班开始，现已拥有600名在校学生，教学年级从幼儿园到高三。学校目前有9名中国教师，学生主要是岛内的华裔子弟。

印华学校的华文教学主要以培养学生的兴趣为主，中文考试压力不大。我在印华学校的第一年主要负责初中和高中的华文教学。所用的教材是上海留学生使用的《风光汉语初级篇》，教材不太切合当地学生的学习实际，使用起来不是很方便，因此，除了适当使用教材教学，我还加了许多文化方面的教学。下面主要就文化教学略举一二。

其一，教高三学生做中国菜——辣子鸡。高三学生都是17岁左右，面临着考大学的压力，所以他们对华文不是很重视。如果讲课本里的内容，他们觉得很无聊，不爱听，不爱学。在教学的过程中，我费尽心思，尽量教他们喜欢的内容。有一篇课文是关于中国菜的，很多学生都说喜欢中国的食物，对“辣子鸡”很感兴趣，他们问：“老师，你会做辣子鸡吗？”我笑笑，说：“会啊！”当我在下一次上课之前给他们带来又香又辣又麻的辣子鸡时，他们都竖起了大拇指，说：“老师，好吃！很好吃！怎么做？”于是，我教大家做辣子鸡的方法，让他们当场表达，用中文说出辣子鸡的做法，并让有条件的同学自己回家学做辣子鸡。学生对中国食物非常感兴趣，能说出很多中国菜名，结合教材和实际，我们学习了怎么去餐馆吃饭、点菜，让学生分组分角色进行情景对话，并进行比赛，哪组配合得最好，哪组就赢。教学生所需，教学效果非常好。

其二，教中国剪纸。初二、初三的孩子相对积极一点（他们上讲台写汉字非常积极，一说要写汉字，都会争着来）。在校庆日前夕，我让学生设计校庆卡，教他们中国剪纸，因为很少有学生接触过剪纸，因此学习起来非常困难，但是，在我的耐心指导下，同学们还是很好地完成了各自的作品，并粘贴在校庆日的庆祝栏，引来师生和家长的一片赞赏。

其三，春节教孩子们表演节目。印华学校每隔一年都会在春节前几天举行庆祝春节的活动。为了筹办一台精彩的节目，学校在一月份开学伊始就开始筹备，从幼儿园到高三，每个年级出一个节目。我和另外一位汉办的志愿者老师组织了“十二生肖大拜年话剧”“《中国话》歌曲合唱”和“舞狮表演”三个节目。

自制舞狮

舞狮表演

舞狮是中国具有几千年文化历史的传统项目，是祥和喜庆的象征。舞狮分南狮和北狮。广东的舞狮队是远近闻名的，在北京奥运会的时候，广东遂溪的醒狮队就出场表演过。印华学校有一个舞狮，是以前一位中国老师在泗水买的。我是广东湛江人，从小就爱看家乡的舞狮表演，如果在春节节目中加入舞狮，让孩子们感受一下中国的舞狮文化，多好啊！可是只有一个舞狮，巴厘岛这边又没有舞狮卖，于是我决定自己试着做一个。上课时，我和学生一起排练节目，下班后，我就自制灯笼、鞭炮，亲手制作舞狮。舞狮做好了但不会舞，我就边看网上视频边教初二的学生，另外还增加了“敲锣打鼓”和“笑佛”这两样表演。1月31日表演那天，学校到处充满着喜庆的气氛，节目搞得很成功，学生们都说：“舞狮，再来，再来！”

中国老师的舞蹈《好日子》，右一为符彩花

中国老师的舞蹈《好日子》也让节目增色不少。那天的活动还受到了印尼《千岛日报》记者的采访报道，现场反应非常热烈。

在当华文志愿者的过程中，我不断摸索，不断总结经验，踏踏实实工作，认认真真教学。通过自己的言传身教，让巴厘岛的孩子们在一点一滴的学习中体会中国文化的博大精深。一年半的支教生涯，显得非常短暂，但过得非常充实，非常有意义。非常感谢湛江师范学院对我大学四年的栽培，也感谢广东省侨办给我机会让我去履行这个神圣的使命。

爱心铺满支教路

李桂芳
（湛江师范学院人文学院对外汉语专业2007级学生）

我于2011年从湛江师范学院对外汉语专业毕业，同年7月来到印尼泗水艾莉学校担任汉语教师。

我想，既然放弃了很多珍贵的东西来到了这里，就要加倍努力工作、无怨无悔地奉献，这样才会牺牲得有价值。从来到印尼泗水艾莉学校的那一天起，我就把这里的学生当作了自己的孩子一样去关爱。万事开头难，校长安排英语比较好的老师教低年级，因为幼儿园的孩子们刚接触中文难免不愿开口说中文。于是，在正式教学之前，我决定让孩子们喜欢上我这个老师。开始的一个月都在玩中学，玩玩具的同时学习文具名字、吃东西的同时学习食物名称，每天给孩子们一个温暖的拥抱、一句赞美的话语“棒棒棒，你真棒”、一张温暖的笑脸、一个亲切的眼神，慢慢地，孩子们一见到我就跑过来抱着我，然后一边把小手放到我身上挠一边说“毛毛虫，爬呀爬”。就这样，他们越来越多地和我说中文了。

小学一、二年级的孩子最不喜欢写汉字，而我教的是会话和写作，所以少不了让他们写。有几个孩子，由于在幼儿园没学过中文，碰到笔画比较多的字他们就要我手把手地教，我每次都会耐心地教他们，但不能一下子让孩子们写太多，否则他们会对中文产生厌恶感，因为写中文对于孩子们来说的确很难。上课时他们不能完全集中注意力，有几个甚至还会在上课不到10分钟就开始走来走去，对于这样的学生，老师不能去吼他们，一来有些孩子不仅不会听你的，而且会越来越不听话，二来学生对这个老师也会越来越不喜欢。对于孩子们在课堂上跑来跑去，我会走过去请他坐回座位，然后悄悄地在耳边跟他说：“现在你很棒！老师奖你一颗星星。”我会让注意力不集中、喜欢走动的孩子多上台读或者写，这样他们慢慢地就喜欢上了中文课，我就是用这种方法让一个非常调皮的女孩子变得越来越乖的。我发现，孩子有时候是需要哄的，再调皮的孩子受到老师的表扬与鼓励后都会乖乖听老师话的。而初三和高一的学生由于年龄大些，课堂纪律都特别好，教学很顺利！

对于小学一、二年级的孩子，我就规定谁上黑板来写对字就加一颗星星，上来读也给一颗星星，回答对一个问题给一颗星星，一节课内认真上课不走来走去给一颗星星；相应的，谁走来走去就减一颗星星，说话减一颗星星等等；有50颗星星就会得到一份礼物。这个规定对孩子们也很有效，他们很积极地争着回答问题、上黑板写字，坐姿也端端正正的。课外孩子们见到我就问：“老师，我的星星在哪里？我有多少颗星星了？”

我们要用爱心来教每一个孩子，对于调皮的孩子，老师要爱得更深刻、爱之有度，不能让他们在课堂上学无所获，奖惩分明会让他们学得更好！但是我们老师千万不能因为太生气就让孩子们出去，更不能打学生。在这个学期，有些家长打电话给校长说，“我的孩子说某某中国老师打她”，“为什么我的孩子考试零分，为什么对了一个字没有分”……虽然这些问题没有发生在我身上，但还是要引以为鉴，孩子们来到学校就有接受教育的权利，我们不能因为他们调皮、破坏课堂纪律就把他们赶出教室或者打他们。

孩子们是花朵，需要教师的耐心浇灌。艾莉学校虽然只有200个学生，但我相信，艾莉学校会以他们为荣。每次大型的比赛活动，我们都鼓励孩子们参加，并在课余时间、放学后或者周末给他们免费辅导。在新加坡国民国际学校举办的第二届作文大赛中，我们派出去的13个学生大多获得了很好的成绩。比赛有来自雅加达等城市的学生，比赛分三个组别，小学二、三年级组，小学四、五、六年级组，中学七、八、九、十、十一年级组。在我们的耐心辅导下，我们学校的一个学生获得了小学组第一名，此外有三个学生分别获得最佳故事奖、最佳想象力奖等。中学组的三个参赛者虽然没获得名次，但初三一个学生获得了最佳文笔奖。其他学校举办的全泗水可以参加的讲故事比赛、写字比赛等我们都鼓励学生积极参加，他们不会讲故事，我们就一句一句地讲给他们听，写字比赛我们提供资料帮他们准备，放学后更是耐心地给他们听写。小学的学生在写字比赛中分别获得了第二名、第三名，在讲故事比赛中也获得了第二名的好成绩！

我们放弃了很多休息的时间，但是看到孩子们不断进步、不断取得佳绩，我们的心比什么都甜！每次学生去参加比赛取得了好成绩，校长都说很感谢我们，并给我们颁发“优秀指导老师”证书。我们都说孩子们能够学好、不断进步，就是对我们老师最大的奖励！

刚开始我很担心自己教不好中国舞蹈，但是这一学期我教的学生在两次学校表演（中秋节、母亲节表演）、六次外出表演中，得到记者、家长、领事馆的好评，我知道了努力就会有希望。我知道自己舞蹈不太好，所以从一开始就努力练习好再教孩子们。初中的学生去中国参加冬令营，在暨南大学读研的好友是冬令营志愿者，她告诉我，我教的学生跳舞蹈《神话》跳得很好，她的领导表扬了那个舞蹈，这令我很开心！从设计衣服、买布料、给裁缝做衣服，到一步一步地教学生每一个舞蹈动作，真是需要花费很多心思。当看到孩子们在舞台上开心地跳起舞时，我心里却是无法比拟的甜！我决定以后要继续努力学习舞蹈、用心生活，除了做一个合格的中文老师外，还要教会学生跳中国舞蹈！

关于在捷捷对外汉语教学的思考

何广英
（湛江师范学院人文学院对外汉语专业2008级学生）

对外汉语教学，顾名思义，就是对外国人进行的汉语教学。也许，很多人会以为对外汉语教学很简单，只要母语是汉语，只要会讲汉语，都可以教了。真的是这样吗？当我在棉兰进行了将近四个月的对外汉语教学后发现，对外汉语教学对我而言，越来越具有挑战性！

棉兰的华人很多，据了解，棉兰市的华人占总人口的19%以上。我们就住在一个华人商业小区，那里几乎都是华人，但基本上都是用印尼语或英语沟通。我们所在的棉兰捷捷语言学校（Victor Language Centre，以下简称“捷捷”），是一所私立的华文培训学校，共有三个校区。第二校区和第三校区都是在这个华人商业小区内，只隔两三条街，从第二校区走到第三校区不用五分钟，但离第一校区挺远，坐校车去也要半个小时。学校分别开设幼儿、小学、初中、高中及成人汉语培训班，共有学生近1 000人。一般情况下，中国老师都是从棉兰时间下午一点开始上课，最晚要上到六点半，每周工作时间为30个小时。

捷捷的学生主要有国际学校和普通学校的中小学生，还有一部分成人和幼儿。由于幼儿汉字认识不多，用中文沟通困难，所以幼儿主要是由本地老师来教，其他的学生则几乎都跟中国老师学。国际学校的学生是捷捷的重点教学对象，他们非常活跃，善于提问，敢于说话，所以在课堂管理方面需要下些功夫。普通学校的学生大部分很被动，基本上都是老师教什么就学什么，布置什么作业就做什么。普通学校的学生从来到教室坐下的那一刻起，如果老师不理睬他们，他们就会坐在那里发呆或者东张西望，因此老师要尽量做到兼顾每个学生。

国际学校和普通学校的教学内容是不一样的。前者主要是使用新加坡出版的华文教材，如《小学华文》《中学华文》等。对于国际学校的学生，我们的教学任务很固定，主要是帮助他们学习并巩固所学知识，要尽最大的努力让学生把学校的课业学好，同时需根据学校老师的要求和学校的考试情况，制订相应的复习计划，帮助学生复习、听写、考试等，并且还要保证他们考试拿到优秀。大部分国际学校的学生家长都要求较高，孩子考试稍微有些不理想，或者课堂上稍微表现不好，就会上门投诉，所以教学压力相对较大。普通学校的学生学的是捷捷根据暨南大学出版的《跟我学汉语》改编的一系列教材，有《快乐儿童》《学汉语》《新版汉语》《幼儿汉语》以及《中文》。每套书都分成不同的等级，不同等级之下还分为若干个层次——从基础到中、高级。每套书针对不同水平的学生：《快乐儿童》相对简单些，主要是针对低年级的学生；《学汉语》的学习对象是初中以上的学生，适合汉语基础较好的学生；《新版汉语》供基础一般或学习能力比较弱的学生使用。

学校根据学生自身的情况和老师的性格、教学方式、能否与学生融洽相处以及学生能否接受等因素进行合理的分班。采用小、中班教学，最大的教室也只能容纳二十个人左右。普通学校和国际学校的学生分别在不同的教室上课。

我教的学生汉语水平参差不齐，而且人数比较多。每周一、周三、周五在第三校区（即我们所住的地方）上课，教学对象主要是国际学校的学生。虽然都是小学四年级，但由于来自两个不同的学校，学习内容和进度不太一样，所以要分两个教室学习；而逢周二、周四、周六下午都要到第一校区（只有我一个中国老师）上课。一般一个下午就会有三十多个学生来学习，从学基础（拼音）的小学生到能说汉语的大学生都有，有时还会有学习《发展汉语》这套书的学生。所以刚开始要独当一面，我感到很吃力，学生很多，对于他们的名字和人对不上号，总觉得课堂控制得不够好，也不能兼顾到每个学生。看着一班调皮的或被动的学生，加上不了解他们的生活和学习情况，我不知从何入手，压力特别大。后来，每次上完课，我都会记录下他们的学习情况和表现，以帮助我记忆及备课。

经过一段时间的观察，我渐渐了解了学生来捷捷补习的主要原因：学生在其学校学得慢或基础不扎实；家长无暇顾及孩子，又不想让自己的孩子落后于他人，就把孩子送来补习。很少有学生是因为对汉语感兴趣而自觉来补习的。学生来到教室，都希望老师能多跟他们说说话，多关心关心他们。有些学生，由于他们不是自愿来补习的，对汉语不感兴趣且觉得汉语太复杂了，没有信心或是懒得学，这就出现了怠惰的心理和行为，进而导致课堂效果不理想。

了解到学生的这些情况后，我开始认真地备教材，同时学会用心、耐心地备学生。激发学生的学习兴趣是成功教学的第一步，所以，我从提高学生学习汉语的兴趣入手。在学生课业负担相对较轻的时候，通过给学生讲中国的神话传说或引导学生讲故事、写他们感兴趣的小短文（如我的朋友、小动物、我喜欢的食物、我的一天等主题）、玩简单的汉字形体画与猜等方式来激发他们对学习汉语的兴趣。事实证明，效果远远比之前的方式和模式要好得多。

此外，备学生真的非常重要，需要用心钻研。在对外汉语教学中，老师要根据不同学生的学习特点来制定教学目标，运用不同的教学方法，并注意观察和反思教学过程。

其实，并不是所有的中国人都能教外国人汉语。在一个缺少语言环境的国度学习汉语，老师的作用是不可忽视、不容小瞧的。从教学内容、教学方式到教学艺术，都需要教师具备较强的对外汉语教学知识。在汉语教学过程中，对学生提出的在我们看来很简单的语言应用问题，绝对不能随便回答“是我们的习惯用法”，而要给予学生专业的解答，这才能成为一名合格的对外汉语教师！

棉兰见闻

吴文静
（湛江师范学院人文学院对外汉语专业2009级学生）

2013年7月18日凌晨一点，我和华南师范大学的11名同学、华北科技学院4位毕业生从白云机场出发，中途经吉隆坡转机，终于在2013年7月18日上午九点多抵达印尼棉兰机场。我们都是汉办志愿者，在北京培训时相识，将一起在印尼棉兰崇文中小学开展为期十一个月的汉语教学工作。

棉兰初印象

出了棉兰机场，发现这里的天空很低，就好像垂在屋顶上一样，可以清楚地看见蓝天白云在头顶飘动。我们差点被火辣的太阳晒晕过去，北纬三度的阳光果然猛烈，大伙儿赶紧往校车里钻。上了校车，司机就载着我们飞速穿过各种小巷子。车窗外的棉兰街道很窄，街道两边有店铺，也有住房，小巷子尤其多，街上几乎都是日产汽车。早就听闻印尼司机驾驶技术了得，果然名不虚传，但我们坐在车里还是有点忐忑。记不清过了多久，只记得穿过一条又一条的小巷，我们终于见到一道很高大的黄色的石拱门，再往前行驶就到达了崇文中小学。崇文中小学其实只是一栋教学楼，相对于印尼街上的那些房屋，还真算得上是一座豪华的高楼，大门口“崇文中小学”几个大字是崇文的董事苏用发先生写的，特别霸气。我们虽然满脸倦容，但还是在门口拍照留作纪念，从照片上人们大可感觉出来北纬三度的阳光有多么猛烈，我们一个个都满脸通红，从照片中也可看到我们初到棉兰的那种激动的心情，因为每个人的笑容都很灿烂。

接着，崇文的各大理事长都出来迎接我们，逐一和我们握手，欢迎我们的到来，他们都是住在棉兰的华人，笑容可掬，汉语也说得很标准，让我们感到十分亲切。因为当天刚好是福建省侨办在棉兰举办的“中华文化大乐园”活动的闭幕式，因此在与理事长告别后我们便匆匆收拾好行李，换上正装直奔大礼堂。大礼堂很气派，面积很大，装饰也很大气，听说是由一位华人捐赠的，崇文但凡有什么重大庆典活动都会在这里举行，看崇文的外在大家绝对想不到里边还有一个这么大、这么气派的礼堂。

待我们全部入座，闭幕式活动已经进行了一半，崇文中学、小学和幼儿园的学生把一个月的收获，如书法、国画、舞蹈、双簧等才艺，向大家展示出来，表演很精彩，可以看出很多中小学生的华语水平很高，双簧表演尤其出众。快结束的时候，崇文的黄理事长上台发言，他今年已经八十多岁了，上下楼梯需要人搀扶，听说他现在还坚持每天到学校办公，这种精神真的太感人了。他在发言中多次提到了中华文化，提到了汉语，那种真挚的情感使我们动容。不知道为什么，听着他的发言，我的思绪忽然回到了湛师211大教室，那一天晚上所有赴印尼教汉语的老师跟我们一同分享经历，张鲁昌老师提到很多年纪大的华人对汉语和汉文化的深情，我想这位黄理事长一定也是其中的一员吧。

华人创办的崇文学校

崇文中小学，也就是崇文学子口里念叨的“Cinta Budaya”，“崇尚文化”之意，如其他印尼华文学校一样，历史比较悠久，但由于印尼政府的排华政策而停办过好些年，后来由于各位董事、理事的努力才最终得以复校。我现在所在的是新校区，学校主力都在这边，听说还有旧校区，但我没有去过。

整个崇文中小学只有一栋教学楼，里边有中学、小学和幼儿园的教室，三层教学楼有一层半是附属幼儿园的教室，可见崇文附属幼儿园的办学规模在三者中是最大的，事实上崇文2 000多的学生中有800个幼儿，绝对算得上主力军。到这边后，我被安排教幼儿园的一个班和初一年级。经过两个多月的交流，我对这边的办学有了大概的了解，下边就谈谈我眼中的崇文。

首先说说这里的中小学。崇文的教学时间安排与国内相差很大，国内中小学一般都是分上午、下午上课，而崇文的学生上课时间是从上午7：30到12：40，中间只有一次15分钟休息的时间，一般上一节课的下课铃声就是下一节课的上课铃声，数学、体育等各门课程轮流上，但要确保平均每天有一节汉语课，学习强度很大，远不是国内学生能比的。刚开始的时候，看到这样的时间安排，很多中国老师被吓到了，体力也跟不上，不过幸好教室与教室之间距离不远，不然真的应付不过来，现在大家已经适应了这样的教学时间。小学生年纪还小，家长会给他们准备好便当带来学校，而中学生就会在课间休息时间到饭堂买食物补充体力，但课间15分钟的时间根本不够他们吃东西，所以有很多老师反映休息结束紧接着的那节课还看到很多学生在吃东西，这应该是在国内没有的现象。另外，小学一、二年级的学生，教师还要领着他们去上厕所，这在国内更是没法想象的事情。中午放学后，中小学有一部分学生会留校补习汉语，按自愿原则，而大部分的学生则会到外边的补习学校补课，尤其是面临会考的初三学生。

汉语现在还不是印尼学生的必考科目，所以他们学汉语并不是很积极，上汉语课很吵闹。就拿我所任教的初一的一个班来说，男生比女生多，都是刚开始学汉语，汉语基础很不好，一节课40分钟的时间，需要10多分钟的时间来维持纪律，没走进课堂还真的不知道课堂乱成这样，这与想象中的有很大差别。我有一个同学在小学任教，感觉很受挫，而另外一位在小学上活动课的老师则说其实小孩子的本性都是很好的，想想办法还是可以维持课堂秩序的，准备一些新花样或者一些奖品都是不错的办法。需要提出的一点是，这边的孩子很容易满足，甚至在他们的手上画一颗星星当奖品他们都觉得很光荣。印尼中小学的学生每天的学习强度很大，但他们比较活泼开朗，而且很有艺术天赋，在乐感和手工方面尤其拿手。另外想说的是，崇文中小学的教师都是统一着装，每逢星期五全校师生都会身穿印尼传统民族服装“巴迪”，据说整个国家都是这样，只是款式和料子有差别。

其次谈谈幼儿园的情况。崇文中小学附属幼儿园是一所三语幼儿园，如今有 800 个学生，学生人数还在逐年增加，听说还有很多人排着队想进来，因为崇文幼儿园每个班级都是中国老师担任班主任，采用的是“华语浸入式”教学，除去一周四五节英语和印尼语课，其余时间都是学华语，学的儿歌、早操全部与国内幼儿园接轨，所以崇文流传甚广的一句话是“整个崇文汉语水平最高的就是幼儿园小朋友”。幼儿还在学说话，模仿能力比初中生更强一点，一个星期一单元的《千岛娃娃学华语》学得还真不错，我还慢慢发现原来他们的思维都是华语思维，即使印尼语老师跟他们说印尼语，他们回应的第一句永远都是华语。

在这里上课，感觉日子过得很快，在这样一所充满人情味的学校里，我觉得自己每天都有收获。

我的棉兰生活

不知不觉在棉兰实习已经两个多月了，我也已经逐渐适应了棉兰的生活，在这里就说一说我的棉兰生活吧！

印尼实际上没有国人想象的那么恐怖，至少在棉兰是这样。棉兰华人很多，我们外出的时候他们会很友好地跟我们打招呼，问我们是从哪里来的，但他们首先会问我们是从中国内地来的还是从台湾来的，一听我们来自中国内地，他们就会跟我们说他们的祖籍在哪里，然后跟我们聊天，也会提醒我们外出时要注意人身财产安全。有一次我们逛马达山超市，一位老人家跟着我们走了好长一段路，后来才知道其实他的祖籍是广东的，很想跟我们说说中国话，却又不好意思，就一直跟着我们，之后又见到他好几次，他会帮我们向服务员翻译我们要找的东西，还会在结账时告诉我们应该给多大面额的印尼盾，这样的情况还挺多的，我们都觉得那些华人很友善，他们对中国的那份感情真的很可贵。

棉兰华人多，而且我们中国老师大多待在一起，有时候会没有出国的感觉，但来到棉兰毕竟还是出国了，还是会有一些对比，其实也是跨文化对比。一是印尼盾，印尼盾面额太大了，第一次在外币兑换处换好了印尼盾，拿在手里的那种感觉很奇特，瞬间就成百万富翁了。逛完超市结账的时候有点头晕，就把好几张面额 100 000 的钱摆出来给对方看，对方则是哭笑不得。印尼没有“万”的单位，大多使用“千”和“条”（百万），一千千印尼盾就是一条。二是食物过辣，煎炸食物居多，且印尼国民喜欢喝冷饮。别说我这个广东人面对这样的食物没法招架，湖南等省的同学都对印尼青辣椒敬而远之。三是印尼厕所文化与国内有很大差异，印尼厕所的设计比国内多了一条软管，印尼纸巾很稀缺。四是印尼是一个宗教国家，很多女人包裹得严严实实以表示他们对宗教的虔诚。另外，每天到固定的时间，全城都会响起祷告念经的声音，听不懂他们在念什么，只知道他们是在用这种方式来表达自己的信仰。五是棉兰的网速很慢，而且经常停电。也正因为网速很慢，他们几乎不怎么用电脑上网，外出的时候可看见很多华人都有高级智能手机或平板电脑，他们偶尔使用无线网络，但开通电话网络套餐的人更多。我们到移民局在线按指纹都要花差不多一天的时间，就是停电断网或网速慢的缘故。其实有时候觉得过一下没有网络的日子也挺好的，把在国内用来上网的时间改为散步或是制作教具反而更心安理得。不过，因为我还要写毕业论文，偶尔也会感到很不方便。六是印尼国民很悠闲，办事效率不高。如果仪器出

现故障，至少得等两三个星期才会有人来修理。七是中国老师很受尊敬。我们经常被邀请去参加各位董事或理事的活动，每到一处都会有记者给我们拍照，然后过几天就会发现自己上报纸了，大家不妨想象一下当我们看到自己和国内一线娱乐明星占同一版面时心里的那种感觉。

参观清真寺时需要裹头巾

棉兰街上庆祝婚礼或店铺开张的招牌

在我看来，以上列出来的并不是不足，也不是我对棉兰生活的不满，我所在的棉兰是一个跟中国城市一样的城市，我见过棉兰富人价值千万的豪宅，也见过棉兰的穷人拿着饮料在马路中央兜售。这些其实是我用眼睛看到的棉兰，是我用心记录下来的一点生活痕迹。我的视野不断开阔，我希望我的棉兰生活不要说过去就过去了，至少得记录下什么，好让我日后回味一番。

实习的时光飞快流逝，不知不觉两个月过去了，用我自己的话说，我的棉兰生活在以一种“一眨眼一周，再一眨眼一个月”的节奏中进行着，而我则沿着时光的轨迹在慢慢成长。

在印尼雅加达的日子

庄瑞华

（湛江师范学院人文学院对外汉语专业2008级学生）

一

在印尼教学的日子给我留下了美好的回忆，我收获了很多，但也遇到了不少挑战。来到学校，我面临的第一个大难题就是画窗画。所有老师都要负责装饰自己的教室，显现各班的特色和风采。当很多老师已经画好了，墙壁贴上了很多漂亮的教学图片的时候，我们班的窗户和墙壁依然“干净洁白”。幸好我的搭档以前是做设计的，后来转行教了三年幼儿园，所以她画画很厉害。当然，我也不好意思闲着，就负责整理教室、制作学生名片卡和家长见面会的PPT。第一关勉强通过。

7月16日正式开学。我们学校的幼儿园是每个班两位老师，一位中文老师，一位英文老师。虽然只是幼儿园，但学校开设了中文课、英文课、艺术课、音乐课、电脑课、游泳课等。教室也配备了多媒体，另外还有专门的电脑教室、音乐教室、艺术教室、泳池、厨房等。两位老师除了负责自己的课程，还要跟班照顾学生，所以一整个早上老师都是待在教室里跟学生在一起。中午送学生回家之后，剩下的时间用来备课或开会。

我们班有21个小天使，大部分是华人子弟，会说一点点中文，也有一两位学生不会说中文。他们都白白胖胖的，可爱极了。可是当“小天使”变成“小魔鬼”的时候，我就欲哭无泪了。

我们学校的教学采用新加坡的模式，分四个学期，每个学期中间有1~3个星期的假期。虽然有课本，但是教学不是按照课文从前上到后，而是每周安排不同的主题，比如认识身体、我的家庭或我的学校等。教师根据主题自己设计教学内容，不管是艺术课还是体育课，课程不同，但是每节课的主题是相同的，学生不仅可以接触到同样主题中、英文老师的不同教学方法，而且有利于加深他们对所学知识的印象。

小孩子最喜欢唱歌、跳舞、画画、做手工，所以上课的方式一定要丰富多样、动静结合，这样才能吸引他们的注意力。只是这些我都不会，刚开学那几天，教室里简直天天上演“世界大战”，场面一片混乱，哭得哭，闹得闹。如果可以，我也好想跟他们一起哭啊。每天下班回到宿舍，就想赶紧打包行李坐飞机回家算了。后来想想再这样下去肯定是不行的，于是我赶紧调整心态，决定一切从头开始学起，多跟有经验的老师请教。

天生五音不全的我下载了很多儿歌视频，边看边学，学会了就教学生，再自己加入一些舞蹈动作，好让小朋友记住。小孩子们学唱歌学得非常快，只用了一周时间他们就会唱

《两只老虎》《上学歌》《找朋友》三首儿歌，而且发音相当标准，即使他们当中有些小朋友连中文都还不会说，这大大出乎我的意料。他们学得很开心，而他们可怜的老师就要天天绞尽脑汁想接下来教什么歌了。

我坚持跟我的学生用中文交流，我会引导他们跟我说中文，如果他们听不懂，我就加入表情和动作，一直重复，直到他们懂了为止。有一次我用全中文给他们讲《白雪公主》的故事。我心里清楚，他们现在可能还不能听懂这个故事，但我想看看学生会有什么反应。所以我讲的时候加入了很多夸张的动作和精美道具，力图让他们了解整个故事梗概。在我讲故事的整个过程中，他们都很安静，一双双大眼睛专心地看着我。我心里偷着乐，是不是我讲得太好了，他们都陶醉在我的故事当中了？等我讲完，我问了一句你们听懂了吗？他们都摇摇头。这时我才醒悟，他们可能一句话也没听懂，但他们还是静静地看着我手舞足蹈地表演，他们非常尊重老师，似乎怕我觉得自己讲不好会伤心，太让我感动了。

这两个月以来，我跟学生相处得很融洽，他们给我带来了数不尽的快乐和幸福，和孩子们在一起真好。今后我还要不断加强自己的艺术修养，练简笔画、唱歌等等，在教学方法上也要努力创新，多看一些幼儿教育网站，积累教学资源和素材。

说完教学方面，顺便也提提自己的生活吧。来到印尼，真正开始独立了，厨艺也大大地得到了提升，跟其他老师学包饺子、做馒头、做包子、做四川菜、做东北菜、煲广东“清补凉”。隔三差五我们这些中国老师都会做自己家乡的特色菜，南北风味、酸甜苦辣都有，色香味俱全啊，这大大减少了我们的思乡之苦。

二

第一个学期结束了，从今天开始会放一个星期假。没想到时间过得这么快。非常感谢学校给我们提供了这么好的锻炼机会和学习平台，我在这里学到了很多东西。

虽然我们平时工作很辛苦，工作量也很大，但是学校隔一段时间就会为老师们准备一些培训。有锻炼团体合作能力的游戏，有特别邀请台湾大学教授给我们讲教育方法、教育理念和基本礼仪的课程，还有特意为我们准备的茶道、花道课，教我们泡茶、品茶、插花，让老师们洗心、静心、焕然一新。我们也自愿报名参加了慈济的“吉祥月”佛教活动，在活动中，我们看佛教艺术表演，通过视频听慈济创始人证严上人讲解佛理，吃斋菜等等。每个月月底，校长还会特意买一个蛋糕庆祝老师们的生日。临近中秋，学校也特意准备了聚餐，还给大家发月饼。月饼是学校自己做的，上面刻着“静思”两个字，是巧克力和绿茶馅的，非常好吃。今年10月7日是慈济静思堂的开光典礼，非常隆重，有很多政要人士也来参加了。

这里的老师热情又善良，老师之间的感情都很好。他们很喜欢学生，把学生当成自己的孩子。

学校为学生准备的活动特别多。从开学以来，每个月都有一个特定主题的活动，有消防演习、请兽医给学生开讲座、人文生活技能比赛、教学生做菜或水果沙拉，还有印尼独立日活动等。10月份我们有一个世界各国风土人情表演，每个班通过抽签来表演一个国家的风土人情，老师和学生都要表演唱歌或跳舞，穿那个国家的传统服装，做特色美食，

还要学几句基本的问候语，了解那个国家的旅游胜地、风土人情和名人。

我的搭档是印尼华人，但她不会说中文，她主要负责教英语、数学和科学。我们磨合了一段时间后，现在成了好朋友，工作也默契了。她上课很幽默，学生很喜欢。我从她那里学到，老师上课一定要放得开，放下老师的架子，把自己融入小朋友的世界当中，这样才能调动起学生的积极性。

我现在教的班级，学生都比较乖，很少哭闹，大多数学生比较独立，而且很喜欢学习，每次都特别积极地回答老师的问题，不管懂还是不懂。他们还特别喜欢劳动，抢着扫地、擦桌子、擦黑板等等。通过一个学期的学习，我们班小朋友的中文都有了进步，之前一句中文不会讲的学生也都会跟老师说“老师，我要喝水”。我们班有一些学生的家长会说中文，由于爸爸或者妈妈是华人，所以这些学生的中文相对来说比较好。有一次我的一位学生在教室里边画画边唱《甜蜜蜜》，他还会念“大头大头，下雨不愁，别人有伞，我有大头”，还会唱《三个和尚》等，这把我吓了一跳，我从来没有教过。后来我在家长会上从他爸爸那里了解到，父母也没有教过这些歌，只是因为家里开了一家餐厅，天天放中国流行歌曲，他听着听着就都会了。小孩子的学习能力和创造能力特别惊人。我发现我们班有些小朋友画画特别好，很有天赋；有些很会跳舞，甚至是 Hip－hop 动感舞蹈也会；有些自己用塑料积木搭建出一个很大的城堡，这些连我这个老师都自叹不如。当然也有一些小朋友进步比较慢，生活自理能力弱，学习一塌糊涂，作业也不肯写。但是我和我的搭档并没有放弃，而是在课堂上更加关注这些学生，给他们辅导作业，还请一些学习比较好的学生多跟他们玩，与他们成为好朋友，让他们对这个班集体有归属感，另外也争取得到家长的支持，希望家长在家里多锻炼孩子的独立性。

一个学期下来，我也有很多不足的地方：我平时工作比较忙，跟家长的联系不多；教室的布置不够完美，还体现不出一个真正的幼儿园教室的特色；对待学生还不够耐心，有时候也会觉得特别烦躁、疲惫；工作上追求快速，可是有时会有疏忽，效率还不够高。我要继续加油！

三

10 月 7 日到 12 月 15 日是我们学校的第二学期。不知不觉来印尼快半年了，连我自己都没有反应过来，原来时间可以过得这么快。这个学期，简单地用五个字来形容就是“痛并快乐着”。

第二学期特别忙。要准备国际文化展示周的活动，教学生跳舞、做特色美食；母亲节教学生手语表演；教师节教学生制作礼物；准备下学期人文周的绘画比赛……在这里，我充分感受到学生的主要任务不是学课本的知识，而是在活动中学知识，体验各种形形色色的活动带来的视觉冲击和感觉冲击。尽管学生们才四五岁，可是他们太厉害了，舞蹈、手语、绘画比赛他们都表现得特别好，舞蹈跳得有模有样，手语表演把在场的家长感动得痛哭流涕，绘画比赛中他们展现出来的丰富的想象力和创造力连老师都自愧不如。最重要的是，每个活动他们都乐在其中。

这学期我最大的收获就是在教学方法上的改进。虽然教幼儿园对知识量的要求不是特别高，但是对教学方法的考验是相当大的。以前我自以为教得还可以，我以为教幼儿园很容易，现在发现全错了，而且认识到自己有多么自以为是。真正到了幼儿园的教室里，想让小朋友们听老师上课是很不容易的一件事情。一旦老师讲得有点枯燥，学生就会说“老师，我要去小便”“老师，我要喝水”等等，或者很困很累趴在桌子上。他们不懂得隐藏情绪，总是把真实的感受都表现出来告诉老师。所以，根据学生的表现老师更容易判断自己上课的内容好不好、方法对不对。我们学校的中文主任有一个“百宝袋”，每次上课，她都能从百宝袋里变出很多稀奇古怪的东西吸引学生的注意力。她可以用一条长绳子当车子，带学生一起开车，边开车边练习“我要去学校”等句子，她还教学生一首“万能歌曲”，把刚学到的新词套进歌曲中，让人又容易记住，又感觉好玩。这里的老师们想尽办法利用一切资源（图画、儿歌、手工等等）让学生在课堂上活跃起来，在玩中学到知识。这个课堂有时在教室，有时在图书馆，有时在户外。

第二学期也是我和学生之间的感情进一步加深的一个学期。有一次，我正在上课，突然一个小女孩走上来，全场都安静了，她走过来，我俯下身，她靠近我的耳朵，悄悄地告诉我：“老师，我爱你。”那一刻，我觉得我是世界上最幸福的老师。又有一次，小朋友们排好队，我带他们出去玩，突然我听到一个声音说：“老师，我爱你。”我吓了一跳，这个声音居然来自站在最前面的那个小男孩。这个小男孩与其他小朋友不同，他很难跟别人沟通，不怎么讲话，即使用印尼语跟他交流都很难，生活无法自理。可是我和我的搭档从来没有把他跟其他小朋友隔离出来或区别对待，反而对他倾注了更多的爱和关心。现在他会自己穿袜子、穿鞋，他的妈妈在母亲节那天还对其他家长说她的孩子中文进步了很多。我又一次被这些可爱的小天使们感动了。这些事情仅仅是缩影。每天都有好几个小朋友跑过来抱着我，说：“老师，我爱你。”有时候，我搂着他们，他们就把我当成一棵树爬上来。

虽然小孩子只有四五岁，可是他们懂得“哄”老师开心。如果老师唱了一首歌，他们就会狠狠拍掌鼓励。如果老师讲了一句英语，他们就竖起拇指对我说：“老师好棒!”俨然像个小老师。有一次我去听别的老师上课，在教室里“消失”了半个小时，回来后他们看见我，就说：“老师，我好想你。老师，好漂亮。”把我“哄”上天了。这些小鬼，个个嘴巴都那么甜。类似这样的事情时有发生。

有时候，他们还会拿老师来开玩笑。他们经常在吃点心的时候说：“老师好吃，老师好吃。”我刚开始纠正他们：“不是老师好吃，而是点心好吃。”纠正了几次，他们都“屡教不改”。后来我意识到这些小屁孩是“存心”拿老师开玩笑的，一个起哄，个个都学着说。

有时候，一些事情也让我哭笑不得。印尼语没有翘舌音，声调对他们来说也是一个难点。所以就出现了这样一种情况：学生在叫老师的时候，不是发“laoshi”，而是“laosi”，听起来像“老死老死”，还有学生叫“老鼠老鼠”，简直让人哭笑不得。纠正了好几回，还是有学生这样叫，很多老师也都无可奈何了。

在印尼，我的名字也成了一个困扰。教师节那天，学校给每位老师颁发证书，证书上我的名字拼音被写成“Zhang Ruihua”。本来不想计较，转念一想，这已经不是第一次，而是好多次了，改了很多回，这次还把姓氏写错了，姓氏是老祖宗的事情，一定要改。后来终于找校长改了过来，重新帮我制作了一张证书。教师节收到全班学生送的一把扇子，这把扇子是纯手工制作，每一根竹片上都写着学生给老师的祝福语。学生不太会写老师的名字，都是家长教的。家长把我名字的拼音写得千奇百怪，有“Chuang Laoshi”“Zhang Laoshi”“Chuang Laoche”“Chuang Laosi”，很少有写对的，看得我又好笑又无奈。不过这份礼物太宝贵了，我一定要好好收藏。

印尼那些事

张华琴

（湛江师范学院人文学院对外汉语专业2004级学生）

在印尼两年的生活可以算是我人生中最浓墨重彩的一笔了。那是一段对每一天充满期待和希望的日子：不知道今天会发生什么有趣的事情，不知道会遇到什么传奇的人物，不知道会出现怎样惊心动魄的文化冲击……每天都是新的，每天都可以有新的收获，那是一段梦幻一般美好的日子！

现在距离那段日子不知不觉已经五年多了，再翻回以前的文字、照片，珍藏记忆的匣子被打开，眼前浮现的是那一幕幕有着欢笑、汗水、泪水的场景，下面就让我来细数印尼那些事吧。

门槛篇

2008年6月，我得知广东省侨办正在向省内各个高校召集外派教师，在学院的推荐下，我决定试一试。事前我上网查看了印尼的一些基本文化知识，看了一部印尼电影，复习了一下对外汉语的教学知识。到了华南师范大学，我才知道原来和我一起面试的基本上都是高校的老师，或者是研究生，于是我不害怕了，因为我输得起！

应聘的流程包括面试、试教。面试是用英文进行的，负责面试的老师先让我进行了自我介绍，然后和我交流了一下印尼文化，最后让我展示了我的特长。幸好我的英语口语不算差，大二、大三分别在泰国、美国的文化交流学习让我的口语有了一定的基础，而且关于印尼文化我也有所准备，另外大学体育选修的武术课也在这个时候派上了用场。我想，我给他们的第一印象很好。

试教的时候，他们给了我们一段对话，是华南师范大学自己编写的教材中的一节课，我们有一个小时的准备时间，试教时间是10分钟。没有对外汉语教学经验的我绞尽脑汁地把课堂上老师教给我的内容都用上了。我选了一个语法点作为重点：“比”字句。于是先是用汉语和他们寒暄了一下“今天星期几”“天气怎么样”“今天比昨天热吗”，自然引入到课文，然后是示范朗读课文、学生跟读课文、学生两两操练课文、个别展示，最后是语法点重点练习。我没有设计复杂的语法讲解，而是把语法点归纳为“A比B+adj.”“A不比B+adj.”等多种形式，利用教室里的实物让他们进行练习，最后是小结。

也不知道自己表现怎样，看着面试老师脸上的笑容和频频点头，我想我的表现应该还

可以。终于，一个星期后我被告知可以和另外七位高校老师一起去印度尼西亚执教了（不久，我们学校的赵越老师也加入这个团队），我是唯一一个应届本科毕业生！大学四年我没白过，我用实力证明了自己，跨过了通往印尼的这个门槛！

工作篇

我们工作的学校位于印尼北苏门答腊岛的棉兰市，是一家由当地华联集资，在侨办、华南师范大学指导下建成的一所私立学校，全名为“亚洲国际友好学院”。亚洲国际友好学院华文系一年级一共有160多人（学生需具有高中以上文凭，但没有年龄、种族的限制），九个班，每个班的人数都不超过20个。而这九个班是按照学生入学前的考试成绩，根据学生不同的华语基础分出来的，分别有两个快班、一个中班和六个基础班。上课时间分为早班（9：00~12：15）和晚班（18：00~21：15），每次两节课，每次课90分钟。综合课用的教材是杨寄洲主编的《汉语教程》修订本的第一册（上、下）和第二册（上、下）。

我的行政工作是系主任助理，完成如整理图书馆、帮助主任传达相关通知、复印和打印教学资料等工作，教学工作是担任一年级综合课老师，完成两个班综合课的所有教学内容，另外，每个星期六下午给学生上一个半小时的武术课。

于是，繁忙而充实的生活开始了。为了不辜负省侨办、华联领导对我们的期待，不辜负“中国教师”这个称号，不拖累和我共同奋斗的战友们，我从熟悉学生、认真备课、调动学生积极性和储备自身的知识等四个方面着手：

一是尽快、尽量地熟悉学生，和学生建立良好的师生关系，为接下来的教学做好准备。我这两年带的都是基础班和中班，分别是白班和晚班。基础班有基础差的华人学生，也有零基础的友族学生，他们基本从未接受过系统的汉语学习，或者只断断续续地在补习班上过一两年的课，或者只在高中的必修华语课上应付过考试，基础都不扎实。有的华族学生开始的时候连最简单的问候也不能理解，需要借助印尼语和英语等媒介语。不过，班上也有几个基础很好的学生，他们在开学不久后参加了HSK的初、中级考试，而零基础的学生相比之下有很大的差距。中班的学生都有一定的汉语基础，交流基本没有问题。但是他们普遍不会写汉字，加上他们是晚班，同时上另一所大学的课，或者有兼职工作，很多时候他们会为了另外那所大学的考试或者超额的工作而选择请假或者旷课。这对我们学校教学工作的开展有一定的不良影响。

了解了这些情况后，每堂课我都会提前5~15分钟到教室，了解一下学生最新的学习、工作和生活情况，帮学生解答疑问等。这个过程不仅可以拉近教师和学生的关系，而且能及时发现和解决学生学习过程中遇到的问题。只有真正走进了学生的生活，才能在课堂上创造接近真实的语言环境，才能提起学生的学习兴趣。比如在讲解副词“就”和“才”的时候，用班上学生的实际情况造出来的例句“×××今天早上八点半就到教室了”“×××九点十五分才到教室”就更能让学生体会到两者的区别，且印象深刻。

二是认真备课。在了解学生后，我再次研读教材的每一字句，找到各班不同学生的不同重点、难点、易错点，然后再在教案、教学过程中明确体现这些问题，用最贴切的例句、最简单的解释和有针对性的练习让学生掌握知识点。在这个过程中，特别注意因材施教，因为不同的学生有不同的问题，教学环节也要针对不同学生的接受方式而不断调整，在这一点上我也在不停地学习和积累经验。

三是用各种手段调动学生的积极性，“撬开”学生的金口。语言的最终目的就是用于交际，不能在交际中运用的语言是死的。印尼的学生有时学习不主动，所以在教学中，尽量把课文和学生的实际生活联系起来，课本上硬邦邦的语言和学生的生活联系在一起就变得有趣多了。

比如我让迟到的学生在回自己的座位前，站在教室前面接受其他同学用指定句式的“拷问”。如在学了特指问句后，学生就可以问“你昨天晚上几点睡觉”“你觉得我们学校怎么样”“你的衣服多少钱一件”等问题，这样既让迟到的学生受到“惩罚”，又让其他学生有机会开口练习。

四是教师自身知识的不断积累。课下，我和同组的教师交流，虚心向他们学习；有机会就去旁听同事的课，学习他们的教学方法和教学技巧；完成教学任务之余找机会多阅读对外汉语的专业书籍，储备相关语言、文化知识。学习是永无止境的，在学习的过程中我能学到前辈总结出来的宝贵经验，从他们身上能折射出我自己教学中的问题。

终于，功夫不负有心人，我的努力得到了学生的认可。在第二年的告别晚会上，我被学生当场评选为“最受欢迎教师”，在教师评估中，我的得分分别为99.6分和100分。最开心的，莫过于在告别的时候用汉语和一个原来一句汉语都不会说的友族学生聊天，这份成就感比拿一等奖更让人骄傲！

同事篇

我在这里待了两年，第一年有9个同事，第二年有22个同事，我们远离家乡，为了一个共同的使命，我们团结，我们互助，我们共同创造美好的回忆。在厨房里，我们“偷食”时亲切地唤对方为“小猫”；在办公室，我们利用课余时间辅导汉语桥的学生；在医院，我们共同对抗登革热，如亲人般团结……这样的故事太多太多，下面我就选取几件小事和大家分享吧。

一、翦老师的检讨书“范本”

刚来没多久，学校就给我们安排了一次又一次的外出活动，让我们感受当地华人的社交生活。那天晚上，我们去了一个酒店看歌唱表演。演出还没开始，我们就被那儿的空调冻得直哆嗦，尤其是那晚特别漂亮的成老师衣服太单薄了！这时，身为丈夫的翦老师就坐不住了，他站了起来，说要出去走走，看看有没有披肩卖，并强调只在附近看看。于是，大家都没在意，专心等演出的开始。谁知道，翦老师这一去就是大半天，三十分钟过去了，又三十分钟过去了……我们才意识到问题的严重性：我们是第一次来这个地方啊，翦老师语言又不通，怎么可能去那么久呢？附近没披肩卖就该回来了啊！再说，电话还在成老师这呢，要是真有什么问题，想联系我们都不行……

当时，主任徐老师立即做了应对紧急情况的部署：她和成老师到酒店门口等翦老师，再过十分钟蓢老师还不回来就叫上学校的工作人员，开车到附近的路上找他；其他老师留在酒店等消息，不能再走散了，要是蓢老师回来了就立刻通知他们。

于是，我们在酒店里焦急地等着他们的归来，看着餐桌上空出来的几张椅子，台上的表演再也吸引不了我们的注意力，脑海里浮现的是以前听说的印尼排华的情景，想的是黑夜里语言不通的蓢老师可能在哪个地方，越想越害怕。经过十多分钟的漫长等待，终于看到蓢老师、成老师、徐老师从门口向我们微笑着走来。

后来，我们才知道，蓢老师走了好久才找到一家超市，买了一件衣服后才发现时间晚了，为了早点儿回来，就上了一辆出租车，让司机按邀请函上的酒店地址，把他送回来（谢天谢地，聪明的蓢老师还带了晚会的邀请函在身上），这才在门口碰到刚要出发、打算翻遍棉兰的成老师和徐老师。

最后，蓢老师给我们做了一个极有思想高度的口头检讨，从事情发生的起因到事情造成的影响，从个人问题上升到集体问题，可谓逻辑严谨、感情真挚！不过，大家这个时候都因为危机的消除，松了一口气，再看到蓢老师一本正经地做口头检讨，都忍不住开起玩笑来，说蓢老师是我们当中的勇者，是第一个敢自己坐出租车的人，还笑他长着一张当地人的脸，所以才逃过一劫……

但是笑归笑，通过这份检讨书，我们都意识到自己不是一个人，而是一体的。在这儿，我们没有年龄的距离，没有地位的高低，现在我们在一起，有了一个共同的名字：中国老师！

二、“幸福”的地震

2009 年 5 月 8 日晚上八点左右，上课的时候有的学生突然感觉到地面在晃动，一下、两下，连桌面上的水瓶都在晃，有的学生还赶紧冲出了教室！幸运的是，只是那两下轻微的晃动而已，没事！继续上课。

下课后，回到四楼（我们生活的地方），我们开始讨论刚才的地震。大家七嘴八舌地说起了自己班里学生的反应，聊起了去年在中国刚发生的汶川地震，越说越离谱，有的老师还在想要是悲剧发生后自己的讣告书上的内容和第二天报纸上对事情的报道，说什么“亚洲国际友好学院九名中国老师坚守岗位，在地震中光荣遇难”云云。另外，有远见的老师就开始研究最佳的应急措施和逃生路线……最后我们达成的共识就是：要珍惜眼前，享受生活。明天是周末，所以要逛街、买衣服，打扮得漂漂亮亮的，把货币变成实际可享受的物质！这才有了因地震而收获的新衣服。

其实，现在回想那次地震，我脑海里只有当时学生在教室里望着我那信任的眼神和地震后老师们拿自己开玩笑的豁达，因为这些，我唯一能感受到的只有“幸福”。这样就明白我为什么把这场地震叫做“幸福的地震”了吧！

三、校园里的厮杀声

亚洲国际友好学院有个多功能厅，多功能厅里有个羽毛球场和两张乒乓球桌，每天下午四点，老师们就会准时聚集在那儿，享受一天中难得的运动和放松时间。

别看我们穿上制服，一个个文质彬彬，一副教书匠的样子，换上运动服，我们都是运

动健将！因为场地有限，来锻炼的老师又多，于是我们只好采取淘汰制，大家轮流上阵。因此，为了争取锻炼的机会，我们都拿出了自己的看家本领，胜者为王败者为寇，谁有本事谁就能在球场上待久一点！在“球场无父子”这样“残酷”的规则下，我们都化身成猛将，球技大增。原本就精彩的生活变得更绚丽了。

旅游篇

火山口

马来西亚街头一景

说到旅游，可以说的就太多了。印尼的假期比中国的还多：不用说学生每个学期后一个多月的“暑”假（他们热带没有“寒”假），单是上课期间穆斯林的节日（如斋戒日）、基督教的节日（如圣诞节）、国家的节日（如他们的国庆节）、华人的节日（春节），就够我们开心的了。学校有时候会安排我们集体出游，如热门景点马达山（难得的一个在早上可以穿长袖的地方）、多巴湖，还有华人们的各种婚宴、宴席，另外热情的学生也会邀请我们去各个有特色的地方：从攀爬热气迸发的死火山，到穿梭于热带雨林间的刺激漂流，再到游览异域风情的马来西亚槟城等等，都令我们流连忘返，这里就不一一赘言了。

现在我已经是顺德一所中学的语文教师了，转眼已离开印尼三年了，感谢对外汉语专业给了我这个机会去感受、去学习，让我的人生有了别样的精彩。

泰国归来话教学

2012年底，根据教育部统计，我国开设对外汉语专业的高等院校有342所，在校生共63 933人。对外汉语专业发展的瓶颈主要有两个，一是欠缺对口的教学实践、实习机会，二是毕业生受限于学历不够高、留学生少，在国内就业率低。我校从2012年5月开始安排学生赴泰国进行汉语教学实习，实现了名副其实的专业实习。

我校赴泰国的实习每年两批：第一批从5月下旬至10月中旬，第二批从11月初至3月中旬。截至2013年11月，学校已经有三批实习生圆满完成任务，载誉归来，第四批学生刚刚开始新的实习。

学生实习的地点散布于泰国北部、南部、中部、东北部15府20多所学校，大多是一人一所，头两批实习生几乎都是在中学实习，从第三批开始，到幼儿园、小学实习的人数逐渐增多。他们作为传播中国文化的使者，承担着所在学校小学1～6年级的汉语课程，或者是中小学12个年级的汉语课程，工作繁重。

每个实习生几乎都是第一次走出国门，除了语言不通，生活上、文化交流上的各种问题都需自己面对。他们在泰国实习四个月之后，汉语教学、跨文化交际的能力都有了提高，也有了比书本更深入、更丰富的感受，同时开拓了各自的国际视野，对人生有了不一样的感悟。在他们的文章中，时不时闪出教学的新点子，迸射出对平和、微笑的泰文化的感叹，带着我们一起徜徉在泰国文化中。

我们选取了分散在泰国不同府、不同学校的实习同学的见闻，以期为即将实习的同学提供工作、生活、学习、交际等方面的参考和借鉴。

难忘的实习生活

李玉梅

（湛江师范学院人文学院对外汉语专业2009级学生）

2011年11月6日凌晨，我和我们学校的38位同学到达了泰国曼谷，开始了我们长达四个月的赴泰实习生活。时间飞逝，我们的实习活动也即将结束了。在这四个月里，我收获良多。

我觉得此行非常幸运的是我和我们班上的四位同学同在南部的巴他伦府，并且朱惠惠同学更是与我在同一所学校实习。我们这次赴泰实习的学校 Prapassorn Rangsit（普拉帕松兰实），是位于泰国南部巴他伦府的一所初高中混合的学校。学校的学生人数在1 300人左右，教师人数约为80人。学校的面积不大，共有三栋教学楼和一栋科学楼，还有五栋教师宿舍楼。学校在此之前有一个汉办的志愿者在这里教过一年的中文，还有两个陕西的对外汉语实习老师教过四个月的中文。这所学校只在初一、初二、高一、高二开设中文课程，且为选修课。选修的学生只有约60人，每个年级各一个班。学生的中文水平不一，初中学生几乎为零基础，高中班里最好的学生已经能够进行简单的对话交流。

我教初一和高二两个班，惠惠同学教初二和高一两个班，高一、高二的水平也只是会拼音和简单的词句。学校中文教学配备相对简单一些。教室是普通的课室。前任志愿者留下了一些教材等资料，但都是一些中高级的对外汉语教材，与学生的水平不符，而初级的教材较少。学校没有规定我们要用哪一种教材，因此我们为学生选择的教材都是自己编选的。初一的教学主要参照汉办《快乐汉语》第一册，我根据学生的水平进行了改编；高二的那班，我改编了《体验汉语》第二册的一些内容，因为《体验汉语》课文难度很大，全靠老师讲解，学生在理解上很有难度，为此，我只是抽取其中的一些内容进行教学，让学生更易于理解和接受。

我们都没有泰国老师辅助，自己上课，因学生汉语水平不一，英语水平也不高，刚开始时，觉得交流有一些问题。虽然学校每个课室都提供多媒体教具、音响等，但大多教学设施已经破旧不堪，因此我们采用的是比较传统的授课形式。教学中我们多借助图片、实物，而不是用视频等加以辅助。在文化课上，我们也会适当展示中国文化，如在家庭招待会上教学生包饺子、办特色中国文化专题板报、举行中文歌唱节目、过年红包大抽奖等等。

这学期学校给我的任务是，初一每周2节综合课，高二则每周6节课（其中4节综合课、2节听说课），需教授学生4个单元的内容，主要让学生掌握语音、词汇和简单的对话，听、说为重点，读、写方面也要兼顾。初一班我把重点放在语音上，而高二班的语音

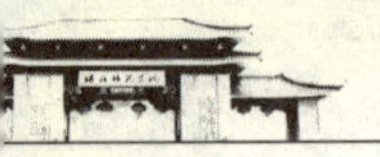

已经过关了，所以我把重点放在词汇和句子的使用上。期间，我们需完成4次单元考试和期中、期末两次大考，成绩分为平时成绩和考试成绩。

我们学校的上课时间划分比较紧凑，在泰国并无课间一说，上一节课的下课时间为下一节课的上课时间，学生迟到的情况经常出现。很多时候都是老师等学生，有些时候，迟到半小时也是很正常的事。这里的老师还时不时地让学生上课时干别的事情。例如，我经常在等了学生十几分钟时被告知别的老师叫我的学生去打扫卫生了。为此，不少教学计划不能完全实现，常常因为学生迟到而没办法把当天的教学内容讲完。

泰国课堂比较宽松，尤其是低年级的学生，在课堂上异常活跃。例如，学生会在你写字的时候随意走动，或者是大声说话，这时，你就要很好地诱导学生，让学生齐读课文或让他们轮着读来集中他们的注意力，不让他们开小差。整一节课都要时不时地把他们引导回来。课堂上的活动，学生倒是都能积极响应，泰国学生比较大胆、自信，而且喜欢展示自己，这很有利于学生朗读、表演和答题，气氛相当活跃，对话时也异常积极。让学生上台表演，更是引得下面欢声一片，效果很不错。只是把握不好的话，就会收不住。有些学生不想上课，他们常常问你一些问题，岔开上课的话题，一不小心，这节课就上不了了。同时他们非常喜欢做游戏或者唱歌。当然这些如果引导得好，就能提高他们的兴趣。此外，学生比较喜欢老师在课堂上偶尔展示自己的才华，或是唱歌，或是跳舞。确切地说这些泰国学生来上中文课是来玩的，而我们所要做的就是让他们在玩的过程中学到知识。

泰国学生对元音“ü”简直是束手无策，他们的嘴型正确，但发音不准，他们一直把“yü”念成“yui”，我总要一次次地纠音，但他们的忘性大，因此纠音效果不好。在声母方面，k和h，z和c，他们也会常常发两者的混合音，把“喝水”说成“科水”、“自己”说成“刺激”等。学生的翘舌音发音也不到位，经常忘记翘舌。在声调方面，学生比较难以区分第二声与第四声。在纠正学生声调时，我分别用不同的手势来指示不同的声调，学生虽懂，但纠正的效果并不明显。后来我在黑板上画了汽车上坡和下坡来举例，才让他们纠正过来。但是他们比较健忘，让他们根据汉字写拼音，多出现声调错误的情况，需要时时纠正。

汉字与泰国文字相差很大，书写起来比较困难，很多学生都懒得写字。学生写字时，大多像画画，不按规则书写，基本上一个汉字不是写出来的而是“堆砌”起来的。因此每一次上课我都要在黑板上给学生一笔一画地演示，让学生跟着我一笔一画地写。每次上课，我都尽量少用复印资料，让学生自己跟着写字，尽可能让学生多写，因此部分学生的书写还是有了进步。但无论如何纠正，有的学生还是改变不了以往的习惯。

在这四个月里，我觉得我最大的改变是变得有责任心。以前的我有时候会偷懒，但现在，面对我的学生，我要求自己每个方面都做到最好：每堂课的课前准备我都会全力以赴，把我的教案内容翻译成英语或泰语；上课时积极应对学生提出的问题，有时候学生用泰语提问，我不懂，就记下来，问清楚了其他老师再回答学生；课后认真反思，这是我每天必须做的事情。最让我高兴的是，听到其他学校的一位老师对我说：“学生觉得你上课很棒!”这让我觉得一切的努力都是值得的。当然，也有不足，在四个月内，我的泰语还是没有太大提高，与学生交流还是有一些不方便，这是我觉得遗憾的地方。

作为一名对外汉语老师，我们的一举一动都会受到学生和其他老师的关注，尤其是着装。泰国对老师的着装要求严格，每天都需要熨衣服、穿端庄的裙子，而且一周五天都是不同的颜色。刚开始我们都不清楚，其他老师就会问我们为什么穿这个颜色的衣服。后来我们就会尽量穿与其他老师一样颜色的衣服（实在没有这样颜色的衣服就穿反差小一点的衣服，例如他们穿红色的衣服时，我们尽量不穿黑色衣服），虽觉得有些麻烦，但入乡随俗，不敢显得太突兀。

学生与老师关系融洽很重要。泰国是一个很讲究尊师的国度，虽然也有老师会打学生，但不可否认，这里的师生关系确实很融洽。以前我是一个很内向的人，但在这里，我要求自己每天从来到学校开始，就保持着微笑，跟学生问好、聊天，学生和我接触多了，就熟悉起来。每次上课，我都会用一两分钟来跟学生聊天，了解学生的最新情况，因此与学生自是亲近。做活动时，这群孩子虽淘气，但也给足了支持；课下，更是教我学泰语，和我玩耍、聊天等，在这儿，我俨然是一个“大小孩”。正如我来时在他们的晨会上所说的，“我更希望成为你们的朋友，而不仅仅是一位中文老师”。除此之外，我也会与同事和睦相处，有空的时候聊聊天，或者帮帮其他老师的忙。遇到问题时也会虚心求教，也会请教他们一些教学方法。

刚来学校时，我和惠惠在镇上的酒店住了三天。后来校方让别的老师搬到另一栋房子，空出了房子给我们。这是一栋两层式的房子。一楼有卫生间、开放式饭厅和客厅。二楼有三个木板地面的房间，我和惠惠共住一个房间。房子里东西不多，只有一张饭桌、一台煤气炉灶、一台冰箱。我们都有点失望，尤其是房子里特别脏，到处都是蚂蚁，蚊子也多。不过，这里的老师还挺好的，我们部门的老师全体出动，帮我们清洗房间。慢慢地，学校的老师帮我们添了不少东西，桌子、凳子……我们的房子越来越舒适了，而且连蚊子也少了。我们的水电费等都由校方支付，总之，住宿问题解决了。

我们学校不在镇上，是在郊外，很少有公交车等交通工具，但学校给我们安排了生活老师，随叫随到。学校的老师几乎都有私家车，假如我的生活老师没空的话，别的老师都愿意载我们出去。偶尔我们也会自己步行到学校附近的一个市场买一些食物，市场不远，走路也就十几分钟，还是比较方便的。学校对面有一个小卖部，东西虽不多，但有一些生活用品，有时候也能救急。

我们两个人喜欢待在房间里，或看书备课，或上网聊天，或打电话跟家人唠叨唠叨。偶尔也有朋友来我们家做客，大家一起做做家乡菜，过过瘾。除此之外，我们也尽量融入当地文化。泰国人大都信仰佛教，经常去寺庙，入乡随俗，我们也常常跟随老师去寺庙祈福。有时候，我们也会跟着当地老师去参加当地人的婚礼和葬礼，或到当地老师家做客，和当地老师一起出外旅游。总之这几个月，我们对泰国的文化了解了不少！

这次实习，让我体验到了初为人师的种种困难和喜悦。虽然偶尔感到寂寞与思家之苦，但在这里，有着我们宴请老师共餐时的欢乐，有着与学生排练节目时的欢笑，有着让学生有所收获的满足……总的来说，这是一次很值得回忆的实习。

我在曼谷教汉语

代冰洁

（湛江师范学院人文学院对外汉语专业2009级学生）

我所在的学校是一所位于曼谷市中心的国立学校，包括初中和高中。学校在Wat Hua Lampong寺庙的后面，名字是Buddajak Wittaya，学校的规模不大，但布局相对紧凑，“麻雀虽小，五脏俱全”。学校共有650位学生和60位正式老师，我是这所学校的第二位中国实习教师，这里的学生还是有汉语基础的。

泰国的学生比较自由，自由度几乎可以与国内的大学生相提并论了。他们有很多活动，高中的学生完全可以根据自己的兴趣爱好来选择自己喜欢的语言类科目。初中生的汉语课只是作为他们的一门兴趣培养课，可以学也可以不学。我所在的学校跟北部或者是南部的情况有点不一样，汉语是作为选修课来学习的，学校给予的重视度也比较低，只将其作为一门外语来看待，学校完全以学生为中心，学生自由选择。对汉语的考核要求是：初中偏重拼音、口语、日常用语，同时还要会写一些比较简单的汉字；高中则要求听说读写各个方面都要达标。学校要求汉语总分为100分，但是分为两部分，上半学期50分，下半学期50分，其中上下半学期平时分各有20分。教师依据平时在课堂上的测试成绩和对学生听说读写的考核来打平时分。我所在的学校比较严格，但出试卷完全由我决定，因为我是学校唯一的全职汉语教师，另外还有一位兼职汉语教师是泰国人，她曾获得了汉办的奖学金去成都留学了两年，回来之后在这个学校做兼职，每周星期二和星期三来学校，其余时间就去其他的学校做兼职。所以出试卷就是我把所有的题目用中文打出来之后，由另一位兼职老师来帮忙把题目翻译成泰语。期中、期末考试并没有听力和口语考查，所以我就把这种考查穿插在平时的教学中。

我在这个学校教初一、初二各一个班，高一、高二各一个班，每周有13节课。学校指定的教材是高等教育出版社的《体验汉语》系列教材，初一学习的是《体验汉语》初中学生用书1，初二学习的是《体验汉语》初中学生用书2，高一学习的是《体验汉语》高中用书1，高二学习的是《体验汉语》高中学生用书3。

初一和初二在上学期没有用教材，因为我觉得教材内容太难了，高二也没有按教材学习，因为大部分学生都抱怨教材太难了，不过那时他们已经学到第四课了，由于上学期教材学习较少，所以他们学到的知识是很少的。针对高一的特殊情况，在我和那位兼职老师商量后，决定重新进行课本讲解。同时，初一学生和初二学生在学习汉语时遇到的主要难题是基本的拼音仍然记不住，虽然他们有汉语基础，但是由于太久没有接触汉语，在第一节课摸底的时候，学生在发音方面存在很大的问题：第一是辅音记不住，经常与英语混淆。第二是送气音和不送气音方面存在问题，尤其是 q 和 x，g 和 k。第三是平舌音和翘舌音基本不能分辨，大部分读的都是一样的音。第四是擦音和塞擦音不能分辨，特别是 zh、ch 和 sh。第五，就是对汉字产生了恐惧感，觉得汉字太难了，不愿意去写汉字，只愿意去说，但是有时遇到比较难的拼音就会选择闭口不言。针对初一和初二的这种实际情况，我在教学当中，大部分时间会借助 PPT 来帮助同学们记忆拼音，同时，借助一些教具来帮助学生发现不同音之间的区别。送气与不送气主要是采取让学生观察发音时的气流，借助纸张的颤动与否，来帮助学生发现这两种发音的不同之处。

针对汉字难写难记的特点，我在汉办资源网上找到关于汉字的一系列趣味教学视频，来帮助学生克服对汉字的恐惧感。同时，在汉字教学的过程中，我又向学校申请印发方格纸，让学生一笔一画地写汉字，这不仅能帮助学生记忆，还能规范他们的书写。这种方法取得的成效还是比较显著的，学生们在书写汉字方面进步明显。高一、高二在汉字书写方面也存在同样的问题，拼音虽然掌握得不错，但是有很多汉字学生不认识，写的字也很难看。由于受母语的影响，孩子们在写汉字的时候写着写着汉字就歪歪扭扭起来了，我采取了同样的策略，让孩子们一笔一画地写汉字，并且在写之前把汉字的各个笔画名称讲清楚，让他们一边写一边念出汉字的笔画名称，写完了之后就闭上眼睛在空中比画出那个汉字的具体写法。经过三个月的训练，现在孩子们写的汉字好看多了，也很工整。语音方面，在声调上存在很大的问题，泰语有五个声调，在发音方面与汉语存在相似的地方，孩子们在发音的时候老是混淆汉语声调和泰语声调，所以在学习汉语声调的时候，我都强调各个声调之间的差别，用手比画出各个音节的声调，帮助孩子们记忆。现在孩子们在学习语音上仍然有困难，但进步还是挺明显的。

学校的设施比较现代化，每个教室里都有多媒体设施，高一、高二汉语课还有专门的汉语教室，汉语教室里的桌椅完全是按照小组学习的形式布置的，是针对小班教学的那种。因为高一、高二人少（每个班大概有 15 个学生），所以每次教学起来也比较轻松，特别是小组学习的时候操作很简便，高一、高二的学习效率也比较高。在教案方面，首先我根据教学目标来确立自己的教学重点，利用 PPT 来讲解知识点，同时根据泰国学生爱玩游戏的特点，将知识点设计成各种游戏，让孩子们在游戏中获得知识。

由于课时比较紧，所以我在汉语俱乐部穿插了介绍中国文化、中国历史等内容。但是汉语俱乐部的时间有限，选择汉语俱乐部的学生也比较少，大部分学生对中国文化方面的了解十分有限，所以我在平时的教学过程中，专门留出时间进行文化介绍，目前我已经介绍了中国的各大节日、毛笔、经典名著等等。

汉语课堂管理会遇到两个问题，一个是课堂迟到和缺课问题，另一个是课堂说话和不听讲的问题。课堂迟到是泰国学生一个再正常不过的现象了，究其原因主要有以下几个方面：首先是泰国的课堂每节课 55 分钟，课间没有休息时间，而且有的教室并不固定，没有课间休息就会造成很多学生在下一节课开始之前，狂奔去上厕所，或者是去买水、买零食。其次，泰国作为一个佛教大国，在平常的生活中节奏较慢，更加注重的是享受生活。因为汉语是一门兴趣选修课，不作为升学考试科目，所以学生对汉语学习的积极性不高，从而出现迟到或者缺课的情况。我曾经试过罚学生唱歌，但是他们都喜欢唱歌，这种惩罚方法并不奏效。经过调查发现，泰国的学生都比较重视分数，所以，我采取上课迟到扣分

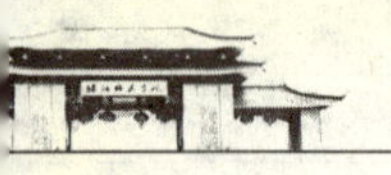

的手段来减少学生上课迟到的现象。泰国学生的课堂，用“菜市场”来形容再恰当不过了，孩子们可以在课堂上随意走动，每个学生不停地动来动去，与此同时，他们还会扎堆跟同学不停地高谈阔论，再加上我是一个外教，跟他们的沟通很有限，所以初一、初二的课堂对我来说是很难管理的，泰国老师也都反映了这个问题，每次上课的时候，老师都要带上麦克风，否则声音很容易被学生的声音给淹没。在初中的课堂管理方面我失败了，我曾经采取过很多方法，但都没有成功，在这里给师弟师妹的建议是，在课堂管理方面尽量向学校申请一位泰国老师辅助。

学校安排我住在学校里面，和学校职工住在一栋楼，我一个人住，房间里一些必要的生活设施学校都给准备好了。周末自己在家里煮饭吃，工作日的时候，就和办公室的实习生去另外一个办公室吃饭，因为学校在寺庙后面，每天都有很多人拿食物给寺庙里的僧人吃，所以每天中午我们一起去“蹭饭”。学校位于市中心，各大购物商场和酒店包围着学校，而且一出门就是公共汽车站和地铁站，平时购物很方便，环境也比较好，唯一的缺点就是学校的布局太过于紧凑，相对来说空间比较小。大部分来此就读的学生是外府来曼谷务工者的孩子，放学之后会有很多学生留在学校运动。在学校里生活还是比较安全的。我每天上午八点之前到办公室里签到，下午四点就可以离开了。

泰国是一个热带国家，加上土地肥沃，不仅栽种出好吃稻米和蔬菜，更孕育出品种繁多的水果。美味的水果或成为每餐的配料，或成为烹调的材料。泰国芒果，令人回味无穷，在三月到六月间大量上市，它和中美洲及西印度群岛的芒果品种不同，不同的种类还有不同的吃法，有些要趁表皮还绿的时候吃，有些要配着用椰奶调味的糯米饭来吃，奇趣各异。说起泰国的饮食，那可谓是形态各异。首先泰国的食物分为南北、中部两大派。南北部的食物特别辣。泰国虽然是个热带国家，但是人们都很爱吃辣，不管是在水果里还是在汤里，泰国人都要加点辣椒粉。他们还喜欢在面条的汤里加点白糖，其实我能忍受人们在饭菜里加点辣椒，但是忍受不了人们在面条或是汤里加糖，又甜又咸又辣，可谓是五味俱全了。中部的食物比较正常，品种很多。我不得不提一下泰国的小吃，我做过一个简单的统计，就我品尝过的小吃和我平时逛街时看到的小吃就已经超过百种，不光品种繁多，而且包装精美，在一般人眼里平时没有什么用的芭蕉叶，泰国人能够利用起来作为小吃的包装，我的同事告诉我，她家每年都会出售芭蕉叶，收入不少。除了泰国的食物，还得说一下泰国的特色饮料——冰水，说起这个冰水，它不仅美味，而且特别消暑解渴，在炎热的夏天来一杯加了各种各样的果汁或是牛奶的冰水，超级爽。

泰国是一个佛教大国，全民崇尚以礼待人，在路上或是公交车上遇到身披黄袍的僧人，人们都会双手合十，以此表示对僧人的尊敬之情。泰国老百姓大部分都信佛教，国家还有特定的佛教节日，节日那天，人们会拿着精心准备的食物去供奉寺庙里的僧侣。在泰国的任何地方，都会有寺庙，寺庙里香火不断。泰国的另一个特色就是在大街小巷都可以见到国王和王室成员的照片，而且老百姓的家里也都挂满了国王的照片，由此足以看出泰国人对国王的热爱和拥戴之情。

泰国是一个旅游大国，吸引着来自全球各地的游客，大街上随处可见背着旅行包、手拿地图的外国人，他们独自探索着泰国美丽的秘密。我去过的地方并不是很多：有泰国著名的死亡铁路的北碧府、南部海边的春蓬，还有靠近曼谷的苏攀。虽然去过的地方不多，但是我深刻地体会到了泰国风景的美丽。我实习的地方在曼谷，曼谷作为泰国的首都，现代化程度特别高，有很多大型购物商场，还有装潢精美的寺庙，金佛恐怕是庙里面最具特色的景点了，每天前来拜佛的游客络绎不绝，比较著名的是玉佛寺，里面的建筑可谓是巧夺天工。水上市场，交通工具主要是船，商家们在船上进行商品的买卖，你可以在购物的同时，欣赏美丽的风景，你还可以体验到与泰国小商贩讨价还价的乐趣。

由于学校的大部分老师都不是在学校附近住，而且家离学校都很远，所以，每到放学的时候，老师都离开得较早，学校四点多放学，到了六点的时候，学校基本上就没有老师了，有的话也是极少的几位老师在办公室里忙着学校里的工作。到了周末，学校彻底是空巢了，只剩下校工和两位在学校住的老师。办公室里有一位实习生，她很热情，刚见面她就热情地跟我打招呼，而且让我给她取了个中文名字——婷婷。最开始的那几个星期，她和几位也在这个学校实习的朋友总是陪着我去熟悉周围的环境，带着我去品尝泰国品种繁多的美食，慢慢地，两三个星期下来，我已经对周围环境熟悉得差不多了，基本上能够自己跑到外面逛街而不迷路了。周末我有时看美剧练习英语，有时去超市里买点菜回来做饭犒劳自己，有时和在学校里的老师一起做饭，互秀自己祖国的美食，有时和同事一起去外地旅行，有时约自己的学生一起去商场闲逛。

经过四个月的实习，我觉得自己收获了很多，同时也成熟了很多。首先就是我顺利实现了身份转换，还记得四个月前刚踏进教室的时候，我不敢相信自己就是一个老师了，那种不自信怎么也去不掉。刚开始踏入教室的那天，我紧张得要命，因为根本不知道该怎样去跟那些孩子交流，我的泰语一点都不好，讲英语孩子们又听不懂，而学校并没有安排泰国本地老师来协助我上课，第一个星期由我的同事或生活老师带我去教室，第二个星期就没有了，其实我很希望学校能给我安排一个老师协助我上课，但是又怕给学校造成太多的麻烦，所以课堂完全由自己控制。

泰国的学生比中国的学生要快乐幸福得多，他们不用背负太多的压力，即使一次高考没有成功，他们还有很多次机会去参加考试，然后进入大学深造。正是因为这种无压力，造成了泰国学生比较懒散，不重视学习，课堂上完全由老师鞭策着来学习，老师稍不留神，他们就在课堂上为所欲为。泰国的孩子又是聪明可爱的，他们的动手能力超强，每当运动节的时候，他们都能自己动手，画出漂亮的海报。平时大部分时间，他们比较喜欢自己动手进行手工制作，每当节日的时候，老师都能收到学生手绘的漂亮贺卡。

泰国学生很调皮，他们不会像中国学生那样中规中矩地学习，他们更希望学习就像游戏一样，能够在玩中学到知识。汉语作为一门语言类的科目，学起来本来就比较枯燥，再加上大部分知识都需要记忆，孩子们又不愿意花时间来记，所以汉语课的进度非常慢。这就遇到了一个难题，在课堂上孩子们因为不记忆汉语知识点，自然就会在那里和同伴们谈天说地，导致课堂很难管理。我曾经很沮丧，没能让学生明白我讲授的知识点，没能让他们学到更多的东西，我也曾经因为学生们在课堂上高谈阔论而大发雷霆，但是这种方法一点成效都没有，只会引起学生的反感。事后，我对自己的行为进行了深刻的反思，发现自己很不成熟，没能压制住自己的愤怒情绪，对自己的学生发脾气。之后在课堂上，我尽量把自己想象成一个学生，从学生的角度去思考问题，思考怎样让自己的课堂变得更加有趣生动。经过一段长时间的实践，我慢慢学会了换位思考，对自己的学生负责，同时更有耐心了，真正地对这个职业充满了热情。

与此同时，我学会了如何与社会中的人打交道，如何合理安排自己的工资，如何与学生、与上司沟通，也学会了不管心情怎样，都要对人微笑。

教汉语的新天地

单丽珍

（湛江师范学院人文学院对外汉语专业2010级学生）

我实习的学校是Khuan Khanun（昆卡仑）学校，这所学校和湛师附中一样是初高中混合学校，每个年级有十个班，按成绩分班，学生大约有1 500人，教师职工大约有80人，学习汉语的学生从初一到高三都有，但是并不是每个班都上汉语课。这些班级中最多的有43人，其他基本少于30人，学汉语的学生总人数大约385人。汉语是他们的选修课，每周上两节课，考核包括平时作业60分、期中考试20分和期末考试20分，出勤率低于80%则不得参加期末考试，期中和期末由老师自己安排时间考试。暂时没有教中文的老师，副校长极力推广汉语教学，并给中国老师开出月薪20 000泰铢以上的价格，签证费也由学校支付。总体感觉，学校很重视汉语教学，虽然学生较不重视学汉语，但还是有学生积极争取去中国学习一两个月这样难得的机会。

在泰国节假日很多，学校基本上对每个节日都很重视，搞得很隆重，再加上班主任办的节目，活动可谓形形色色，各种各样，因此，学生的课余生活很丰富，掌握的技能很多，但同时学习时间也相对少很多。在学校里，学生经常会去旅游、办活动、做清洁、劳动等等，因为语言问题，很少有老师会通知你哪个班有活动，哪天不用上课，因此，基本上每周你都要问问他们有什么节日，有什么重要的活动。

每个年级的学生学习水平相差不大，男女生数量上，基本上都是女生多，男生特别少，从初一到高三都没有一套完整的教学体系，我所教的班级分别是高一（3）班、高二（4）班、初一（6）班、初三（6）班，每周每班两节课，他们学习热情高但是非常懒惰，基础不扎实，低年级比高年级学得更好，学生反映每个老师教他们的都是最基本的汉语拼音字母，但是他们记不住。他们喜欢自由，喜欢快乐学习。因没有下课休息时间，他们总是会迟到早退，中途上厕所。在课堂上，他们有很强的表现欲，很渴望受到老师的关注，很希望得到老师的表扬，但是有时候上讲台演讲又会害羞并不愿意对着麦克风说话；抄写中文总是说“中文不会写，很难写，老师可不可以写拼音”，而且拖拖拉拉的，因此必须催促他们快一点，并不断表扬其中写得快的和写得漂亮的学生，当然也得纠正写得不正确的学生。上课时间是50分钟，但是实际能用得上的时间只有30分钟左右，每节课必须强调点名，强调作业。

学校有自备的教材，我们用的是《体验汉语》，对于初中学生来说，课本难度并不大，但是对于高中学生来说，我认为不适合，据学生反映，他们大多数都是刚开始学，并且是断断续续地，而《体验汉语》文章字数多，对话长，特别不适合刚开始学习汉语的学生，

我基本上是自选课题，缩减文章长度。同时，有些学生学习底子比较好，过于简单的东西，他们会觉得无聊，多次重复一样东西，他们会厌倦。

学生的优点是活泼好动，喜爱音乐、舞蹈，同时他们的画画功夫很好、表现能力特别强，缺点就是过于活泼好动、懒惰、任性。有些学生也许课堂上很抗拒你，但课下又很容易和你打成一片，简单地说，不能跟学生生气，而课下是一个搞好师生关系的好时机。

课堂语言真是一个难题，他们知道的汉语并不多，英语水平不高，英语发音和我们的不太相同，因此学习泰语是非常重要的，他们非常喜欢老师用泰语进行教学，也很享受教老师泰语。

上课的环境非常好，学校给我们用的是会议室，有多媒体、投影仪、空调，不足之处是没有黑板。如果到教室去上课，他们会很抗拒，因为泰国很热，而教室里没有空调，没有多媒体，只有白板，不过现在安装了一部非常先进的设备，既可以写字又可以用多媒体，同时还有冷气。学校为我们提供充足的纸张、油笔，还有完整的毛笔教学工具。

教学上也遇到了问题，纪律问题突出。如果你不发脾气，他们就会更加过分；如果你发脾气，他们就会抗拒你。这是个大学问，课上他们很喜欢做其他老师布置的作业，还喜欢聊天、玩手机、听音乐、看小说、弄小玩意、化妆等等，不会像我们这边的学生，搞小动作都是静悄悄的，他们很理所当然、光明正大地进行，最难管的就是低年级的男孩子了，吵吵闹闹的，办法就是让他们多回答问题，高年级无论怎样都是安安静静的，但是安静不一定都在学。他们有什么问题，会立即提出来，没有有问题课后找老师的观念，你不能忽视他，否则他要么追着你问，要么就不理你了。

他们的 j、q、x 和 z、c、s 区分不开，yu 和 qi 发不出来，其他的音在泰语音标里面也有类似的音。看着拼音，他们有时候不知道该发第几声。汉字书写存在的问题很大，他们基本上都是把汉字画出来的，认得的汉字很少，基本上一脱离拼音他们就不会读了，只能记住“你”“我”“好”“谢”“老师”，这个跟他们书写泰语有很大关系，但是他们很喜欢写毛笔字，也许可以从这方面下手，不过不必过于强求，因为教学目标只是要求听说，对读写要求不高。

最大的问题是学生没有教材，没有语言环境，除了上课，他们基本上都不用汉语，用也就是那么几句，“老师，你真漂亮（可爱）”“你吃饭了吗”“我喜欢大象”“我爱你”等等。配套的练习册也不充足，下课后，他们都不复习和练习，很快就把上课的内容忘得很干净。

众所周知，泰国是个“微笑的国度”，他们很注重礼貌，吃东西必须小声，细嚼慢咽；穿衣服必须得体，该熨的要熨烫；早上一定要洗澡；见面要主动打招呼，不是独处时要活泼一点，会说一点，不能沉默无言；出门旅游和一些节假日要送点东西给相识的人，他们喜欢送礼；经常用真诚的心去赞美人、事、物。

泰国的交通情况不好，存在安全隐患。学生上学基本上是骑摩托车，只要是外出都必须坐车，除了私家车外，在南部就只有面包车、双条车，没有公共汽车。此外，在道路设计上，有很多急转弯，比较危险，我曾目睹了五起车祸。

泰国人喜甜喜辣，吃的东西很丰富。肉类海鲜相对比中国便宜很多，饮食方式和美国类似，有骨头的东西他们都不太吃，例如鸡翅、猪骨；在小餐馆吃饭很便宜，我们常吃的有炒饭、冬阴功汤、糯米饭、烤肉等，饭后一般都会吃水果，水果种类特别多，有很多是中国没有的。

购物的地方很多，也有很多菜市场，但他们的菜市场大多数是星期五和星期天才开门的。我住在副校长家，他们一次会买上一个星期左右的菜。最特别的也许是泰国有很多二手市场，衣服只需几块钱就行了，但是皮包、皮箱、拖箱等特别贵，一个拖箱要几百块人民币，基本上都是中国制造，二手的也很贵。化妆品、沐浴露、洗发水、名牌电器等都比较便宜。

由于天气热，地广人稀，他们住的都是别墅型的房子，很大，设施齐全，防热、防蚊、防水、防蚁，周围一般有很多花草树木，进入房间都要脱鞋，水费不贵，电费主要花在空调上。

中国教育制度下的孩子真的与泰国的孩子有很大的区别，泰国有很多值得我们学习的地方。

如何成为一个国际汉语教师

李菱妃
（湛江师范学院人文学院对外汉语专业2010级学生）

此次实习的目的在于把我们平时在课堂上学到的对外汉语教学理论知识运用到实践中去，在开展对外汉语教学工作的同时传播中华文明和中华优秀传统文化，同时积累对外汉语教学的经验和方法，提高自身对对外汉语教学学科的深层认识和了解，提高自身的素养和教学水平，为以后从事对外汉语教学工作及中华文化传播工作夯实基础。

从2012年11月到2013年3月，我担任泰国Loamkarmpittaya（罗阿姆卡姆比达雅）中学的中文老师，负责全校从初一到高三学生的汉语教学工作。每周每个班有一节汉语课，而我所教学生的汉语几乎是零基础，学校并未提供任何汉语教材。我给自己定下的教学目标是教会学生汉语拼音拼读及其规则，教会学生一些汉语日常用语以及简单汉字、词语的书写，此外还要教会学生一些简单的中文歌曲以及在每个班开设中华文化课。来到实习学校的头一个月我就制订好了相关的教学计划和教学内容，并且打印出来发到学生手里，接下来的三个月我便按照自己的教学计划和内容进行教学。

在实习学校学习工作的四个月让我收获颇丰、感受良多，无论是在教学方法、教师素质还是在与学生的沟通交流以及相处上，都让我有了全新的体会和认识。

在前往泰国实习之前，我并没有系统学习过泰语，虽然之前有泰语老师对我们进行过集中的紧急培训，但除了“你好”“你吃饭了吗”这几句有限的日常用语外，我对泰语几乎一无所知。作为在泰国进行对外汉语教学的老师，从第一节课开始，我就独自一人给学生授课，其间并没有任何当地教师的陪同和翻译，而学生虽接受过英语教育，但且不论学生的英语水平如何，中泰英语的发音差异就已经是无法逾越的鸿沟了，所以我面临的第一个难题就是沟通交流。为了让学生明白我的教学指令和教学内容，我除了运用简单的英语单词和画图的方式跟学生沟通交流外，最重要的交流工具就是体态语。恰当的体态语不仅帮助我很好地传达了教学指令和教学内容，还成了课堂的调味剂。例如在教授拼音声调时，我分别用手势表达了音高和声调的变化，学生跟着我做手势语时，不仅融入了课堂教学的氛围还记得快且牢。此后在我教授拼音拼读和纠正学生声调发音时，只需比出相应的手势语，学生便会心领神会，自行更正了。此外在讲解一些词语的含义时，手势语帮助释义也成为我重要的教学方法之一。

我实习的学校由初中和高中组成，每个年级有两个或者三个班，一班的学生文静好学，二班的学生好动活跃，而三班的学生心思完全不在学习上。由于学生都是零基础，我便制订了统一的教学计划，每个班的教学内容和教学方法几乎相同。慢慢地，我开始发现了这样做的弊端。我的教学方法在一班很管用，学生学到了东西，我也完成了自己的教学任务，但是在二班和三班的教学效果与一班大相径庭，我开始改变我的教学方式。根据学生的特点，在二班上课时我增加了教学游戏、唱中文歌曲和让学生互教的环节，这样做以后，学生的学习积极性提高了，他们为了给自己的同伴当中文小老师而更加认真地学习，学会以后再一本正经、有模有样地教那些学得相对较慢的学生。三班的学生确实让人头疼，唱歌、游戏什么的都不奏效，后来我发现三班的学生什么都不爱干，就喜欢跟我聊天，我便抓住这个特点，用聊天的方式开展我的教学，为了使我的教学活动可以顺利进行，课前我还必须先找好学生可能感兴趣的话题，请教当地老师相关的泰语表达，预先学习，然后在闲聊中给三班的学生灌输相关的中文日常用语。由于学生感兴趣，整个课堂就像闲聊，学生倒也开始乐意上中文课了。

泰国学生活跃好动，爱好各种活动但对学习不够重视，遗忘率高，不肯花时间自己复习以及记忆。加之每周只有一节中文课，学生学过的东西经过一个星期，到下次上课时几乎遗忘得所剩无几，因此每一节课的复习必不可少。例如在教拼音阶段，像“ü”“ün”“er”“zh”等难读的声韵母学生总是记不住，每节课我都要花时间来复习发音技巧，重复的次数多了，学生再怎么不用功，也都记住了。除此之外课后的作业布置也是很重要的。泰国学生喜动不喜静，作业过多会让他们厌烦，干脆不做，而没有作业学生就更不会花时间来复习所学知识了。所以每节课我都会布置有利于学生温习所学知识的作业，在作业量方面，我每次都提出几个方案让学生自己选择，学生当然会选择量最少的一个，但是由于是自己选的，倒也乐意接受，几乎都能按时交作业。

语言教学一个很重要的教学方式是跟读，老师发音，学生跟读，老师再根据具体情况进行必要的纠错。但我发现如果一味地让学生跟读、及时给学生纠错，收到的效果并不理想。反之，如果在学生掌握了发音技巧以及含义以后，让学生自己或者结对练习，在发现错误以后老师给予必要的手势或者眼神提醒，给学生时间让学生自己发现并改正错误，或者让学生互相纠错，学生反而记得更牢。日常用语学习达到一定的量以后，给学生创设一个情景，或者让学生自己创设一个情景，让学生自行进行简单对话，这样不仅学生的学习积极性提高了，课堂教学效果也提高了。

我所在的实习学校课堂时间为 50 分钟，课与课之间没有休息时间，学生连着上课自然感觉枯燥乏味，加之泰国课堂纪律不够严格，学生可以随意走动、说话，如果老师再一本正经地上足 50 分钟的课，学生感觉乏味，课堂纪律会更加糟糕。所以在教学期间，我会安排好每节课需教授的内容，在教学内容结束和教学目的达到以后我就会给学生游戏的时间，安排一些与中文学习相关的小游戏，或者是一些简单易学的中文歌曲，又或者是让学生自己制作中文词卡等等，而进行这些游戏的前提条件是学生认真上课，这个条件我在上第一节课时就已经跟学生言明，学生也接受了我的条件。

对外汉语教学的任务不仅是汉语言的教学，还有中华文化的传播。语言本来就是文化的一个组成部分，而文化也蕴含在语言之中。如果能在教授语言的同时传播中华文化，不仅能达到对外汉语教学的目的，还能增加课堂趣味，开拓学生视野，更利于汉语言的学习。在教授一些日常表达方式时，常常会涉及讲汉语人群的风俗习惯，所以在体现汉语文化以及风俗习惯的语言点出现时，我会尽可能地用自己已经学会的泰语或者学生能懂的简

单的英语加以说明，这样可以加深学生的理解和记忆。在三班进行谈话式教学的时候，我常用学生感兴趣的并且能体现中华文化和民族精神的话题作为教学内容，如《西游记》中的人物，通过这些泰国人喜欢的人物，介绍中华民族勇敢不屈的民族精神，并且让学生学会相关的汉语词汇以及情景对话，还可以让学生用中文进行角色扮演，学生对这样设计的课堂表现出了浓厚的兴趣，作为老师的我也收到了预期的教学效果。

这四个月的实习生活让我深深地意识到了良好的语言素质对于一个对外汉语教师的重要性。我认为这个语言素质应该包括以下几个方面：汉语水平、英语水平、所任教国语言水平和身体语言运用水平。作为教汉语的教师，自身的汉语水平必须过关，汉语表达能力必须过硬。英语作为交流媒介语，运用它表达沟通的能力也不容小觑。此外，运用好作为辅助表达工具和教学好帮手的身体语言也是一个教师应当具备的素质。在这里我想要强调的是所任教国语言的运用，在我到泰国之初，由于泰语表达能力几乎为零，虽然通过简单英语以及其他方式我的课堂不至于受到影响，但跟学生的沟通交流受到了严重影响。由于跟学生的沟通不够，学生对我这个汉语教师以及汉语课堂并没有表现出很大的兴趣。当我慢慢学会了泰语的一些基本表达以后，我每天试着用生硬的泰语跟学生们聊天、沟通，这时，学生才慢慢地喜欢上我，并且在课堂上也渐渐地活跃起来。所以，我认为，作为对外教学的教师，虽说不可能精通各门语言，但对于自己所任教国的语言应该尽量做到可以用其进行简单的沟通交流。

作为一名对外汉语教师，我深刻地体会到教师的文化素质对于教学的重要性。语言与文化相互依附、促进、制约，要习得和运用一种目的语，必须同时学习该语言所负载的文化，对目的语的文化了解越多，越有利于语言交际能力的提高。而作为文化传播使者的教师，首先应具备本国的文化素质才能在课堂上将本国文化教授给学生。像剪纸、中国结这些富有中国特色的工艺，如果教师本身就会，再教授给活跃好动的泰国学生，不仅有利于学生对中国文化的理解，而且对活跃课堂气氛、丰富教学内容具有重要的作用。此外，作为对外汉语教师，对所任教国的文化也应有所了解，在异国学习和生活，如果对所在国文化一无所知，很容易造成误会和不便，特别是关于礼仪与风俗习惯方面的文化，只有在了解的基础上才能做到相互尊重、相互理解与相互适应。

作为一个教师，不仅要教书还要育人，教学与教育是密不可分的。教师的专业知识固然重要，但自身修养与师德也必不可少。我所实习的学校有三个特殊的学生，一个身有残疾行走不便，右手无法握笔，一个是不能言语的哑巴学生，还有一个存在智力上的障碍，学习起来效率和效果都不尽如人意。对于一般的学生尚且需要耐心、关心和爱心，对于这三个学生而且是在语言不通的情况下，教师更是需要付出加倍的耐心、关心和爱心。

四个月的实习生活结束后，我对于对外汉语这个专业有了更加深刻的认识和了解，对于泰国的汉语教学也有了一些新的认识。泰国大多数学校没有统一的汉语教材，学生的汉语水平参差不齐，加之泰国课堂纪律松散，学生的英语水平不高，这些都是教学中需要一一克服的障碍。作为对外汉语教师，只有提高自身专业水平和外语水平，扎实自身教学技能和应变技能，提高自身教学素养，才能成为一名合格的汉语教学工作者和中华文化的传播者。

人生的财富

苏　榕
（湛江师范学院人文学院对外汉语专业2010级学生）

很庆幸学校能给我们提供去泰国实习的机会。在泰国短短的四个月我真的成长了很多，开阔了眼界，增长了见识。泰国虽然和中国一样都处在亚洲，但两个国家有很大的不同，平时都只是在书本上看到，知道二者不同但感触不深，这次有机会亲身到那里体验了那边的生活，我才真正地感受到那份不同。

文善中学

我实习的学校名叫 Wigensra（文善中学）。它位于素叻他尼府文善县，是文善县四所国际化学校之一。学校有两千多个学生，两百多名教师，其中包括两名从我们学校去的实习老师和一名志愿者在内的六名汉语老师。学生要学习英语、泰语、汉语等八门功课。我觉得可能是泰国很喜欢大自然的缘故吧，在泰国随处都可以见到树，在学校也不例外。泰国人信奉佛教，几乎每家每户都供奉着一尊佛，学校也是。校门外面供奉着一尊不太大也不太小的佛像。泰国人很爱他们的王室，一进学校首先映入眼帘的就是两幅大大的画像——他们的国王和王后，几乎每一间课室都有国王的像。据我所知，文善中学很重视英语的学习，他们的外教老师有很大一部分并不是上英语课的，而是上地理科学之类的课，上课的时候外教是全英教学，再有一个泰国陪同老师翻译。这与中国有很大的不同，不过效果还不错。

文善中学的学生上课时间是早上八点半到下午三点，中间没有课余时间，每节课50分钟。其实真正算下来学生平均上课时间为每班35分钟。学校的设备挺齐全，基本上每间课室都有多媒体。教师可以利用多媒体教学节省板书时间。总之，文善中学是一所不错的学校。

自由式教学

相对于英语来说，中文没有那么受重视。虽然每个年级都有中文课，但中文也只是被当作兴趣来学的。中文办公室内有好几套教材，如《快乐汉语》《体验汉语》《跟我学中文》《当代华语》等教材和一些教学卡片、教学录音。但学校并没有给每一位学生配备相应的教材，有的只是华文练习本。就这方面来说教材配备不齐全，但单就兴趣学科而言，文善中学已经有了较充分的教材和教学工具。

我教的学生班级跨度较大，包括初一、初二年级各一个班，初三年级十个班，高二年级四个班。按照学校的教学大纲，我要在四个月内教授学生四个单元的内容。在文善中学初中年级的学生每个班每星期一节中文课，高中年级每班每个星期两节课。基本上就是在一个月内上完一个单元的内容。年级跨度过大，备课要费好些时间，然而值得庆幸的是，基本上每节课学校都会为我们实习老师安排一位泰国老师辅助教学，在课堂上帮我们翻译和管理学生。这对我们的教学有很大的帮助，有了陪同老师我们就可以省下很多时间来教学，同时陪同老师也可以帮忙指出我们课堂上的不足之处，并教给我们一些针对泰国学生的教学方法。

本学期需教授学生四个单元的内容，每个单元讲授完毕需测试一次，以期中、期末考试为主。平时的考核主要以课堂表现、作业上交情况、读书完成情况三大块组成，但这部分多流于形式，执行起来不怎么得力。主要让学生掌握语音、词汇和简单的对话，以听、说为重点，读、写方面也要兼顾，我主要讲词语和句子，再结合一点语法，在作业方面我一般都要求背书或抄生词。

泰国崇尚“自由式教学”，学生在课堂上都很活跃，上课期间可以随处跑。上课的时候经常会有很多学生迟到，到课室之后又会找各种各样的借口不上课。虽然我们强调要活跃课堂气氛，但太过活跃就会是一种负担。像这样活跃的气氛对于上课来说实在是不怎么适合。他们对于自已不太喜欢的事物就会没有兴趣，自然也不热衷，感兴趣的他们就会学，会很积极地表现，因为他们本身就爱表现。你多表扬他们，他们就会很配合。例如有一次在上一年级课的时候，我教的词语他们刚开始都不明白是什么意思，我叫他们跟着我念，他们也不太乐意。我慢慢引导他们知道每个词的泰语意思，并让其中一位学生上讲台写出相应的泰语，然后夸他很聪明，之后每个学生都争先恐后地要上台写词语的泰语意思。

我们知道语言教学就是要从听、说、读、写四个方面教，然而要把听、说、读、写这四个方面教好也并不容易，在教的过程中你会发现很多难题。

语音方面，泰国学生很难分清楚“c”“ch”“iu”“ üe”“h”“k”等音。他们经常会把“还”发成“kai”，他们发不出“iu”和“üe”的音，在上课的时候我会一点一点地指导学生，纠正其读音。虽然泰语中也有声调，但学生还是难以区分汉语的四个声调。在纠正学生声调时，我分别用不同的手势来指示不同的声调，学生虽懂，但纠正的效果并不明显。要是让学生根据汉字写拼音，多出现声调错误的情况。

在语法方面同样也存在问题，中泰两种语言的语序也有所不同。比如在汉语里面“你去哪儿吃饭”，在泰语里就是“你去吃饭哪儿”。克服这一点有点困难，尤其是对于我们这些不会说泰语的实习老师来说更是难上加难，本身沟通就有一些障碍，再向学生讲语法知识更会让学生一头雾水。

书写方面，高年级的学生在书写方面存在的问题并不大，基本上就是笔顺不对，而低年级的学生我常常不知道他们写的是什么。他们经常会漏笔画或添笔画。对于这一点，为了能让学生看清每一笔，我都会在黑板上把字写得很大，而且是一笔一画地写。然而，学生的书写问题仍得不到有效的改善。

也许因为汉语每周的课不多的缘故吧，学生学得快忘得也快，每节课都要重新复习学习过的知识，你突然向学生提问，他就会给你一句话——“老师，不知道。”

除此之外，教那里的学生还有一个棘手问题，那就是学生经常会不懂装懂。在教学生很多遍之后问学生是否懂了，学生经常会大声地回答“懂”！但让学生回答问题，他们就会一问三不知或告诉你其实他不懂。有时候在课堂上回答懂，课后却会去找其他老师问是什么意思。这一点真的让我很头疼，不掌握学生的学习情况就无法进行下一步的教学，如果强行继续下去你会发现学生其实什么都没学到，你的课也白上了。

在这四个月的实习中，我深深体会到了为人师的不易。要得体，要有责任，要包容。在上课期间必须穿着整齐，要细心为学生解答难题，即使语言不通也要想尽一切办法让学生明白，要包容学生的任性和调皮，作为一名对外汉语教师更需如此，因为你已经不仅仅代表你自己了。

生活方面

在那儿，我们和一位来自汉办的志愿者及一位教中文的泰国老师一起住。这让我们在沟通方面方便了很多。吃饭、出游我们都是和志愿者一起的，组成中文老师中的“三剑客”。

学校给我们配了能收到中文台的电视机和冰箱，想家的时候可以看看电视。不便之处是市场离得较远，交通很不方便，出行都要找当地老师或者打电话叫车。不过这四个月我们相处得很愉快。其间我们去了普吉岛、苏梅岛、甲米、清迈、曼谷，都是一次次快乐的旅行。

四个月的实习，说实话其实并不长，但我们过得很充实。在短短的四个月中，我教给学生知识，尽到了做老师的本分，还利用空闲时间领略了泰国的风貌，结交了朋友，技能见长了，阅历丰富了，见识增长了，整个人生的财富也增加了。一次愉快的赴泰实习，收获了一笔巨大财富，而这笔财富会指引我前进，我想在这条路上走得更远。我知道这条路并不好走，但我有信心和决心走好！

真切地把理论化为实践

吴日静

（湛江师范学院人文学院对外汉语专业2010级学生）

初来乍到

生活充满了无数的未知，每天都很好奇下一秒会发生什么，可如果真的有先知，可以预知下一秒会发生什么的时候，我想我们的生活会少了很多惊奇。很庆幸这个世界上没有先知的存在，这让我觉得每个下一秒都是转机。

作为一名对外汉语专业的学生，深知自己到国外代表的不仅是自己，更多的是代表着学校，甚至是国家的形象，所以格外关注并了解关于泰国的文化风俗习惯，以避免不必要的文化冲突。希望在接下来的出国实习中，可以把更多的理论转化为实践，积累更多关于对外汉语教学方面的经验，在对外汉语教学中锻炼自己，提升跨文化交流的能力。我们就这样满怀希望、满怀抱负地在11月5日出发了。

尽管航班延时，但是到达的那一刻还是很激动。在接下来的行程中，我们去了芭提雅旅游观光，不一样的文化氛围，完全激起了我对泰国文化的好奇心，期待在接下来的四个月时间里可以好好体会不一样的文化。

11月7日，我们被各自的校长接回学校，我所在的汶甘府离曼谷有13个小时的漫长车程，路上不一样的风景深深吸引着我。泰国位于平原地区，一路上都没有看到大山，可能也因为人口没有我国那么多，有些路段的房子显得很稀疏。不过泰国的房子很漂亮，基本没有高楼大厦（市内除外），很多都是木板做的小吊楼或者很有田园风情的只有一层的别墅式的屋子，更让我喜欢的是，泰国的这些屋子色彩斑斓，看起来就让人觉得很舒适，特别温馨。可能刚来就对泰国的房屋特别感兴趣，在后来的四个月中，如果有机会我总会留意泰国的建筑。泰式建筑，成为我在泰国最喜欢的事物之一。

第二天我才知道接我到学校的不是我们学校的老师，而是另外一所学校的校长。他来接他们的中文老师，受我们学校的请托才一起接了我，也是他们送我去我所在的学校。无论怎样，都非常感谢那所学校的校长一路上对我们的照顾，在后来的四个月里，我们学校很多事情都麻烦到他们，但是他们依然对我很关心，很热情，这让我觉得很感激。非常感谢这些我在泰国第一次接触的人，他们让我感到独自在泰国生活也无所畏惧。

教学路上

我在教学上收获最大。这四个月的教学，让我真正感受到作为一名对外汉语教师的不易。汉语教学需要的不仅仅是知识和技巧，也需要灵活应变的能力。

刚开始的时候，因为我不懂泰语，所以课堂用语是英语．遗憾的是，泰国的学生英语不怎么好，很难听得懂英语，中文水平也只是标准的初学者水平，虽然有一位中文老师教过他们，但是他们的水平还是只停留在会说“你好”的阶段，教学指令都很难听懂。因此，我只能尽可能地用肢体语言来表达。不过我没有让这种状态停留太久，因为我担心如果一直用肢体语言，他们会理解得很吃力，我自己也会吃力，和学生交流起来也不方便，于是我就很努力地学泰语。在教学中我发现，如果你会说泰语的话，学生会比你还兴奋，上课也特别认真，还一直鼓励说“老师您很棒”。泰国人的热情以及喜欢赞美的习惯真的每时每刻都在体现。这个发现也让我充满了动力和信心，促使我认真地学习泰语。因为没有人教我泰语，所以我就经常和学校的英语老师在一起，不懂的泰语就用英语请教，每问一句我都用自己的方式记下发音，这种快捷的方法让我的泰语进步挺快。在经过四个月的学习后，我用泰语交流基本没问题，而且可能因为发音还算比较地道，在泰国的时候常常被当地人认为是泰国人。但遗憾的是一直没有人教我写泰语，所以我的泰语水平只停留在会说不会写的阶段。

在我的泰语进步之后，我发现中文课堂也越来越顺畅，越来越活跃，有些对中文比较感兴趣的同学在课外还会来办公室找我问问题，这个进步让我大为惊喜。当然，在教学中也不可避免地遇到各种各样的问题。比如我们学校每一年级都会分重点班和普通班，学生的水平不一，所以教学方法也要有所不同。我教的班级是初一、初二以及高一、高二，一共 14 个班，其中 4 个班的水平比较好，接受能力比较强，所以我上课所设计的内容会多一点，而其他班级就需“因班施教”。比如说有一班完全不想学习的学生，上课让他们做笔记，还有很大一部分学生回答“没有作业本，没有笔”这样的情况，不过这个班级的学生其实很好动、很活跃。我试过像其他班级一样教他们，但效果很不好，于是就请教了同校的老师，但他们都告诉我不要那么认真，不要想太多，说他们所有老师都知道这一班学生的情况，叫我尽量放松，学生想学就会学。这样的教育理念，说真的，对于我这个初上讲台的小老师来说是不能接受的。于是我开始寻找新的方法来让这班不想学习只想着玩的学生学习汉语。几次上课之后我了解到他们很喜欢聊天，所以后来我就用聊天的方式给他们上课，聊到饮食就教他们有关饮食的词语，聊到服装就教他们有关服装的词语。这样下来，发现他们很多日常的用语掌握得还不错，效果比之前好多了。当了老师之后发现，观察学生、因材施教对于一个对外汉语教师来讲真的很重要。

另外，我在实习中也发现了泰国学生语音方面的问题：d 和 t 不分，都读成 d；r 和 l 不分，都读 l；h 和 k 不分，都读成 k；b 和 p 不分，都读成 b 等等。还发现泰语中某些语法成分的位置和我们汉语不太一样，比如汉语一般说“好好学习”，但是泰语却说“学习好好”，与中文不同，泰语中修饰成分是放在被修饰成分之后的。

无论如何，都非常感谢有这样一次机会让我走出去，真真切切地把理论运用于实践，验证并提升自己的教学水平。同时，我也很喜欢泰国这种教学氛围，老师教得很轻松，学生学习也很轻松。我想，和我一起过来实习的另外一些同学的感受应该是一样的。泰国虽然还是个发展中国家，实行君主立宪制，但是国民所接受的完全是西式的素质教育。个人觉得，在教育体制方面，泰国还是有很多地方值得我们借鉴。

业余生活

泰国的旅游业发展得很好，近年来越来越多的人注意到这个热情的“微笑之国”。到过泰国的人都会感叹泰国的风景优美，我也不例外，真心被泰国的风土人情所吸引。

泰国的学校假期很多，这四个月里，有很多我记不住名字的假期，比如他们的国王生日会放假，宪法制定的纪念日也会放假，像元旦、万佛节就更不用说了，所以在这里生活，你会发现很轻松。我很喜欢泰国人身上散发出的那种慵懒而又温和的气息，相比于国内紧张的生活节奏，这里更让人觉得舒心。

很感谢我们 Bungklanakorn（蓬克拉纳康）学校的诺克和阿依尔等老师，因为她们，更让我觉得不枉这趟泰国之行。在学校放假的时候，如果她们不回家，我都会和她们一起去旅游。许多城市都留下了我们的欢声笑语。

印象最深刻的旅行，一次是去清迈，还有一次是去佛统。去清迈那一次是和 Pi Knock 一家人去的，他们是非常友好的一家人，Pi Knock 的爸爸妈妈还一直称呼我为女儿。因为路途很遥远，开了一天的车，可能出发之前没有认真检查车子，所以在快到 Putonber（泰国很有名的一座海拔 1 300 多米高的山峰）的时候，车子突然着火了！电影里面的场景活生生地发生在我自己身边，车子里面一共六个人，第一反应就是跑出去，远离那辆车。谢天谢地，我们都没有事，后来火被扑灭，车子也修好了。但那时候的情景一直到现在还在我脑海中浮现，令我心有余悸，庆幸自己没有“客死他乡”！那天真真切切地感受到生命的脆弱，谁也不知道下一秒会发生什么事情，所以请活在当下吧，珍惜现在的每一分每一秒，平安是福！

佛统是个以佛教著称的城市，每年的万佛节，很多人都会从各地赶来参拜。我是在周末和学校另外几个老师一起去的，一天之内我们一口气参观了七座不同的寺庙。这七座代表不同出生颜色的寺庙相互隔得很远，所以我们在参拜最后一个寺庙的时候已经是晚上九点多了，体验了一次晚上参拜寺庙的奇妙经历。泰国人认为在一天之内去了这七座寺庙会保佑你一生平安，有很好的寓意。这一次的远行参拜，令我觉得很是心安。不得不说，在泰国生活了几个月，很多时候都会被他们对佛教虔诚的信仰所感动、感染。那一天，我特别虔诚地祈祷了我的家人以及朋友幸福安康……

很多回忆又涌上了心头，开心的，不开心的，感动的，有趣的……一切一切都是我所珍惜的。很感谢在这四个月中出现在我生命中的人，纵有千言万语，现在也只能用一句真挚的“谢谢”来表达我真诚的感动以及所有的不舍。

信任、友好、微笑

姚凤梅

（湛江师范学院人文学院对外汉语专业2009级学生）

第一次坐上飞机越过国界线降落到曼谷机场，我心中充满了感慨，终于顺利地踏出了国门。赴泰实习给我带来的远远比预想的多，人生视野的开拓，跨文化领域的沟通，独立性和抗压性的提升，专业方向的深层次感悟，每一点进步，每一次发现自己更大的潜力，都让自己很惊喜也更加充满动力。真的很庆幸当初的选择，更是觉得不虚此行。

新教师上任

我实习的学校是碧差汶府 Srithep Prachasan（斯里德普拉查桑）学校，地处泰国北部靠近中部的一个小镇，是一所中学，有初中和高中。学校有52名教师和约1 000名学生，算是乡下较大的学校了。学校的老师很热情，我们还没到，房间就已经收拾好了。我们跟一个教计算机的女老师一起住。房间虽然是小了一点，但家具一应俱全，一楼是客厅、厨房、卫生间，二楼是卧室。我很喜欢这样的格局，尤其是一楼有冰箱和微波炉，很方便。

放下行李，校长和老师便请我们去吃晚餐。他们很和蔼，我觉得很幸运，像在家一样，非常感谢他们如此热情。我们边吃饭，边聊家常，互相了解。吃完饭，他们还带我们去便利店买生活用品。

到学校的第二天，我们便开始上班了。对于从来不穿裙子的我来说，穿着裙子总觉得有什么不对劲，但校长说，我穿得很得体，所以就放心了。泰国对老师的服装是有要求的：要有衣袖、衣领，女性要穿过膝的裙子等。来之前做好准备，是有必要的。这里的学生不像我国的学生，看到老师，能躲就躲，不怎么跟老师打招呼。他们看到我们经过，离很远就很热情地用汉语问候：“你好！”真的让我受宠若惊！

让学生学起来

我教的是初二、高一、高二的汉语。不要以为会讲汉语就会教汉语，教汉语可不是那么简单。也不要以为熟悉汉语语法，就可以教得好。这所学校的汉语教学才起步，之前的一个实习师姐是他们的汉语启蒙老师，用四个月教了拼音、笔顺。但我发现学生到现在都还不会自己拼读，写汉字也都是跟写泰国字的笔顺一样从下到上。如果我重新教拼音，他们就说学过了，尽管他们不会，但也不太乐意学。来之前，就听师兄师姐说过，泰国的学生很自由，想学就到课室来，不想学可以出去玩或在课室里玩。事实上是真的。校长跟我们说，如果学生不乐意学，请不要逼他们，这句话让我大吃一惊。想想我们，从小，老师、父母、校规、班规都是要求我们以学习为主。看到泰国学生上课时各种姿态，嘻嘻哈哈，无心向学，我们也只能无可奈何。当然也有好学的，尤其是那些主动说“老师，多教我一点”的学生，让我很感动。

在教学过程中，最大的困难不是学生不想学，而是我不懂泰语，他们不懂英语。因此他们不想学时，我会把要教的内容编到游戏里，他们也就多少学到了一点。这个学校的班级是按成绩编排的，1班、2班成绩好，英语水平也高一点，基本上听得懂我的要求，而4班、5班、6班，就有可能听不懂了。所以，我就只能边学边教，把要教的字词问学生或其他老师用泰语怎么说，再教给其他学生。一整个学期下来，课时本来就不多，学校还时不时搞活动，不用上课，所以也就没教多少内容。在这方面，最大的感触是，要当好一名国际汉语老师，非常有必要学习当地语言，不一定要精通，但起码要能正常交流，这样才能确保教学过程的顺利。

说到考试，这才是真正烦恼的事。因为有些学生都不来考试，一个期中考试，考了三周还有一些班级没考完，最难过的是我不忍心给学生零分。期末考试也不确定能不能考完。虽然有老师安慰我们，这不是你们的错，是学生不来，不用自责，基本每科都有学生不考试，但我还是觉得难过。

说到教学，也不单单只有烦恼，也有很多开心的事。学生很单纯、活泼，总是为我有些许单调的教学增添一些活力。上课上累了，或提前完成教学任务了，可以教学生表演。有些学生很喜欢表演，又多才多艺。唱歌、跳舞、做游戏，带给我很多欢乐。我有时很贪心，希望学生也可以把玩乐的热情放到学习上，但想想自己当学生时又何尝不是老是惦记着玩？

生活也是考验

刚来这个学校的第一个月，我们中午都到饭堂和学生一起吃午饭。饭菜虽不如家里的美味，但还算不错。20泰铢一餐，也就是4元人民币，不贵。就是很多热炒的和辣的菜，不敢吃，每次都只能点豆腐、蔬菜和鸡蛋。吃了一个月，确实会腻。晚饭时饭堂不开，我们就只能自己想办法，自己煮或者去超市买点吃的。从学校到市场，有点远，每次都要老师开车载我们去。我们也曾经试着走路去，花了约40分钟才走到市场。后来学校给我们找来了两辆自行车，我们便每周骑着自行车去一次市场。后来，我因为不小心，在浴室里摔断右手腕，就改变了这样的生活。打着石膏，一出门，每个人都问，你的手怎么啦？每次都要重复解释。“扛着枪”让我觉得好难看，很害羞，所以中午不再去饭堂吃饭，不再往人多的地方去，怕又磕碰到受伤的手。午饭就在宿舍吃白饭配鸡蛋，一吃就吃了两个月，晚饭就随便吃点零食。或许因为缺少运动，三个月，胖了8斤。

手受伤的那两个月，虽然每周都往家里打电话，但我却对受伤的事只字不提，怕家里人担心。有时很无助、很无奈，也只能忍着过去。经历过，才觉得自己真的长大了。还有，我觉得这个学校真的很好，那里的老师不仅每周带我去医院，还帮我付医药费，有些老师还给我送肉送菜送奶，让我很感动。

走走看看

在泰国，周末我经常有机会出去旅游，到处游玩。可以说，除了南部，我们几乎玩遍泰国了。我们很幸运，这个学期，学校有很多旅游活动。学校几乎每个周末都组织一个年级去旅游，每一次我们都可以一起去。旅游还是免费的，真好。

第一次旅游是陪学生去清迈比赛。学生一比赛完，老师就带我们游清迈。清迈真的不愧是世界著名的旅游城市，它的美，深深地印在我的脑海里。好想生活在这样一个仙境般的城市，在山上，看着瀑布，玩着水，吃着美食，真的是超级享受。此外，我还去了很多地方，有的是和学校的老师一起去的，有的是自己去的。

旅游让我看到了很多东西，视野开阔了很多。在国内，很多东西没见过，在这里却一饱眼福了。水上市场和周末市场，应该是泰国独有的市场文化吧。水上市场不像一般的市场那样，只是一个贩卖东西的地方，而是到处摆放着各种可爱的大雕塑，种着不同的花花草草，很是漂亮。在河面上有小舟，有人卖各式各样的小吃，油炸虾、烤香蕉、榴莲糯米饭等，到处飘着香甜的味道。木板搭建的水上建筑物，很有情调，难得的是还有各种漂亮又小巧的纪念品、衣服和包包，价钱也不贵。曼谷的周末市场，更是大到无话可说，9 000多家店，卖各式各样的东西，种类无可计数，逛一整天都逛不完。最重要的是，东西很便宜。

感受很多

赴泰实习带给我的不仅仅是知识面的拓展和独立能力的提升，也让我感受到了泰国的风土人情。人与人之间多一份信任，多一份友好，用微笑传达心中的善意，对万物都抱以平等的态度。通过和学生相处，我觉得最快乐的事情，不是强迫别人做了自己想要别人做的事，而是让别人心甘情愿去做我们想要别人做的事。以前，我们很多老师都用点名、扣分等方式“逼”我们出席，不准逃课，这让师生双方缺乏了信任。跟不同类型的学生相处，让我变得更温和、更有耐心，也更加喜欢国际汉语教师这一职业。在教学中，我不断发现自己的不足，不断尽力完善自己。我更加确定了自己的职业目标，就是要当一名优秀的国际汉语教师。

最后，感谢学校给我这次赴泰实习交流的机会，感谢 Srithep Prachasan 学校给我提供实习的岗位，感谢在泰国给我帮助的所有人。每每回想起，我都心潮澎湃，这四个月的种种，也许这辈子都难以忘怀。稚嫩的自己心怀梦想在异国他乡渐渐习惯适应，并尽力去做好该做的事情，在各种挫折中渐渐成熟，敢于承担，敢于挑战。此刻，真想激情澎湃地说一句：“我的未来不是梦！”

难得的经历，难忘的友谊

周敏欣
（湛江师范学院人文学院对外汉语专业2010级学生）

2012年，我很荣幸也很自豪地在泰国进行了为期四个月的对外汉语实习工作，很高兴也很感动地收获了难得的工作经验以及难忘的真挚友谊。眼睛睁睁闭闭，仿佛最初发呆想着“什么时候才能回家”也只是昨天的事，今天却在盼着“何不多待两天再走呢”。四个月，说长不长，从学生到教师，短短几个月的工作过程使我成长了不少，当然，不仅是在专业知识方面，更主要的是在为人处事方面。

开始工作

我所在的学校是位于泰国东北部乌汶府那衣县的Nayiaṣuksa Ratchamangklapisek（那雅苏莎—拉查芒克拉皮色）学校，这是一所初高中混合的学校，全校共有学生720人，教师50人，没有汉语教师。学校处于并不繁华的市区，走出校门左看看右看看，只有马路一条，四周是一大片一大片的稻田，有种清新的郊外感觉。另一方面，也由于学校所处位置来往车辆较少，学生基本住在学校附近，非常有效地避免了学生因住得远、交通堵塞等原因而迟到的问题发生。虽然这并不是一所为人熟知的学校，但我却分外喜欢这所学校亲近亲切的师生感情、轻松愉快的学习氛围，总的来说，这里能令人不知不觉地沉浸在舒服与愉悦中。

初来乍到，我便得知该校在此之前从来没有开展过汉语教学活动，教师、学生的汉语水平均为零基础。但让我很高兴的是，全校的学生甚至老师都对学习汉语很感兴趣，每天见面的时候，大家都希望能跟我聊上两句，尽管大多时候彼此只能说一句简单的“你好”。如此一来，我心里暗暗高兴——看来同学们一定会认真地学好汉语了。然而，事实给了我狠狠一击，我的想法太天真了。

因为在这所学校第一次有汉语老师，也只有我一个汉语老师，所以整所学校从初一到高三的汉语课都由我来上，一周17节课，也由于师资、课时等问题，每个班每周只有一节汉语课。虽然在我看来课有点多，但对学生来说却算是少，每周只有一节，所以要在这四个月内看见学生学习汉语的成效真的挺有难度的。一来课时少，我也不能保证学生课后练习汉语的时间；二来汉语在初高中不是重点科目，这样学生就更少放心思在这上面了。

除此以外，学校还把我安排在资料管理办公室，说白了就是帮忙做一点杂事，像准备资料、复印试卷之类的，“充实”我的课余生活。所幸同事们彼此都不会把工作你推给我我推给你，而是彼此分工合作，寓工作于娱乐。

对于汉语教学，由于本校一直没有计划要开汉语课，只是因为本学期要接受一个升级为实验学校的评估，才有此打算，因此学校并没有提供任何教材。在赴泰之前，我在网上大致看了一下汉办的教材，但感觉对初学者来说难度都很大，而且教学内容的编排也不尽完善，于是我决定参考教材设定基本框架，把自己汉语教学的重点放在拼音和日常学习生活中常用的词汇、对话上，希望经过这四个月的速成，学生可以通过拼音读汉字，平时可以简单地说上两句汉语。

另一方面，课室里并没有多媒体设备，所以可以说是“手把手”教学。因为与学生语言不通，学生本身的英语水平也有限，所以上课时我要用简单的英语作解释，当然，肢体语言是少不了的，有时候实在不行，我也会求助当地老师帮忙翻译一下。上课的时候，虽然“自由自在”的泰国学生喜欢不时走动一下，有时窃窃私语不满足还会隔空传话，但基本我一开口带读，学生就会跟着读，对于提出的问题，学生也会努力思考答案。除了一些低年级的班以外，大部分学生态度还算积极、热情，缺席的情况比较少。

作为中国人，我很难理解外国人学习拼音的难处，但当我自己亲自教外国人拼音时，就仿佛与他们站在同一战线上了，这还“多亏”了我不懂泰语，简直是“音在心头口难开”呀，有时候听着学生发错了音，虽然我知道正确的发音方法，也明白他们怎么错，但我就是开不了口，急死了，感叹拼音怎么那么难！

为了能更好地让学生了解应该如何正确发音，我决定改变方向，让学生从在汉语中学习拼音转为在泰语中学习拼音。来到泰国也算有些日子了，多多少少我能记住几个词语，渐渐地我发现有一些学生平时很容易混淆的音（例如 n 和 l，z、c 和 s），其实在泰语中是“有迹可循”的，于是我会特地记下这些词语，必要时为了发音准确我还会学一些泰国方言词语。在课堂上说到拼音难点时我就会举泰国词语作为例子，学生基本上一听就能明白易混淆拼音之间的区别，对正确发音也有很大的促进作用。虽然对学生说方言词语会被他们取笑，但我并不觉得难堪，相反地，我感觉方言词语拉近了师生之间的距离，课堂有序之中带着欢声笑语，大家高兴了，我的教学内容自然讲得更详细、更多，学生也更容易吸收，更乐于接受和学习。

作为一名对外汉语专业的学生，我深知在汉语教学中插入太多母语并不是一个明智之举，但我想对于这群学生来说，他们毕竟初次接触汉语，对于汉语毫无概念，也不知道有没有下一次学习汉语的机会，我不想因为降低对学生的发音要求，以致学生习得一口“四不像”的汉语语音，因此我认为如果能通过自己熟悉的内容进行过渡，也许对学习效果不无益处。

到目前为止，走在学校走廊，每个学生都能笑着跟我标准地说“老师你好”“老师今天很漂亮”，这是我最自豪的地方。来到泰国，真正投入对外汉语教学，我最大的感想就是：汉语这个东西，“会说”跟“会教”真的是两回事。

不忘学习

虽然在赴泰前学院给我们安排了三个星期的泰语速成班，但本人感觉作用不是太大，甚至有些词句我在泰国说了以后被当地人取笑，因为我说的音是他们的土话。虽然自己不会泰语，但在实习学校的生活基本没有问题，会英语也就行了。四个月的时间，尽管我不能做到对答如流，但因天天都泡在泰语语境中，加上老师学生们个个热情地跟我聊天，现在简单的生活对话还是可以应付的。

跟2009级压缩课时的情况不一样，2010级的实习学生是在上课中途赴泰国的，因此就算人走了也不能落下学院这边的正常学习，平时在实习学校下课后还要坐在电脑前敲键盘做作业。早在走之前就听说课余时间会有很多，要学习是绝对可以的，但实际上还是要具体情况具体分析，在实习学校自己被安排的课时已经不少，课后在办公室又有一大堆事情要帮忙，所以空闲的时间真的不太多。偏偏做作业的时候又少了老师上课的讲授，仅凭PPT自己消化课本内容并完成作业，难度实在不小。

衣食住行

衣：身处泰国，身为教师，衣着打扮是需要十分注意的。幸好我的实习学校对教师服饰的要求比较宽松，有时候穿T恤、休闲鞋也没什么关系，但有袖上衣、过膝裙子必不可少。至于周末和假期，自己穿着舒服就好，不过个人感觉泰国的阳光比较猛，所以基本上平时我也不会穿得很短。

食：在我所处的泰国东北部，人们喜欢以糯米饭为主食，煮的时候就像煮白饭一样不放其他材料、调味料，而在吃的时候和着木瓜沙拉等菜肴一起吃。这一地区物价水平不算太高，基本上人民币六七元就可以解决一顿饭了。一开始的时候，在泰国吃饭有三个“不习惯”，一是“辣”，二是“生”，三是“用手抓”。因为平时在学校吃午餐都是老师们一起在办公室吃，饭菜都是饭店做好送过来的，所以老师点什么菜就吃什么。然而泰国每餐必有辣，而且是很辣，这对不能吃辣的我来说真是个难题，后来其他老师知道了这个情况，每顿便会点一两个不辣的菜照顾一下我。就餐时，用碟子盛饭，用碗盛汤，配以勺子和叉子，在泰国把碗或碟端起来吃是不礼貌的行为，因此需要在勺子里把一口饭菜整理好再送进嘴里。有时候，有些菜实在不肯好好待在勺子上，这时，其他老师会提醒我——“用手”。此外，泰国的甜品和水果最让我一吃难忘，爱不释手！

住：平时周一至周五，我住在学校里的教师宿舍，那是一所两层楼的小房子，一楼有厨房和卫生间，二楼是房间。我们三个女老师住一所房子，每人一个房间。我的房间里只有一个简易衣柜、一张床和一台风扇，没有网络。周末的时候，因为考虑到学校里没有人，所在地也难以买到食物以及存在安全问题等，老师会送我到另外一所学校，那里同样有湛江师范学院的实习老师，我就住在她们的房子里，然后星期一老师再接我一起回学校。有时候，老师也会邀请我到她家住，特别是到了临走前的几个星期，由于接近学校接受评估的日子，学校里多了很多装潢工人，于是老师让我每天到她家过夜，这样比较安全。

行：如果是与朋友一起出行，我们以双条车和的士为主要的交通工具，多数是去市中心的大型商场和超市。如果是与老师一起出行，则以私家车为交通工具。除了逛商场，老师也会带我到当地不同的寺庙参拜，领略不一样的佛教文化。又因为老师的儿子们喜欢和我一起玩，所以她家有时候去公园、动物园也会叫上我，大家一同欢乐地生活。

总的来说，四个月的时间，用心付出，收获满满。因此，真的很感谢湛江师范学院提供了这次宝贵的机会，也很庆幸自己可以抓住这次机会，展现自我，传授中文知识，传播中华文化。我更是在“微笑的国度”感受到微笑的能量与力量，领略到异国他乡热情和开放的风土人情。读万卷书，行万里路，内外兼修，学以致用，才不枉过。

异域的别样体验

陈卫镰
（湛江师范学院人文学院对外汉语专业2009级学生）

首先感谢湛江师范学院给我们提供了如此难得的去泰国带薪实习的机会，我非常庆幸自己能拥有这么一段不同于别人的实习经历以及丰富多彩的异国生活。去泰国之前，我只是抱着一种“出去走走，不管有什么结果”的想法，但是经历了这五个月的教学与生活，我感到收获的远远不止于此，甚至可以说是读大学以来最珍贵、最值得回忆的一笔财富。

教学体验篇

我任教的学校是泰国东北部莫拉限府的 Wanyai Wittaya（万艾）中学，从学校骑车到湄公河岸只需十分钟，这所学校是这次 39 人赴泰学校里规模最小的，拥有 38 年的办学历史，生源却逐年减少。全校 417 人，人数最多的班有 46 人，最少的班仅有 18 人，而我就是这个学校唯一的外教也是第一个汉语教师，同时也是全校学生的中文老师。5 月 29 日中午，当我拖着疲倦的身体从去曼谷接我的校车里下来的那一刻，难以抑制的感动之情一下子涌了上来，老师和学生们排着整齐的队伍手捧着鲜花欢迎我这位汉语老师的到来。第一个月学校为我安排了每周上课 23 个课时，已经超出了合同“少于 20 节课”的规定，但是由于被学校老师和学生的热情所感动，我并没有拒绝。我永远不会忘记我人生中具有真正意义的第一节课，在远离中国的一个陌生国度，面对着一个个母语不是汉语的教学对象，看着一双双对我充满好奇的纯真眼睛，我感觉到自己的责任重大，这时的我已经不是躲在象牙塔里的那个浑浑噩噩地混日子的学生，而是一名传播中国文化、代表着中国形象的中文教师，万一教不好会使这些孩子失去对汉语的兴趣，而我会成为这个学校的“千古罪人”。因为第一课时教的是“你好”的自我介绍，所以互动非常好，虽然很累，但是觉得很有成就感，第一周每节课我都说许多英语，学生坐在下面注视着我，貌似都懂了，而且时不时冒出阵阵笑声。到了第二个星期我才知道泰国学生的英文水平是多么糟糕，泰式英语跟纯正的英语实在是有天壤之别，所以第二个星期起我开始拼命地学习泰语，每次上课之前我都还在疯狂地找老师帮我纠音。第一个月我过得实在是辛苦，每一天嗓子都是沙哑的，周四、周五从上午上课上到中午真的是差点累晕了，到周五下午上完最后的一节课嗓子几乎发不出声来了。第二个月我要求学校调课，终于调成了一周 18 课时，但还是一样累，嗓子一样沙哑，一直持续到 10 月 2 日期末考试结束。

学习语言是一件非常枯燥的事情，特别是对于零基础的中学生，若是有多媒体设备辅助教学，教学效果一定会更好的。但这里跟我们在湛师训练的完全不一样，在学校我们的教学对象是泰国的汉语专业大学生，偏重于对语音、词汇、语法的分析，要准备精美的PPT，而这里只有一块黑板和语言不通的初学者。我的学校没有安排多媒体课室给我教汉语，没办法，只能打印些图片或者是借助实物进行教学。我也意识到，我必须努力学好泰语，只有用泰语才能更好地开展教学。一开始我连泰语的“一二三四五”都不会说，后来慢慢地，教学生的内容我先提前学用泰语怎么表达，一天天一点点地积累，我逐渐摆脱了语言不通的窘境，到第三个月完全不用英语了，开始“全泰”授课，我感觉上课轻松多了，学生也听得更明白了。上课有时学生为我的蹩脚泰语纠音或纠字，课后问我汉语或者中国的相关知识，我们相处得非常融洽，时不时爆发出阵阵欢乐的笑声。每个年级的1班都是重点班，我很喜欢给他们上课，师生互动得非常好，一点都不会累，时间总是过得很快，就算下课了我也想多教他们一点知识。而3班是最差的班，每个班只有两三位到七八位在听课，有时真的是被某些班气得半死，最后不得不停下来用泰语跟他们语重心长地讲道理，但效果也不大明显。

这次的赴泰实习，我知道自己的教学存在着很多不足，我不能说我的对外汉语教学技能以及课堂管理水平得到了多少提高，也许没有达到我当初心中理想的实习目的，但是在对外汉语教学或课堂管理上我曾经有过自己的思索和改进，想过很多以前根本不会想到的问题。如果没有正式的对外汉语教学课堂，没有真正的对外汉语教学对象，我们就不可能反思自己的教学，进步又从何谈起?

不同的文化体验

泰国，陌生的语言、陌生的面孔、陌生的生活习惯，我是带着几分恐惧和担心出发的。可是，现在我想说，泰国是一个宁静而美丽的“微笑国度”。摩托车只使用车头锁，居民可以戴着真金真银满街走，在这个信奉佛教的国度里，浓郁的宗教氛围无所不在。泰国人非常热情、友善，他们向往舒适、恬静的生活，没有过于热衷于金钱、权势，许多泰国人追求的只是一份工作、一个家，然后平平安安地过一辈子。泰国人不仅对佛十分虔诚，对王室成员也相当虔诚。佛像、寺庙、国王、王后的画像随处可见，校园、办公室都供奉着佛像，经过佛像要行礼，就是连教室也至少有两张相片——一张是国王，一张是王后。泰国无论举行什么活动，一开始先是拜佛，接着向国王的画像敬礼，这是泰国公众活动必不可少的一环。

泰国对教育的重视程度和对教师的尊重程度超乎我们中国人的想象，他们的素质教育水平之高也是让我们感到惭愧的。学生在校园中遇见老师都要立正问好并行“双手合十礼”；学生进入教室、办公室时必须脱鞋子，而老师则不用；学生经过老师的身旁，需要弯着腰过去；学生请教老师问题需跪坐在老师的前面，不能高过老师的高度；学生每次从老师手中接东西时，都要先双手合十拜一下才能接过，以示尊敬和感谢。特别是拜师节，学生一个一个地行礼，跪拜自己敬重的老师，并歌颂老师至泪流，场面真的十分感人。我当时也坐着接受每位学生的行礼献花，心中所涌起的那种感动是无法用言语来表达的。回想起第一天到达这个学校，两名女学生跪着向我递来咖啡和矿泉水，望着那一双双如此虔诚的眼睛，听着学生唱那首扣人心弦的教师颂歌，我的眼泪再也无法抑制，滚滚而下。后来我学校的教导主任纳勒老师退休了，一个班一个班的学生跪着给她唱颂歌，全府的同事、好友都来参加退休典礼，我再一次被泰国的“尊师重教”深深地感动。

我的学校虽然是农村里的一间规模很小的学校，但“麻雀虽小，五脏俱全”，图书馆、电脑室、物理化学生物实验室、英语泰语等多媒体课室一应俱全，每间办公室都装有两三台空调，每位老师都配有一台电脑和打印机。泰国的中学教育跟中国的“填鸭式”教育完全不同，甚至可以说有点像大学教育。泰国实行十二年义务教育，学分制，重视学生的绩点（GPA）。除了科学知识课，还开设烹饪、传统声乐、舞蹈、美术、手工制作、园林修剪等文化课程。泰国教育要求营造的是一种“快乐为主，轻松学习”的轻松活跃学习氛围，学生基本没有什么学习压力，一节课的教学内容少之又少，像数学课讲两三道简单例题就是一节课了，学生好动好玩，课堂上学生经常跟老师开玩笑，时不时哄堂大笑。期末考试老师会给出重点，由科任老师出题，学生追求的只是“60 分万岁”——及格就好，万一考试不及格，老师就会适当加分或安排补考，加分依据是上课出勤率、平时作业分、课堂笔记等，或者直接安排一项任务完成就可以。可见，泰国不仅培养学生的基本学习能力，更注重学生的动手能力。

由于泰国上课没有课间休息，学生上课没有固定的课室，加上全民慢节奏生活观念的影响，学生上课时迟到、早退现象非常严重，全班集体迟到 15 ~ 30 分钟是司空见惯的。但不可否认，泰国学生的动手实践能力非常强。一有什么大型活动，各种手工艺品、各种大制作，分工合作，精雕细琢，你绝对会感叹孩子们的头脑是如此有创意，双手是如此灵巧。泰国学生非常爱好画画和唱歌，似乎每位学生都是画家，每位学生都是歌手，一下课，学生就会拿出吉他自弹自唱，整所学校有好几支学生乐队。特别有才的要数那些“人妖”学生，他们无论是演奏传统乐器还是表演话剧都非常优秀，总能博得全场的阵阵掌声和称赞。一开始我还是接受不了这些“怪异”男学生，可是他们学习成绩又是那么好，后来也非常钦佩他们。泰国的学生，可以用一句夸张的话来形容：“除了学习不太好，其他的什么都好！”

独立自主

在泰国，我并没有像女生那样拥有“泰国爸爸”“泰国妈妈”。我的生活老师第一个星期对我的嘘寒问暖让我感动不已，之后我意识到必须靠自己。我和一位教数学的泰国老师住在一间久经风雨的陈旧木屋里，木屋有很多深深的裂痕，有点像“危楼”，似乎用力关门楼就会崩塌，但令人满意的是有一张床、一个衣柜、一台冰箱、一台电风扇，还有一辆自行车。电饭锅是第二个月后才向学校要的。非常庆幸有位舍友，虽然他经常回家，也不能说英语，每次只能跟我比手画脚的，但我们之间发生了许多有趣的事情。最怀念的是他有时会煮早餐给我吃。在泰国的那段日子，我经常一个人骑着自行车去离学校四公里的唯一一家快餐店吃午餐和晚餐，与老板娘结下了很深的情谊。最难忘的是我疯狂学泰语的第一个月，那时候每天下午五点半就骑着自行车到她店里，六点吃完饭，我便拿着那本《泰语生活用语必备》一个字一个字地指着让她教我发音，她也不懂英文，我俩的交流也是比手画脚的。每晚都是八点钟打烊后才离开，回学校的那条路没有路灯，一路上我拿着手机当手电筒，不断哼着歌，后面还有两三只狗在狂吠并追赶我，一路上的萤火虫闪闪烁烁，当时我的内心充满了恐惧。

我永远不会忘记第一个月的早餐里带有霉味的面包，因为天气热，小卖部里的一些面包变质了；我永远不会忘记上课上到快晕倒，因为泰国的饭菜量很少，每次吃了八块钱的饭再买上几块钱的零食我还是饿；我永远不会忘记不知多少个夜晚独自一个人在办公室上网，十一点钟带着几分忐忑摸黑骑着自行车赶回宿舍，因为在宿舍不能上网；我也不会忘记每晚惊心动魄回到家后，立刻洗澡洗衣服，然后再备一下课，学一下泰语，一直到凌晨一两点才睡。所有人都讶异我的泰语为什么说得那么好，却没人知道这背后的辛酸历程！当然，第二个月开始我已经完全适应那里的生活了，我在超市找了麦片、牛奶、蛋黄派等，之后一有机会就去40公里之外的省城狠狠地“进货”。在这里还要特别感谢教英语的老师皮德老师和她丈夫，皮德老师是学校里最关心和照顾我的人，不仅很耐心地教我泰语（她才是真正教我泰语的人，只有她能用英语跟我解释），而且经常带我去市场购物，每天关心我的三餐和去向。她就像妈妈一样给予我关怀与呵护，只可惜38岁的她患了癌症，每天都很累，需要经常在房间里休息，我知道这件事后也不敢过多打扰她。她非常喜欢我，她高度评价我幽默、优秀，每一次聊天我都把她逗得哈哈大笑。

做菜也是我在泰国学会的很有意义的事情。因为实在受不了外面的饭菜量少，也怕不卫生（泰国的自来水是不能饮用的），所以自己在百度上搜索菜谱自学起来。7月14日，我在异国他乡开始了人生的第一次煮饭做菜。我在宿舍总共煮了二十次饭，别看次数少，每一次都来之不易，每次洗菜切菜时都要忍受着毒蚊的千叮万咬，还要时刻警惕着毒蛇的袭击（宿舍周围的草特别茂盛，我在泰国见过十次蛇）。最后看着自己的“杰作”，次次都兴奋不已。皮德老师夫妇总是赞我饭菜做得很香，只可惜只能跟她分享我做的菜的相片，因为身体的原因她对食物特别讲究。我也知道，泰国人对中国菜也受不了，就像我们接受不了泰国东北菜的大酸大辣大甜。他们喜欢吃生的豆角、豆芽、青菜等，还有树叶、树籽，纯天然的，而且摘下来居然不用洗，我也品尝过。我那里靠近老挝（后来我也学了些许老挝语），东北菜则带有浓浓的老挝口味，很多美食都是几种味道混合而成，鸡精、鱼露、香料都派上用场。最难忘的是泰国最著名的凉拌菜木瓜沙拉，就是木瓜、番茄、辣椒以及当地的蔬果、鱼露、河蟹之类的食材混合在一起，是每次吃饭必不可少的一道菜。第一个月我始终接受不了它，每次吃饭都吃得我掉眼泪，但不吃不行，肚子真的很饿很饿，后来我慢慢学会了享受它的美味并自己亲手做这道菜。其实，泰国有很多美食，我最喜欢手抓糯米饭、高丽牛肉火锅、烤鱼、万艾烤猪、酸辣虾汤、竹笋汤等等以及泰国水果，但始终接受不了炸草蜢等古怪美食。

在泰国我还经历过三次葬礼，泰国信奉的是“生死有命”，办的是喜丧。还参加了婚礼、乌汶蜡像节、科技文化节、王后母亲节、东盟日赛龙舟节、守夏节等等，还为老师、为当地小孩过生日，我的生日也是在那里度过的，当时实习接近尾声了，我刚好自学驾车并只驾驶了七次就成功考取了泰国的东盟驾照，高兴之下掏出一千多元人民币请全校老师吃午饭，请全校学生吃冰淇淋，所有的这些经历都成为我在泰国难忘的回忆。

依依不舍

随着回国的日子越来越近，10月4日，学生集体回校的最后一天，升完国旗我被临时请去，给学生做告别演讲。望着一张张熟悉的脸庞，回想起在泰国的种种经历，我泣不成声，用泰语说了很久很久。之后几天，陆续有学生回学校送礼物给我，一起留念合影。我在泰国一共大哭了三次：第一次是为了我的学生，我人生中教的第一批学生；第二次是为了皮德老师，在泰国最关爱我的人，她比我早离校回家，也不知道今后能不能再见到她；第三次是快餐店的老板娘，在泰国时她给我做饭，她只有女儿，待我如亲生儿子一般。学生们也舍不得我离开，高三的学生跟我说“不喜欢新老师，因为她不懂泰语，没有像 Khru Gra（我的泰语名字）那么可爱、优秀，不愿让您回中国”，当时我听着挺感动的，顿时觉得不管怎样，这一趟来泰国什么都值啊。

由于我的学校是小学校，得到政府的财政支持少，条件艰苦了一点，所以这次赴泰实习最大的遗憾就是不能去旅游。办完签证马上就赶回学校上课，连曼谷都没好好参观一番，只是坐在车上路过。就算是我提出自己跟别的学校老师去旅游，校长也不允许。学校放假的那几天，我把学生汉语期末考试的成绩登记好，录入电脑，跟新来的年轻泰语女老师相处了四五天。所有老师都放假回家了，只有我坚持设计打印完 110 位优秀学生的奖状，并买好奖品。我这次赴泰实习的使命终于完成了。

有得必有失，人生不可能到处都是尽善尽美。对于赴泰的我们来说，五个月的历程绝不会后悔。对于一名对外汉语的师范生来说，这样一次独特的海外经历无疑为我们的教学生涯增添了一份精彩。“成长中掺杂着泪水，泪水中充满了感动”，这句话可以用来概括我们赴泰实习这段不平凡的经历。生活不会辜负有心人，短短的 142 天，却可以让我收获颇丰，接触到了不一样的文化，体验到了不一样的生活。在这个过程中，我们经历了从没遇到过的事情，克服了很多因语言和文化而造成的困难。那些新奇的经历拓宽了我的视野，提高了我的教学技能，锻炼了我独立自主的生活能力，丰富了我的社会生活经验，让我有机会结交很多泰国的同事和朋友，了解和理解新的文化，获得认识问题、分析问题的新视角。所有的一切都成了我人生中珍贵又美好的回忆。最后，再次感谢湛江师范学院为我们提供如此宝贵的实习机会，希望学校以后能够多多开展类似的海外实习。

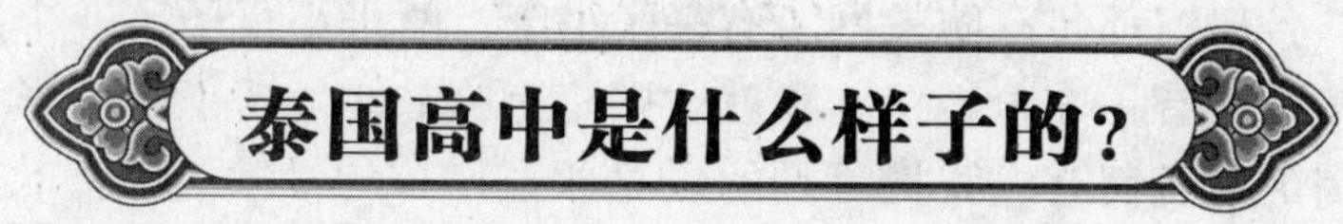

泰国高中是什么样子的？

孙奋丽
（湛江师范学院人文学院对外汉语专业2009级学生）

2012年5月我们第一批赴泰实习生走出了国门，在泰国进行了为期四个半月的实习工作。我在佛统府的Srakathiem Wittayakom（思拉卡仙—维达雅康）学校是如何生存、如何教学的呢？

轻松学习

不可否认的是，泰国的学生真的比我们中国的学生快乐得多。他们上课气氛是多么轻松，不需要记忆什么。甚至期末考试他们都比我们轻松得多——试题完全是平时测验里有的。

得益于此的是泰国学生的才艺。他们是有舞蹈课的，还有各种编织课、音乐课，他们很爱唱歌，很多孩子十分热爱跳舞，平日里走路都是跳着走的。如果说我们掌管逻辑思维的左脑比较发达的话，他们则是管着艺术细胞的右脑十分发达。每一个孩子都是艺术的化身，在这点上我又十分羡慕他们，谁让我至今都画不出一张完整的图画，唱歌还老跑调呢？

学校概况

Srakathiem Wittayakom位于距离佛统府约14公里的小乡村，离泰国首都曼谷很近，大约35公里。在学校门口可以搭公交车（有空调的14铢，无空调的12铢），大概40分钟可以到达佛统，然后转搭小面包车（65铢），大概一个小时就能到达曼谷，也可以搭汽车（45铢），时间可能要比面包车久一些。

学校设有初中部和高中部，初中部每个年级有四个班，高中部每个年级有两个班，大约600人。大概有35位教师，还有一些实习生。

环境还是可以的，不是有句话说“麻雀虽小，五脏俱全”嘛，学校规模虽然不大，但是该有的设备还是有的。比如说图书馆、英语办公室、泰语办公室、教务处、电脑室之类的，有一些教室还装有空调、多媒体设备等等。

我住的房子在学校里面，是很普通的一幢两层楼的泰式房子，第一层是杂物间（其实我也没什么杂物放在那里），还有一间很窄的厕所，没有厨房。二楼有两间房子，我住相对大的那间，还有一个泰国老师住另一间，两间房子是面对面的，只有两步的距离。房子的地板是木制的，各扇窗都装有防蚊网，有一张小床、两张小桌子、一个冰箱。学校给我提供了一辆自行车，还有一个电饭煲。我就这样简简单单地生活了四个半月。其实我觉得还不错，生存必需的装备都有，我挺满足的。

学生概况

1. 学习态度：学习不是重点

我跟很多我们班的实习同学联系过，大家都发现，泰国学生跟中国学生很不一样，他们对待学习的态度，实在是令我们这些从小在父母和社会的“万般皆下品，唯有读书高”的观念影响下的中国学生难以接受，他们并不喜欢学习，只喜欢玩，这跟他们从小接受的“快乐学习”教育不无关系，学校实际上是宽容他们这种学习态度的。经常是上课上到一半我的学生就被另一个老师叫出去干活（比如帮老师搬东西，事先也完全没跟我商量过）。其中高二（2）班是最让我头疼的，从学期开始他们就不去上课，理由是“我们要办板报”。直到最后的考试，我在教室里等了他们一个小时，叫了四个学生去催他们来考试，最后跑来两个女生，告诉我他们在办板报没时间来考试……我当时气得脸都绿了，最后一气之下给这个班全体零分。

2. 学习成绩：高分是浮云，及格就好

这种情况挺像我们的大学，实际上他们很多方面都很像我们大学的学习制度，比如期末考试老师给出重点，期末试卷也是由各科任教师出的（我们中学那会儿是教育局统一出的试卷），考试不及格要补考等等。所以学生追求的只是及格就好，完全没有我们的中学生那种要当第一的拼劲。考试不及格的时候，老师就会给他们加分，比如说加平时成绩分、加笔记完整度的分、加作业分等等。我的一个学生期末考了 64 分（100 分制），他十分高兴，我问他怎么这么高兴，他说：老师，我是第一啊！所以说这边的孩子对于成绩是很容易满足的。

汉语教学是一场持久战

基于泰国的教育环境、学生的学习心态，我感觉泰国的汉语教学对于我们这些即将成为汉语教师的年轻教师而言将是一场持久战。

我们第一批实习生面临的问题很多：不会泰语，对泰国学生的汉语学习了解不多，有些学校没有教材没有多媒体设备，出国前也没有受过专门针对泰国汉语教学的培训，一切都是靠自己摸索。

我教的是整个学校 18 个班级的汉语，每周一个班一节课，每周 18 节课。

我第一个月上的课基本上都是在尝试用各种方法教学内容，虽然学校给我提供了教材，但是那一套教材的内容对没有汉语基础的学生而言实在是太难了，我一开始是按部就班地教韵母和声调，但是上了两个星期的课之后，学生开始出现厌烦情绪，我就把教学重点放在会话当中，从生词中提取声韵母后再教学，这样调整之后大部分学生的学习兴趣明显提高，也更积极地参与到课堂中来。

在教学过程中最不可少的是肢体语言——因为我所在学校的学生没有一个人可以听得懂英语，甚至在最后一堂课有一个班的学生问我："老师，'begin'是什么意思?"手势的作用不仅是让学生能够更好地明白你的意思，而且也能更好地记住教学内容。比如教声调的时候，我就一直采用手势教学，学生在期末考试的时候一直都在用手势回忆。

但是，我现在回头看自己的教学，觉得教学效果并不是特别明显，也只有小部分学生能记得我教过的重点句子，大部分是迷迷糊糊的。我总结了一下，觉得应该从以下几方面改变一下自己：

（1）歌舞。虽然我不是能歌善舞的料，但是如果有机会再去泰国，我一定会在这方面下些功夫，因为泰国学生的兴趣点完全在这两个方面。通过改编歌词的方法让学生记住生词是不是会比单纯的教学示范要好一些呢?

（2）绘画。既然学生喜欢画画，那我就在这一块上多下功夫。假如我教他们"猫"这个生词，我不是单纯地给他们展示 PPT 而是叫他们动手画起来，是不是他们就能更快地记住这个生词呢?虽然花费的时间比较多，但是从重视"量"到重视"质"，会不会更好呢?

（3）游戏。学生喜欢玩就应该多准备一些游戏。我在这四个月的教学中完全没有运用到游戏，是因为我不知道怎么解释游戏规则，而且我也很难管理好我的学生，所以一直不敢用，但是如果下次还去泰国的话，我就会在上课时多安排一些游戏。当然，做游戏的目的是要学到知识，在玩儿中学。

总之，教泰国学生汉语既要有耐心，又有技巧。泰国的汉语教学之路依然漫长。

美好的回忆

谢彩云
（湛江师范学院人文学院对外汉语专业2009级学生）

时间，总在不经意间从指尖溜走，拿出日历数数，回国已经快两个星期了。今晚，看着我们队员的汇报交流，真心为他们鼓掌，更为自己鼓掌。我们抓住了机会，战胜了自己，我们走出了第一步，无悔于青春的一步。回想自己经历的那些人和事，依然笑中掺杂着泪水。这是一次幸福之旅、感动之旅，如果让我重新选择，我依然会风雨兼程。我感恩自己经历的一切。

教学篇

我所在的学校是位于泰国中部碧差汶府的Srithep Prachasan（斯里德—普拉查）学校。全校一共28个班，1 061人。作为这里第一个，也是唯一一个中文老师，我的教学任务便是每周上18节课，完成28个班的口语教学。面对学习能力不同的班，我的压力很大。而且，沟通问题十分严峻，学习程度差的班根本听不懂英文，而我那时候，只会一句泰语。庆幸的是，我的教室多媒体设备齐全，PPT上都有中文、英文、泰文三种语言。而且每节课我都先跟泰国老师学会自己要教授的内容用泰语怎么说，方便和学生沟通。但是，尽管如此，教学效果依然不明显，这个学校的学生基本上都很有艺术天赋，喜欢参加活动，他们喜欢做除学习以外的一切事情，除了一班、二班之外，其他班基本上没几个人在听课。有时候我真的生气了，就问学生既然不想学，那还来干什么，学生答："这里有空调。"我顿时语塞。

然而，只要在课堂上开始玩游戏，他们一个个便生龙活虎了，他们喜欢玩，也擅长玩，不管课上课下，只要无关学习，他们都十分热衷。后来，为了鞭策学生学习，我要求他们每次下课都要交课堂笔记，也就是说，我基本上每周要改上千本的作业，路过我办公室的领导和老师都吓了一跳，我的办公桌每天都堆了满满的作业本。有时候，看到十分整齐的作业，我会很欣慰，可是，敷衍了事的同学也不少，那时候就会特别气馁，感觉自己的付出没有得到相应的回报，甚至严重怀疑自己的能力。

教学进入正轨之后，我开始去听不同的泰国老师上课，这才发现，学生不学习并不是个别现象，除了快班的学生比较认真外，考试拿零分的大有人在。我便慢慢调整自己的心态，只要自己认真地做好本职工作就好，学校的老师也总是说："别着急！"

我想，我在那儿最有成就感的便是我带去了一样新鲜的事物——校园里开始有了中文这种语言，尽管只是“老师您好”“你很可爱”“我爱你”这些简单的句子。然而，一年一度的区域学校比赛，我们学校也可以参加中文演讲比赛了，大家都是第一次，我特别希望自己能够给这个学校留下点什么。很庆幸，我的初中部和高中部的两个学生都拿了第一名，并获得了代表这个地区去清迈参加复赛的机会。学校领导和老师都纷纷前来祝贺，因为我们这个小学校还没拿过外语比赛的第一。现在，我的学生正在紧锣密鼓地准备复赛，而我，偶尔还被提起，这就足够了，毕竟，被记住也是一种幸福！

生活篇

我所住的是一栋两层的木房，和一位泰国女老师一起住，家中家具还算齐全，所有的东西都共用。她就像姐姐一样，照顾我的一切，很难想象一个陌生人可以为我做那么多事情。除了我妈妈，还没有人把我照顾得这么细致。雨伞掉线了，多么细小的事，她给我缝好，然后一点一点地把伞折好放回原来的位置，你说能不感动么？有这么好的屋主，生活上一切问题都不再是问题。对我来说，最大的困难就是沟通问题。我是这里唯一的一位中文老师，也就是说，我要在完全没有中文的语境中独立生活。

一开始，我担心过，惶恐不安过，然而，我的坚强超出了自己的想象。人在困境中会迸发出无限的潜能，这句话我信了。不能说中文，我只能说英文，面对英文水平不高的老师和学生们，我只能说泰文。我开始学起来泰语来，看书、请教别人、听人说……我像牙牙学语的孩子一样，一句句地重复着。不知道从哪天开始，我竟然可以用泰语交流了，学校的老师和学生都对我说：“老师，很厉害！”解决了语言沟通这个问题，我的生活都被幸福与感动充斥着，我得到了学校的优待。

课余时间，和学生一起玩乐器、打篮球、跑步都是我的生活乐趣所在。我最喜欢做的是跑到舞蹈室和跳舞的那群孩子在一起，舞蹈老师是“人妖”，也是我们的邻居，“她”基本上每天变着法子做不同的泰国菜给我尝。知道我不能吃辣，每次还要特意做一个适合我口味的菜肴。还记得临回国前，我们一起吃饭，“她”突然很煽情地说：“泰国菜好吃吧，多吃点，等你回国后就吃不到我做的泰国菜了！”简单的几句话，弄得我泪流满面。在一起生活四个月的人也许感情不会特别深，但是，只身在异国，那种被照顾的感觉来得特别真实，就算是现在，我已回国多日，回想起那里的点滴，我依然不自觉地流泪。那里有太多值得留恋的东西，我想总有一天，我还会踏上那片国土，因为那里有爱我的人和我爱的人在等待我的到来！

旅行篇

我一直都坚信，走过大山大河的人，心一定会更开阔。无数次，我想象着自己在异国他乡，一个人背着行囊去感受别样的风土人情。那种感觉一定特别棒！

在泰国我没能实现一个人游走的愿望，但是我们学校的校长给我安排了一系列的行程。刚去的第一个周末，担心我一个人会想家，他把我送去了另一个学校，那里的老师很热情地给我们策划了第一次泰国之旅。那空沙旺，这个地方，永远地刻在了我的记忆里。

那个周末恰逢佛诞节，我们身穿泰式服装，化着浓浓的彩妆，在泰国的大街上开始了第一次游行，我们是举头牌的，面对四面八方涌来的摄像头，我们既骄傲又兴奋，还过了把明星瘾。

后来，学校又给我安排了碧差汶府两天一夜游、大城府大象之旅、清迈和清莱五天游。还有各个老师私下带我去旅行，让我兴奋极了。其中，最让我难忘的要数清迈、清莱之旅了，我和校长、老师、司机四人同行，完成了清迈的旅行，我们便马不停蹄地赶往清莱，校长带我去参加了退休校长的晚会，见识了泰国最北端独具特色的传统。第二天，我们开车自助游，我终于来到了一直出现在书本中的湄公河畔，站在了金三角经济开发区，那一刻，感觉像做梦一般。而且，当我们在河畔吃饭的时候，校长用他那十分蹩脚的英语给我介绍着这里的历史，不过，我基本上一句也听不懂。后来他关切地问："Would you like some more rice（再来点米饭吗）?"我以为他在跟我说泰语，结果，他从手提包里面拿出一本 *English for Conversation*（《英语会话》）并指着书上的那句话告诉我，那一刻我很是感动。很难得，堂堂校长，为了与我沟通，文件包里竟然还放着这样一本书。一个 58 岁的老人，都能如此学习，试问我自己，又有什么理由找借口不学习呢?

经过了这一旅程，走过了大山大河，看过了不同的风土人情，当我们湛师来的实习生回国前最后一次相聚在芭提雅的时候，我感觉到了大家的成长。滔滔不绝的泰语，让我们不得不感慨这段看似不长的经历，潜移默化，我们竟然习得了另一种语言。这种力量是不是太神奇了呢？我为我们每一个人的成长而激动！

最后，用一句话来总结自己的这一段历程，成长中掺杂着泪水，泪水中充满了感动，感谢自己，感谢学校，感谢在泰国所遇到的人和事，我将永远珍藏这一段美好的回忆，带着这份勇敢，继续踏上未来的征途……

赴泰实习碎碎念

施俏因
（湛江师范学院人文学院对外汉语专业2010级学生）

初到泰国

2013年5月19日，漫长的等待过后，终于可以登机了，心情还是有点激动的，第一次坐飞机！飞机不大，座位很挤，想动一下都不容易。在起飞前赶紧打了个电话给家里，却没接通……起飞的时候还是挺好玩的，但是快要着陆时耳鸣得厉害，完全听不到声音了。

连续几天没怎么睡，坐在接我们去酒店的车上，我睡得很沉，都不知道什么时候到了酒店。凌晨五点半左右，我们在芭提雅入住酒店，酒店很不错。我第一次吃西式的早餐，好丰盛啊，胃口大开，还尝到了很多泰国菜，有几个特别好吃，但不知道名字，汤呈粥状，多种味道混在一起。他们最喜欢的酸辣汤，我觉得像是加了辣椒的药。我最爱的是最后一道甜品，椰汁精华里白白的椰肉混合着绿绿的西米和香甜的哈密瓜，椰香浓郁，特好吃！泰国人的餐桌，少不了冰水，不过还是少喝为好，吃热的再喝冰的，对胃不好。

第二天一大早起来在酒店吃完最后一顿丰盛的早餐后，各校的校长、老师便把我们接走了。方圆老师接我到素攀武里的Kannasoot Suksalai（堪那苏—素萨赖）学校，我和另外一位同学住的公寓很干净，环境很好，最喜欢门口富有泰国特色的景观，流水从重岩叠石上流下，澄澈的水中种着各种水草，旁边还冒出袅袅烟雾，流水落到一架传统的泰式水车上发出清脆的响声，水车在水流的冲击下旋转着，鱼儿们在清澈的水中嬉戏，岩石上还有各种可爱的小装饰，美！在这迷人的景观前，谁都会忍不住驻足观赏，老板也很人性化地在岩石池水前面加了椅子。

要去见校长和老师们，我和我的同学包装礼物到凌晨三点半，以作为第二天的见面礼。开心的是，见到了前不久去我们学校的老师和学生，他们都还记得我。见到他们，让我倍感亲切。

自己动手

大中午去购物，是泰国人的习惯。入乡随俗，我们中午顶着烈日，坐双条车去大购物。

这里是市中心，生活水平比较高，物价也高，巴掌大的毛巾也要 50 铢（约人民币 9 元）。但猪骨头却便宜得很，买了一斤左右的骨头才六七元人民币，瘦肉跟国内差不多。购物回来后，我们有了“正式”的小厨房啦！其实，就是把原来放电视的桌子腾空而已，电视就委屈一点放地上吧。

然而，煮东西的时候发生了惊险的事。刚煮不久，房间就出现了很多烟雾，而且有臭焦味，观察了好久都不知道是怎么回事。我见烟雾太大，想移到阳台外面煮，刚要拔插头却发现原来是插座被烧焦了。太危险了，幸好发现及时！虽然很惊险，但饭做好后我们还是吃得很满足。在这里，我们吃每顿饭都是在享受着自力更生的幸福，没有父母的贴心照顾，我们也能过得滋润，只是泰铢不耐用而已。

帕妮可的家

7 月 15 日这一天，终于有机会见识见识热带乡村风格了。本来这一天跟负责老师说要在四天假期的时候去象岛的，但出于安全考虑，学校不让我们去。同事帕妮可听说后就热情地邀请我们去她家——16 公里外的乡村。好激动！

真心感谢帕妮可！她知道我们自己煮饭，慷慨地给我们带来了米，还常问我们是否吃完了，说如果我们喜欢的话就再给我们带。米真的很香。她说，想让我们在这里生活得开开心心的，不希望我们不开心。听了好感动！

出发去帕妮可家，一路上看到的风景都很美。帕妮可买了很多吃的招待我们，有水果、玉米、甜品，光吃这些就得捧着肚子走路了。她说：“我不喜欢听到谁说饱了，我还要煮饭给你们吃。”盛情难却！帕妮可的家，典型的泰国传统庭院，绿树丛中，两座温馨别致的小木屋，前有田园后有花园，好幸福的生活。她家放着大水缸，用来接雨水，雨水是直接饮用的，每户乡村人家都有。随后，我们一人骑着一辆自行车，一路领略乡村风光。这里的天总是那么蓝，有朵朵白云点缀，即使雨前布满乌云，也还是那么美。傍晚时分的公路，蜿蜒、干净，也很安静，车很少，对着迎面扑来的风和大片绿绿的稻田大喊几声，好舒畅，不开心的事情都随风飘去了。不知骑了多远，停下来休息，迎着风拍个照留念！返程也很开心，好想再骑远一点，好想还可以再一次来这里。帕妮可真懂我们，说在我们回国之前再带我们去一次她家。

回到帕妮可家，她又带我们逛了她家的前庭后院，好美的乡村，好美的生活！帕妮可的儿子，是个有点腼腆的男孩，学习非常棒，得了学校奖学金，刚从美国回来没多久。晚饭之前吃得很饱，但一锅粗粮饭、两条大烤鱼、烤猪肉、荷包蛋、一篮生吃的菜还是很快被消灭了。饭后，还有香甜的芒果，太满足了！

然而我们“吃饱了还要兜着走”。香蕉、芒果以及没吃完的玉米、山竹被热情的帕妮可硬塞给我们，他们夫妇俩还开车送我们回到宿舍楼下。太感谢他们热情的招待了！

清莱开会

8 月 6 日至 8 日这三天，我们要去清莱开会。早上八点左右动身，和校长一起，开始了颠簸十几个小时的车程。跟校长近距离接触，发现校长原来那么和蔼、那么有活力。到了那空沙旺，他和几个校长朋友一起去打了几个小时的高尔夫，回来时依然精神饱满。校长打完高尔夫之后，还和其他校长又唱又笑的。我们这些年轻人却在路上一个劲儿地睡觉，在等待校长的几个小时里，我们去"睡"了一场电影，但还是很困。在泰国看电影，播放之前都会放一段国王的录像，然后唱国歌，足见他们对国王的尊敬和爱戴。我们一路睡到晚上七八点，离清莱还有好几个小时的车程，校长带我们去了一个不错的餐厅吃饭。吃完之后，继续赶路。虽然一路都在睡，但还是很累。曼谷时间凌晨三点多，我们才到达酒店。

第二天早上，洗漱完之后，穿上旗袍，才发现悄悄长出来的肉把旗袍塞得满满的！原来这两个多月我胖了不少。

吃完早餐，我们参观了开会的地点——清莱团结中学，不久校长叫司机大哥带我们去参观清莱的白庙。那个白庙，跟平常见到的金碧辉煌的寺庙不一样，它是银白色的，很漂亮，吸引了很多游客，其中很多都是中国人。在白庙，遇到了很多本次赴泰实习的伙伴。见了面，大家很激动。随后，到了一处金碧辉煌的地方，别人不说，我还真想不到它是厕所，太漂亮了！可惜还没能细细地欣赏一下白庙，就得走了，白庙没留下我的足迹，但我已来过。

开会了，终于可以见到所有的同学了。大家都很兴奋。这么久没见，难得一聚，想说的话太多了。会议的前半部分，都是领导们在讲话，全泰语，听不懂。不过有个主持人汉语很好，领导讲完后，他把重点梳理一番，给我们翻译成很顺畅的汉语。

团结中学为我们准备了茶点，在茶点会上，我们展示了两个月的教学成果。看了别人的展示，我觉得应好好向人家学习。茶点会还没结束，很多同学就走了，弄得主持人也有点尴尬，到了晚宴依然如此。不久，座位上越来越空，好多人陆续离开，有的去逛夜市，有的不知去哪里合影了。

不管怎样，我还是很喜欢这次的晚宴。接待方精心准备了泰国北部的传统饮食，四五个人围在一个精致的小竹篮餐桌前，席地而坐吃饭，很有意思。我很喜欢那道用鸡肉做的菜和冬菇豆腐汤，如果我有足够大的胃，还会再多吃点。也许，这就是来这里会长胖的原因——太多美食了。

一路走过来，在泰国收获了不少，这段有滋有味的生活经历，待我回去以后会慢慢回味。

在泰国的点滴回忆

张秀春

（湛江师范学院人文学院对外汉语专业2010级学生）

我一直都很喜欢一句话："如果不去尝试，你永远不知道前面等待你的是什么。"

最初的我，带着对泰国这个"微笑的国度"的无限憧憬、强烈的好奇和些许不安，既兴奋又犹豫地前行；四个月后的我，收获满满的感动和不舍回到祖国。在那里，我有初为人师的喜悦和困惑；在那里，我与异国友人结下了深厚的友谊；在那里，我被泰国这"微笑的国度"的独特文化深深吸引。我无悔，我为自己当初选择"赴泰"实习的决定而自豪，因为这是一段弥足珍贵的旅程，是一段值得我用一生去铭记和回味的经历。

泰国初印象

初到泰国，我印象最深的是，泰国似乎到处（家里、学校、饭店）都有冰块，泰国人无论是喝水还是喝饮料，都喜欢添加冰块，他们的冰水相当于我们的茶水一样普遍。泰国人总是面带微笑的，不愧被称为"微笑的国度"，不管是男女老少，熟悉的或是陌生的，通常一见面你就会见到一个笑脸，自从来到泰国，我更对此深信不疑。也许因为他们信仰佛教，有着一颗友好的、向善的心。泰国的交通与中国刚好相反，遵循左行的规则，电动车随处可见，而且男女老少似乎都会骑；泰国的高速公路不需要缴费，而且还有免费的火车可以乘坐，几乎没有长途大巴（旅游车除外），没有公交车，因此私家车比较普遍；泰国的房子大部分都不高，有钱人家的房子通常是小别墅；煮饭用的是矿泉水，家里洗澡没有热水，也许是气候炎热的缘故；这里的饭菜普遍都比较辣，比较甜，炒青菜总喜欢加点糖，在商场想买盐还是比较难找的。

特别值得一提的是泰国的佛教文化和泰国人对王室的无限尊敬。泰国是一个全民信教的国家，有佛教徒、基督教徒、伊斯兰教徒，但是大部分的泰国人信仰佛教，也许正是因为如此，这个被称为"微笑的国度"的佛教圣地，养育了一代代热情、友善的泰国人民。毫不夸张地说，寺庙几乎遍布泰国的各个角落，而且修建得很豪华；泰国的僧人也有着极高的社会地位，在路上，路人要给僧人让路，甚至在车站等一些公共场合，都设有僧人的专属座位。泰国人对王室尤其是对国王的崇拜和尊敬，是一种发自内心的深深的民族情感。在路边的大街小巷，随处可见国王和王后的画像；在泰国的家庭里，几乎每家每户都挂着国王和王后的画像；最让我感动的是，当泰国国歌响起的时候，无论正在做什么，泰国人都会自觉停下来，严肃站立，好像一切的活动都顷刻间停止了，只有待国歌停止，生活才又恢复正常状态。

“纸上得来终觉浅，绝知此事要躬行。”对泰国的最初认识，还是表面的感性了解，要想揭开泰国的神秘面纱，还需在实践中且行且思且感悟！

关于教学

在泰国实习的四个多月，我们的主要任务是汉语教学。

生活基本都安顿下来之后，正式的教学工作就要开始了。我所在的学校中文名叫韩涛学校（Harnthao Runsiphachasan School），位于南部博他仑府，有着宜人的气候，有美丽的海滩，还有各种美味的水果（如榴莲、山竹、红毛丹等）。学校有学生 1 500 多人，教师 70 多人。学校是隶属于教育部的公办学校，设有初中、高中部；同时初高中部又各分 3 个年级，每个年级各有 8 个班，每个班平均有 30 多人，其中 1、3、5、7 班学习汉语，2、4、6、8 班学习日语。汉语教学隶属于外语组。在外语组，有泰国籍英语教师 7 人，南非籍英语外教 1 人，日本籍日语外教 1 人，以及汉语实习生 2 人。因此，可以说，学校的外语师资力量还是比较雄厚的，对外语，尤其是汉语也是比较重视的。

我教的班级有初中、高一、高三，共 5 个年级 10 个班；我们课不算多，每周 10 节，每天 2 节，每班每周 1 节，每节 50 分钟。虽然学生都学过汉语（除了初一新生），但是水平参差不齐，大部分学生似乎只会“你好”“谢谢”“漂亮”“可爱”。每当我们走在校园里，都会听到学生在说“Teacher（老师），漂亮，可爱”之类的话，偶尔还会有那么一两个学生在喊“我爱你”，弄得我们十分不好意思。学校对汉语教学没有什么限制，没有提供教材，也没有教学大纲，教什么、怎么教，完全由我们自己决定。第一节课我让他们都各自上台用中文自我介绍并写下自己的昵称，因为他们的泰文名字太难记了。这样做一来想熟悉他们，二来想了解一下他们的汉语学习情况。可能是由于新鲜，出乎我意料的是，他们异常活泼，课堂吵闹，一个星期下来我的嗓子都快哑了。没有午休，第一个星期的中午特别困。

第二个星期开始，便得正式上课了。我们通常是早上八点前签到，下午四点放学，中午没有午休，有 50 分钟的吃饭和休息时间，没有课间休息，因此学生迟到现象异常普遍。结合第一周摸底的情况，我给初一、初二年级和高一（3）班学生选用的教材是初中版《体验汉语》，主要是汉语的拼音和简短句子的学习；高年级（初三、高一、高三）用的是《快乐汉语》，主要是简短对话的学习，因为他们之前已经学过了拼音。接着就是帮他们复印课本和一些田字格，因为他们都没有课本，学校有复印机，算是比较方便。

刚开始上课，语言不通，感觉比较吃力。我不懂泰语，他们不会英语，更不会汉语，有时候，我偶尔说出一两句不太标准的泰语，他们就哈哈大笑。在这些学生中，有很乖巧的，也有比较调皮的。对于调皮的学生，我喜欢走近他们，用眼睛注视他们，和他们闲聊几句，这样他们通常会害羞，然后安静下来。记得有一节课，上的是初一（7）班的课，我让他们抄写课文，有一个男生不但不写，反而老是和旁边的同学说话，不时敲敲桌子。我走过去笑着对他说：“你好！”他也对我说：“你好！”“为什么没写？”我用泰语问他。他有点害羞地拿出本子，写了起来。过了一会，我又转到他旁边，用泰语表扬他说：“写得很漂亮!”他腼腆地笑了。后来，我悄悄地看他，发现他一节课都听得很认真。通过这次经历，我总结出一条经验：多接触学生，走近他们，让他们感到自己被重视，这比单一地把知识灌输给他们更重要。

第三、四周，教学工作照常进行。由于课不多，我们的空余时间还是比较多的。教学之余，我喜欢和学生一起聊聊天，偶尔有些胆子比较大的学生会和我们一起照相，一开始是一两个，接着就一大群学生挤过来，摆出各种天真活泼的动作，然后用泰语问我：“老师，漂亮吗？帅吗?”在泰国的校园里，到处可以看到一种大大的亭子，刚开始我觉得很奇怪，后来老师告诉我那是专门给学生中午学习和休息的地方，因为他们中午都不回家。和他们一起聊天的时候，我也会让他们教我泰语（他们都很乐意），我教他们汉语，偶尔也会聊到中国的明星，可是他们似乎只认识成龙。在他们看来，与其说我是老师，还不如说是大姐姐更贴切些。

最近一次上课，看到433教室的墙上贴着这样一句话：“Sow the seeds for the future（播种未来)!”心里有种说不出的感觉。作为传播中华文化的使者，我既感到自己肩上担子的重量，同时也感到自己的渺小，只能对自己说：加油吧!

泰国的那些有趣的人和事

“读万卷书，行万里路。”除了日常的教学活动，我们也会抓住机会到外面走走看看，亲身感受泰国的美丽风光和风土人情。

泰北清莱之旅，我深深地为白庙的唯美艺术所吸引。白庙，一身洁白，给人一种神圣不可侵犯的肃静感，清澈的湖水映衬着洁白的庙宇；唯美的设计，可谓精心雕琢，就连洗手间也是金碧辉煌的!

8月16日，学校的马老师热情地邀请我们到她老家，参加了她外甥女的传统泰式婚礼，和她的家人度过了愉快的两天，这是我们第二次参加泰国婚礼。传统泰式婚礼，习俗繁多，与中国传统婚礼所不同的是泰式婚礼的宴席是设在新娘家，新郎新娘身穿传统泰式服装。新郎必须亲自去新娘家接亲，而且还必须带上一定的礼金，在僧人和双方父母的见证下，结成连理。结婚整个过程，包括接亲（男方接亲队伍载歌载舞，手捧花环、糖蔗、稻谷串，寓意幸福、甜蜜等)、男方过门、提交礼金等。这些程序，在上午完成。下午，新郎新娘换上洁白的礼服和婚纱，开始在宾客之间敬酒、回收礼品，接着便是合影留念。

再来说说我们学校的老师吧。我所在的学校不算很大，有80多位教师，1 500多个学生，其中我们外语部有11位外语老师。南非来的英语老师Lyston，很幽默，学生都很喜欢他，他说他喜欢每个人都开开心心的，所以他总是问“Are you happy（你开心吗)?”“Sure（确定)?”“Are you hungry（你饿吗)?”有时会让你哭笑不得。日本老师总能跟学生打成一片，偶尔会给学生耍个鬼脸。还有一个叫Kool的泰国老师，是一位慈祥的妈妈型教师，上班第一天，她就送给我们一支写白板的笔。她还告诉我们她有一个21岁的女儿在加拿大留学，当她说这话的时候，我们知道她心里是自豪的。还有一个资深的泰国英语老师，看起来50来岁的样子，很慈祥，很像我高三时的数学老师。当她知道我需要复印汉语课本的时候，她教我们怎样操作复印机，还主动帮我联系领导，最后还从书堆里帮我找了十几本课本，当时心里真的非常感激她。还有两位较年轻的女老师，时不时会带来一些早餐、甜点、水果之类的，让我感觉很幸福。

学生制作的花盘

上个周末，我们和一个高三的学生 Fon（我给她起的中文名叫“睿婕”），一起去了泰国南部最大的商场，在那里，我们看到一群孩子在一家麦当劳外画画。刚开始的时候，我们还在纳闷他们到底在干什么，只看到地上有一些颜料之类的东西。可是等我们转了一圈再回来的时候，一幅幅漂亮的油画已经完成了，我忍不住拿出相机拍了几张。发自内心地感叹，我好佩服泰国孩子的艺术天分。泰国学生的动手能力和音乐、绘画能力，真的让人惊叹！上周的拜师节，让我感受最深的是，老师是非常崇高神圣的职业！也许，在泰国做老师是幸福的。拜师节的隆重场面上，学生的艺术素养和审美能力确实让我佩服！当我看着一盆盆美丽的鲜花摆上桌子时心想：如果不是亲历了制作花盘的过程，我决不会相信那是学生自己用一个下午或一个晚上做出来的。

关于校运动会

在泰国的中小学，运动会似乎也是一件大事！

运动会持续时间长，比赛项目也比较单一。我所在的韩涛学校，运动会持续两周，共举办5天。第一周（周三、周四、周五）主要是校内不同队的比赛，学生组合分成红队、蓝队、黄队和粉红队，分别由初一到高三的学生组成；第二周（周四、周五）有小学生混合在一起比赛，学生热衷的是足球和排球，田径就只有赛跑，没有跳高、跳远等。

关于校运动会，值得一说的是开幕式和啦啦队。来泰国之前，就听师姐说泰国人对王室绝对忠诚，对国王和王后更是如此。开幕式，运动员进场，走在前排的学生会化妆成王后的模样，举着国王的头像，神情极其虔诚认真。开幕式这天，运动场格外热闹，学生载歌载舞，由于场面隆重，引来附近不少路人的围观和欢呼。说到啦啦队，可以说他们是狂热的，有鼓有歌有舞蹈，顶着大太阳还保持饱满的热情！运动员们都光着脚丫跑步，有一些小孩子，个子不高也跑得飞快！

学生啦啦队

不知道听了多少遍了，我依然很喜欢这首歌：“明天，你好！……长大以后，我只能奔跑，我多害怕黑暗中跌倒；明天你好，含着泪微笑，越美好，越害怕得到；每一次哭，又笑着奔跑，一边失去，一边在寻找，明天你好，声音多渺小，却提醒我，勇敢是什么……”历经不一样的精彩，收获一份泰国情谊，收获感动！

在这个过程中，我感谢自己的勇敢坚强，在异国他乡度过的四个多月，让自己成长；感谢一路走来，默默支持和帮助我们的老师和朋友们；感谢湛江师范学院国际交流合作处给我们提供这样出国实习的机会！未来的我，将携带这些温暖的回忆继续前行！

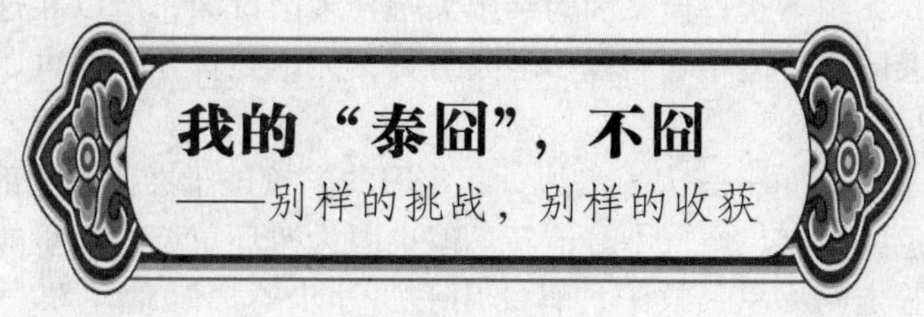

我的“泰囧”，不囧

——别样的挑战，别样的收获

董海芹
（湛江师范学院人文学院对外汉语专业2011级学生）

2013年5月20日，我带着对外汉语教师的梦想，登上飞往泰国的飞机，开始了为期四个月的对外汉语教学实习生活。21年的成长岁月，虽然父母和学校的教育把我培养成了一个独立性很强的女生，但我也难以抑制内心的不安，毕竟这是我第一次踏入一个陌生的国度，一个文化风俗习惯和中国大相径庭的国度。在这里，我将面对陌生的面孔、陌生的环境、陌生的语言，更重要的是我要学会承担初为人师的责任，学会对自己负责、对学生负责、对学校负责、对自己的国家负责。

生活“泰”体验

生活，不管你身处何处，都是必须解决的第一大问题。踏上泰国土地的第一天，我们就接受了一系列的考验：国内电话卡无法通信，与亲人和同行伙伴失去联系；语言不通，英语发挥不了作用，只能“相看两不厌”；连夜赶路，先是赶飞机，后是赶夜车，身心疲惫到极点；信息上传下达不通畅，计划赶不上变化，六神无主……一切的一切，种种的种种，归结起来就是，我们是身在异乡的中国人，我们变成泰国人眼中的“老外”了！

生活“泰”体验第一重——“泰”美食。泰国的饮食方式和中国有小同，但也有大异，可以说泰国的饮食有融合五大洲之势，中餐、西餐、日餐、韩餐……多国的饮食习惯在泰国都有体现，一顿饭下来，刀叉、筷子、勺子、碗碟齐齐上阵是常有的事。因为往往这道菜要用筷子，下一道菜则要用叉子。另外泰国人吃饭的场面很热闹，因为泰国人都很喜欢拼菜。吃饭的时候，大家各自带一些菜，放到席上，然后围席而坐，边聊边吃，其乐融融！泰国的“名菜”之一就是手抓饭，饭是糯米饭，但和我们在国内吃的糯米饭不一样，这里的糯米饭不黏手，抓一团糯米饭在手里揉揉，和木瓜沙拉、烤鸡或烤鱼肉一起吃，别有一番风味！刚来的时候是真的很不适应这种吃法，而且从心底抗拒，但慢慢习惯了就没事了，现在还有点喜欢上吃手抓饭，因为真的很好吃。此外，泰国的市场很多，早市、夜市、水上市场、火车道市场，光是听就迫不及待想去逛了！我每次逛完都是满载而归，市场上有各类手工艺品，更令人欣喜的是很多美味可口的泰国小吃都可以在这里“觅”到——烤鱿鱼、鱼米线、酸辣虾……总的来说，泰国美食很多，虽然泰国人都比较

重口味，大酸大咸，无辣不欢，但又因为泰国菜融合多国口味，所以在这里总能找到适合自己胃口的菜……泰国的路边小吃店几乎随处可见，无论到哪儿，都可以轻松找到一个路边摊，然后坐下来尽情地吃！

生活“泰”体验第二重——人虫大战。我实习的学校位于泰国东北部的莫拉限府，这是一个处处可见绿色的城市，空气十分清新。但也因为树环草绕，这里的昆虫特别多，以至于防不胜防。不管走到哪里，蚊子、蚂蚁几乎“寸步不离”地“跟”着你。尽管来之前做足了防蚊功课，但这里的蚂蚁和蚊子毒性很强，被咬后轻者奇痒难忍，重者皮肤溃烂。记得刚来的第一个月，我的皮肤就被咬起了很多小水泡，后来尝试了很多不同的药膏才有好转。防蚊，是我在泰国难以逾越的“囧”！

生活“泰”体验第三重——住、行。在泰国，到处可见小巧玲珑的两层小木屋，这些木屋的颜色因主人的喜好而异，各种颜色的房子在绿色的映衬下，甚是好看。近年来，随着经济的发展以及木料的减少，在泰国建木房子的成本也有所增高，水泥建筑的小洋房在泰国也日渐增多，与小木屋交相辉映。除此之外，家家户户基本都建有小车库，出行基本上是小汽车，小汽车是常见的交通工具，摩托车次之。除了曼谷等大城市外，公交车是很少见的，小城市随处可见的是“摩的”。我的学校离市区较远，平日里也没有“摩的”，出去都得麻烦其他老师开车接送。但泰国的老师都很热情，也很乐意开车载我出去转。每次他们开车带我出去，我都能欣赏沿途的美丽风光，并在他们的介绍下，更深切地感受到泰国文化。

生活“泰”体验第四重——7 - 11 便利店。几乎每一个加油站或大超市旁都有 7 - 11 便利店，规模大小不等，但商品种类很丰富，日常生活必需品在那都可以置备齐全。第一天到达泰国时，电话卡、牙膏、牙刷等生活必需品都是在 7 - 11 买齐的。由于泰国人特别喜欢中国、韩国、日本，所以我们经常能在商品上看到这三国的语言，也会看到很多来自这三国的物品。

生活“泰”体验最后一重——厕所干净别致。相信在国内的朋友谈论到咱们的厕所时，都不免皱一下鼻子。从曼谷到芭提雅再到莫拉限府，一路上，几乎所到之处，厕所都很干净，而且没有异味。有些地方的厕所还装有洗澡用的花洒（泰国天气普遍闷热，这个应该和当地的气候有关），供人洗澡。最让我难以置信的是在清莱白庙旁的“黄金厕所”，整个厕所有两层楼高，金色的装饰，华丽霸气，如果不是亲眼所见，亲身感受，没有人相信它是厕所。

文化“泰”体验

泰国，真的是个不折不扣的佛教国度。所到之处，处处可见寺庙。寺庙规模之雄伟、壮观，也是无可比拟的。所以泰国有很多著名的旅游景点都是寺庙，如玉佛寺、金佛寺、卧佛寺等。细心的人会发现，每座寺庙都有其标志性的佛像，佛像有各种不同的形态，星期一到星期日都有不同的佛像代表。我学校附近的寺庙就供奉着代表星期二的卧佛——一尊很长的侧卧着的佛像。每逢盛大的节日，泰国人就会穿上白色的衣服，齐聚在寺庙中诵经祈福，男女诵经的姿势不同。诵经祈福完毕，则会集体向和尚献上食物和礼物（礼物在各大超市和商店都可以买到，包装精致，里面有布料、供佛用品、药品等）。食物一般是和尚先吃完，然后佛徒们才接着吃。在泰国，每天清早，每个乡都有和尚挎着篮子“化缘”，信徒们已早早在门前等候，恭敬地献上食物。在泰国，女性不能与和尚有肢体的接触，有东西要交给和尚，需转交给身旁的男子传递。如果身旁没有男子，和尚则会用他的衣服盛着接过。

此外就是泰国的“七彩”文化，从星期天到星期一，每天都有其固定的幸运色彩，由此泰国人民喜欢用各种颜色来做装饰。刚开始我不了解这一文化，只知道泰国人喜欢花花绿绿的东西，后来和学校的老师去一寺庙游玩时，她问我生日是星期几，然后挑了代表星期二的粉红色佛像项链送给我。由此我知道泰国人为何如此喜欢花花绿绿的东西了，原来每个人的幸运颜色不同，每个颜色都是幸运的代表，并守护着每一个泰国人。

泰国，微笑之国。泰国人见面时要脸带微笑，各自在胸前合十相互致意。双掌合十，放在胸额之间，这是见面礼，相当于握手，双手举得越高，表示尊敬程度越深。平民百姓见国王双手要举过头顶，小辈见长辈要双手举至前额，平辈相见举到鼻子以下。长辈对小辈还礼举到胸前，手部不应高过前胸。地位较低或年纪较轻者应先合十致意。别人向你合十，你必须还礼，否则就是失礼。合十时要稍稍低头，口说“萨瓦迪卡”。双方合十致礼后就不必再握手。在泰国，微笑可以使很多问题迎刃而解！刚来时语言不通，就是用微笑一路走来的。所以尽管和这里的师生语言不通，但是他们还是很喜欢和我聊天，因为我自己也常常跑去“粘”他们！一个人太孤单了，所以哪里人多我就往哪跑。跑多了，这里的人和物就渐渐熟悉了，日子就过得顺畅多了。

泰国，教师备受尊敬。学生进老师办公室要脱鞋，而且要跪着在老师面前经过，在路上遇到老师，学生们也要停下来双手合十并微微弯腰，以示对老师的尊敬。刚开始，我真的很不适应这种“跪拜”，但泰国的老师说，你要慢慢适应，因为这是我们泰国的“师生文化”。后来我也觉得这是需要的，因为这是泰国文化的一种体现，这里的学生大都很调皮，如果没了这套礼仪，可能真的很难看到他们乖的一面。

学生跪拜老师

教育“泰”体验

泰国，别样的教育模式。在泰国实习的时间是四个月，但实际上，上课的时间也就只有两个多月，因为几乎有两个多月的上课时间都被各种各样形形色色的节日活动给占去。六月份有拜师节，七月份有佛教节日，八月份有母亲节、科技节、泰语节，然后还有全体老师必须参与政府安排的为期五天的佛教活动。这些活动加起来，上课时间就没了一大半。而且，逢节日的前几天或前一个星期，学校每节课的时间就会由原来的 50 分钟压缩

为40分钟，每天腾出一节课的时间给师生准备活动所需的相关物品，这在中国应该是很难想象的。像泰国学校这样放假，人会变懒，教学计划也不好制订。

泰国学校的上课时间很少，但这并不意味着学生的学习成绩就不好。相反，正是各种形形色色的活动，提高了学生的动手能力和知识运用能力。几乎每次重要节日，我看到的都是学生们忙碌的身影，老师只是负责下达命令及最后的验收，几乎不参与活动的任何筹备工作。这让我不得不惊叹泰国学生的执行能力和动手能力。一个活动下来，从会场布置到活动所需的各种大小相关物品或展品，都是学生们亲力亲为完成，这在中国同样是难以想象的！和我关系很好的泰国老师曾对我说："泰国学生的动手能力虽强，但考场上笔杆子比不过中国学生！而且在泰国往往也是'一纸一笔一考'试人才，所以动手能力强不一定能找到好工作！"一语中的啊，这是中泰教育者该共同思考的问题！

比赛与培训

泰国的科目体系设置真正落实到了"学而时'用'之，不亦说乎"。在我实习的万艾中学，学校开设烹饪课和传统手工艺课。在烹饪课上，学生可以学到很多传统和现代菜的烹饪方法，做出来的菜可谓色、香、味俱全！晚上去市场，经常可以看到学生亲手做一些小点心在卖，味道真的很不错。传统手工艺课上，则常常可以看到，老师教学生用废弃的易拉罐、塑料罐、雪糕棒、纸皮做出的栩栩如生的手工艺品。虽然中国也有美术课，也有音乐课，但这在很多学校都只是形式上的设置，学生们学到的也大都是"纸上谈兵"之技。我所在的莫拉限府，每年都有学生的唱歌、跳舞、手工、科学、数学、英语、中文等比赛，种类丰富，这给学生提供了一个充分展示自我的舞台。比赛赛场设在各大学，学生提前报名，比赛当天学生只需随老师前往所要比拼的才艺现场，即可进行比赛！

泰国很注重教学经验的交流与切磋，同时也很注重教师技能的提高。以五年为期限，教师必须通过一系列的技能考试，否则将失去教师资格，不能继续从教。在泰国的四个月，几乎每个月都有不同科目的老师出差，大都是去参加该科目的教学经验交流会，或者是教学技能的培训。我曾经与学校的老师一起参加了 EIS 项目（English for Non-English speaking teachers using English as a medium of teaching techniques for Thai secondary school），时间是7月27日至29日，为期三天。第一天是有趣的英语培训（培训师由英语外教和泰国英语老师共同组成），第二天是不同科目的小组讨论，第三天则是教学技能展示（教师用英语来上课）。在这次活动中，我深深感受到英语在泰国的影响之深。虽然近年来，汉语在泰国的影响力逐渐扩大，但还是远远比不上英语。所以，对外汉语教师任重道远啊！

教学"泰"体验

最后就是本次实习的重头戏——教学，办这么多手续出国，为的就是这次异国他乡的对外汉语教学实践。我当初作出这一选择，鼓足了十分的勇气，毕竟我还没读完大二，出来实习，很多人都觉得太稚嫩了。而我自己也认为，我所掌握的知识还不足以应付挑战。但机会难得，而且老师也鼓励我，因此我勇敢地抓住了这次机会，勇敢地迎接挑战。

我所在的万艾中学有初一到高三六个年级，共 15 个班。而我就负责全校 451 名学生的汉语教学。学生汉语学得好与坏，紧紧系在我身上，所以压力很大。第一天给学生们上课，可谓状态百出，第一个固然还是语言障碍，除此之外就是中泰不同的课堂教学制度。虽然来之前对泰国的教学方式有所了解，但毕竟都是“纸上谈兵”的了解，而现在脚踏在这块土地上的实践才可谓是“真刀真枪”的体验。泰国的老师大都是坐着上课的，每个教室都有为老师专门配置的座椅（这在国内不常见），老师既可以坐着上课，也可以站着上课。之所以感触这么深，是因为我的一位老师曾在课堂上调侃说：“都说人人平等，老师怎么不能像学生一样坐着上课……”对此现象，用个比较幽默的说法就是：相比泰国学生空空如也的书桌，中国的学生的桌子除了抽屉里堆满了书，桌面亦是书山一座，尽管中国老师已经站在比教室高一阶的讲台上上课，但如果老师不站着上课，又怎么看得见全部的学生呢？泰国学生的学习是很轻松的，没有中国学生那么重的负担。中国的学生放眼望去没有几个是不戴眼镜的，但我所在的万艾中学，找不到一个戴眼镜的学生。

泰语课堂

泰国中学的每个科目都有固定的教室，学生到上课的时间就去固定的科目教室上课，可以说和中国大学的课制十分相似。但也有很大的不同，泰国学生从早上八点到校，下午四点离校，八点到八点半为升国旗和唱佛歌祈福的时间，风雨不变。中午十二点到一点为午饭时间，其他时间为上课时间。泰国一节课是 50 分钟，而且没有课间休息时间，也没有午睡时间。从一天紧凑的时间安排来看，泰国的学生似乎很累，但实际却不然。泰国学生在课堂上很自由，吃东西、睡觉、随意走动，都是见怪不怪的课堂动作。所以刚开始要花很大的耐心和努力才能让学生遵守我所制定的课堂规矩，从而使我的汉语课顺利地进行。

泰国学校的节日活动实在是太多了，所以第一个月全校 15 个班的汉语教学进度一样，但到第二个月就完全不一样了。如果不认真作教学记录，那教学计划就无法顺利进行了。遇到这种情况，泰国老师有时也只能莞尔一笑，他们也不想搞那么多活动，但却无法避免，所以他们只能“寓教于乐”了。但在寓教于乐的同时，他们教会了学生更好地传承传统文化，并将传统文化发扬光大。近年来，我国人民的传统节日观念日渐淡薄，中秋、端午等传统节日的意义于我们而言更多的是放假、旅游、睡觉。这不得不引起我们的深思。或许我们中国的教育也需要一点“寓教于乐”，这样我们的传统文化及传统精神能得到更好的传承。

最后，就是最深刻的汉语执教体验了。泰国的学生一向自由惯了，第一节汉语课是很听话地待在教室，但第二节课后就很不听话了，要他们像中国学生一样乖乖地坐在教室听课，难啊！所以泰国老师经常开教学技能交流会也有这方面的原因。面对调皮的泰国学生，课堂不生动、没有趣，教学活动是无法进行的。因此，如果我们对外汉语老师对泰国学生采取“填鸭式”的教学方式，一节课下来，学生将会“无影无踪”，无处可觅。因此在这次教学实习中，我备课时最大的难处就是如何将教学内容融贯在游戏中，有时绞尽脑汁也想不出一个好游戏！此时我在学校所学的知识往往能帮上大忙，因为在学校学到的很多知识都可以运用到实践上，尤其是张鲁昌老师的对外汉语教学法。很多无从下手的教学内容一旦串上了合适的教学法，教起来就得心应手了！但有一点理论曾让我很矛盾——在对外汉语的课堂上，能用汉语解决的一定不能用其他语言，我是很相信这点理论的。但在开始的时候，学生们听不懂汉语，因此课堂上，泰语就成了我和学生沟通的重要工具，一节课下来我说的泰语要比汉语多。直到现在，四个月即将过去了，我还是得更多地借助泰语来使我的课堂顺利进行。这让我自己很受挫。如果在一开始我能好好地坚持这原则，那在课堂上我的学生至少已经可以听懂简单的汉语指令了，但我却没有坚持！这将是我在这次实践中最大的遗憾，也将是我今后继续努力的方向。

汉语课堂上，学生普遍叫苦的是：汉字难写、难认、难记！而这也确实是汉语教学的瓶颈，为此我采用的方法是先激起学生对汉字的兴趣，如通过剪纸教学，将汉字与学生的动手能力结合在一起；或者通过播放视频，如一些简单的象形字的演变等激起学生的认知欲望。通过这些教学方法，学生的学习兴趣确实有很大的提高，但有时有趣的教学方法绞尽脑汁也想不出来，所以我们平时一定要留心生活，广泛涉猎。

此次课堂教学上，没有很大的创新，但我体会到，在泰国教汉语，如果没有生动有趣的教学方法，那么一节课下来，你的学生将会所剩无几。而我也不能不更深一层地想到：哪里的课堂不需要生动有趣呢？此次泰国之行，让我明白了：当教师的确不容易。以前只觉得当老师是一个职业选择，现在我明白了，教师更是一份责任！如果不能体会到这点，就很可能误人子弟。一名优秀的教师，如果想给学生一杯水，那么自身必须有满满的一桶水，而且能因材施教，授学生以渔而不仅仅是授之以鱼。

最后，感谢学校给了我这次实习机会。这次实习让我收获良多，也让我更加珍惜剩下的两年大学光阴，我会好好利用时间，更好地发展自己。

“囧囧”有神的生活

邓玉诗

（湛江师范学院人文学院对外汉语专业2011级学生）

2013年6月，我到泰国颂岩中学教汉语。经过四个多月，泰国实习已经接近尾声了，回想起刚来泰国的日子，我发现我真的很囧。

我是老师

我上班的第一天，穿的是一件白衬衫，一条职业裙子，但是，那天好多老师都说，我看起来很像学生！第二天，我换了长裙，就是那种我们常见的纱裙，但是，纱裙有点透，泰国老师跟我说，裙子有点透啊，让学生看见影响不好，而这裙子还是我听说泰国女老师要穿过膝的长裙特意去买的。我们学校对于老师的服装要求，并不那么严格，但衣服、裙子不能太透，衣服可以没有领子，但必须要有袖子，同时，不能穿T恤衫。泰国的老师有几天是有特殊着装要求的，但是平时，我很少看到有老师穿职业正装。在泰国卖衣服的地方不少，而且相对于国内来说，泰国的衣服还是挺便宜的。

化妆品，这是我们为泰国实习做准备的支出中，花费较多的一项了吧。因为很多学校要求化妆，因而很多同学在赴泰前，都会去买一些化妆品。泰国的化妆品还是挺便宜的，在国内买了带过去用，就显得不怎么划算了。虽然学校有化妆的要求，但是也不用化得很精致，我觉得补水、防晒、涂点BB霜，已经足够了。在泰国无论男女，对于打扮都很有心得，实在无从下手的时候，你可以向他们请教，我就见过男学生给女学生指导化妆的。

学校已有两位中文老师，来之前，我觉得学生都学过一些中文，水平也不会差到哪儿去。上课之后，我才发现我过高地估计了学生的水平。尽管他们或多或少接触过几年中文，但是声母表和韵母表放在他们面前，每个班不超过两个人能读得出来。至于拼读，在我把声母和韵母读了出来，再让他们去拼的话，他们只有一半的人能拼出来。那两位中文老师就一直辅助我的教学，给我当翻译。泰国的学生有点懒，布置作业的话，在下课铃响了之后，哪怕没完成，他们也会交上来，而不肯晚上回家做。我甚至还收过好几本空白的作业本。那一刻，我真的不知道该哭还是该笑。全校都有中文课，但不要求学生考核中文成绩，也不把中文算入他们的成绩中。很多学生对学习中文一点兴趣都没有，想来就来，想走就走，一点都不在意，因为他们根本就不用担心自己的中文成绩。有时候我觉得教得很累，他们不想学，但是学校又逼他们学。我有好几个学生，泰语还不怎么会写，英语不会说，中文不会说，但是他们还是要来上中文课。有时候，看着他们把我写在黑板上的内容抄下来，但是一个个都不知道怎么读，不知道是什么意思，我心里真不是滋味。

我跟学校里的一个英语老师和图书管理员一起住，我们住在一幢很有特色的木房子里。这里的窗子都会有一层纱窗，因此开了窗户都不用担心蚊子。但是这里会有手臂那么长的壁虎，我第一次看到时吓了一跳。当初他们问我怕不怕壁虎的时候，我还以为是我们常见的那种小壁虎呢。我住的地方比较偏僻，没有网络。附近一带都是木房子，想串门又不知道他们在说什么，因为没几个人会英语。后来我买了个无线网卡，网费很贵。在泰国的空闲时间还是可以用来学习新东西的，比如绣十字绣、织中国结、剪纸，完成了还能当礼物送人。

泰国的教师节

6 月 13 日，是泰国的教师节。但是我们学校很特殊，在 6 月 20 日那天才庆祝。阿 Joe 告诉我说，以前颂岩中学的教师节也在 6 月 13 日的，但是后来改在了 6 月 20 号。在中国的时候，我就听说了泰国的教师节很有特色，再加上同来泰国的同学都觉得教师节很特别，很值得参与，因而我一直都很期待 6 月 20 日的到来。

从月初开始，我就经常看到学生聚在一起，为庆典作准备。6 月 19 日，星期三，本来我有五节课，但是那天我就上了三节课，因为很多学生都去准备他们班要献给老师的“捧花”。我在中午吃饭的时候去看，发现学生的手都好巧，无论男女都能做针线，而且还做得很好。他们的“捧花”从材料到装饰都是自己做的，没有一样是买的成品。我还看到一个女生拿着小刀雕刻南瓜呢。下午两点开始，学校就不上课了，让学生和老师一起去布置会场。

到了教师节当天，我就看到很多学生拿着小花束，当时我还不知道是干什么用的呢，但是不久我就知道了。在八点左右，我到了会场，看到学生们做的“捧花”都很整齐地放在桌子上，供大家欣赏。刚开始的时候，我以为所有的老师都要坐在主席台上，后来发现不是。能够坐在主席台上的老师，还不到 20 位。可能因为是外国老师吧，我很幸运地能坐在主席台上面，有“一览众山小”的感觉。九点左右仪式开始了，首先是校长在摆着国王和王后相片的桌子上，点上蜡烛。然后所有的师生为国王祈福。等到校长就座之后，每个班的学生代表就要拿着他们班做的“捧花”上来了。他们先在国王和王后的照片面前跪拜，之后，跪着走到老师们的前面，把“捧花”摆到一边，然后开始向老师们跪拜，接着就呈上他们班做的“捧花”给老师。老师接着把“捧花”以传递的方式传下去，让学生重新摆放好。每轮大概有三五个班代表给老师们行跪拜礼。

等所有的“捧花”都献完之后，主席台上的老师，都会走下主席台，到了台下的一整排椅子上就座。然后就会有学生给老师拿一扎白色细线，让老师给学生系在右手上。学生就会以班为单位，向老师跪拜。旁边的老师告诉我，在学生给我跪拜的时候，我应该拍拍学生的头或者肩膀，这代表着你在告诉学生：“你是个好孩子，你也会是个好学生。”因为在出国前，看过一些资料说，泰国人很反感别人碰他们的头，因而就算旁边的老师说可以拍他们的头，我也没那么做，只是拍拍学生的肩膀而已。这时候，学生拿着的小花束向我跪拜，原来这些小花束是在跪拜之后拿来送给老师的。如果学生送的花束里有香的话，他们会先抽出来。献花后，如果学生还在等待，就说明那个学生想让你在他的手腕上系上白色细线。泰国老师告诉我，这些细线代表着老师对学生的美好祝愿。有时候学生会一生珍藏，付老师告诉我，她今天也戴着以前老师给她系的白色细线，因为她永远记得老师对她的帮助和关爱。我看到了很多学生对于他们老师的尊敬与喜爱，不时会有几个眼睛红红的学生，抱着他们喜欢的老师，表达他们对于老师的喜爱和尊敬。泰国的教师节很注重心意，而不看礼物是否贵重。他们给老师送的，都是一些花串和花束，没有别的贵重物品。

等所有的学生都跪拜完之后，老师们就可以坐到一边，不用集体坐在一起了。这时，校长走到台上，给家庭有困难的学生分发学校的资助。这些家庭有困难的学生，由他们的班主任多天家访后确定。阿 Joe 也是一个班的班主任，她告诉我，她的班里有 30 个学生，她每天去两三个学生的家里了解情况，然后再确定名额上交给学校，再由学校出面给这些家庭有困难的学生一点资助。

接着，学生们就会在喜欢的老师面前排队，等待喜欢的那个老师给他们系上白色细线。因为学生比较多，所以很多老师的白色细线都不够给学生系，因而我看到很多学生都是自带细线让老师给他们系。而我教的那些学生，大部分都过来让我给他们系上祝福的细线，而且他们都会用中文和泰文对我说“谢谢”，很可爱的一群孩子。在教师节的当天，学校还会给老师和学生提供一些小点心，还有一种据说用花做的饮品，酸酸的，很好喝。

在十一点左右，教师节仪式就算是完全结束了。下午的活动就不是全校参与的了。

阿 Joe 还告诉我，下午是六年级欢迎一年级和五年级欢迎四年级的活动，由学生自己组织和准备，学校并不管。我一到楼下，就感受到他们的那种开心，是那种发自内心的投入。而且他们的脸上都是被师兄师姐们抹上的有颜色的果酱，衣服也被沾上了，但是他们并不介意。活动结束的时候，他们都会很诚心地跟师兄师姐们说“谢谢”。我曾看到一个班的学生，在地上排成一排玩游戏，然后一个高年级的学生在旁边走着，毫无预料地突然把装有果酱的气球弄破，也看到他们毫无顾忌地在草地上打滚。因为他们衣服上和脸上都是果酱，所以打滚过后，衣服特别脏，但是他们的大笑声让我们感受到了他们发自内心的开心。

旁观葬礼

我曾经远距离地参加了一个泰国的葬礼，提起葬礼，我们总是能想到这样一个画面：庄严肃穆，呜咽声声，充满着悲伤的气息。但在泰国，葬礼却完全不同。七月初，我住的地方附近有人去世了，因而我从远处体会了一场泰国的葬礼。在泰国，过世者一般会在寺庙停棺三至七天才去送葬。我的邻居停了七天。一天晚上，我突然听到一阵音乐声，有点快乐的音乐。同住的那位老师告诉我，这是泰国的哀乐，是死者所属的寺庙放的音乐，表示哀悼会开始。泰国的哀悼会在晚上举行，一般连续几个晚上。附近的邻居可以去寺庙吊唁，必须穿黑色的衣服。

音乐声从六点持续到十一点。我问同住的老师，为什么哀乐听起来并不忧伤。她告诉我，在泰国人眼中，死亡并不是一件很让人伤心的事，他们认为死亡只不过是去了另一个世界，等待新生而已。泰国的葬礼会在寺庙举行，因而泰国的寺庙比其他国家显得多很多，还有很多活动在寺庙举行，葬礼只是其中一个。

星期天下午一点，邻居把死者送去火葬。火葬是泰国传统的殡葬形式。两个僧人拿着一个钵在前面引路，后面跟着穿黑衣送葬的人，排成两排，手里抓住绳子，绳子有两根，两端由两排送葬人的第一个和最后一个拿着。然后才是棺木。在经过我住的房子时，我发现那位死者的棺木很大，看起来就像一座金黄色的房子，显得非常华丽。棺木后面是一辆汽车，上面放着音乐。在泰国，你不需要用眼泪去表达你的伤心，因为他们认为，伤心是自己的，不需要外露给别人看。在吊唁会上，他们需要用笑容去送死者，祝愿他早日迎接新生。

马车王国的鸡公碗

我实习的地方，是被称为“马车王国”的泰国南邦府。南邦虽然以马车为名，但却以公鸡为标志。因为在南邦，你总是能看到公鸡的雕像，而这源自于一个古老的产业——鸡公碗。鸡公碗，在民国时期销往半个亚洲，而现在鸡公碗在中国并不常见了。但是在泰国，家家户户都在用鸡公碗，而且质量不错，价格不贵。努伊老师告诉我，在泰国 5 铢、10 铢就能买到鸡公碗，很便宜。在南邦的夜市上，我看到鸡公碗博物馆做的小礼品，很感兴趣。所以努伊老师就在 7 月 28 日这天带我去了鸡公碗博物馆。

1911 年，陈新如带着他的技术来到泰国南邦府。他在清迈发现了陶土，开始了他在泰国制作鸡公碗的生活。每天，他骑着自行车从清迈带回原材料在南邦加工成鸡公碗。刚开始，他的作坊只有四个人，每天生产的碗也就几百个，而现在却是成千上万个。虽然那个博物馆很大，但工人却不是很多，因为现在的机械成熟了，但有一点他们始终坚持——用手工画鸡公图案。博物馆的时空长廊有一个展柜，展示从 1911 年到现在生产的鸡公碗。虽然看起来很像，但是细看，每一年的鸡公碗都在改变、进步。有个展柜上放着放大镜，参观者通过放大镜，才能看到展览的鸡公碗。里面的鸡公碗，直径比米粒小，但是我们却可以清楚地看到，那个在碗上面的公鸡，十分精致。

鸡公碗博物馆里生产的不只是鸡公碗，还有很多陶瓷制品。例如陶瓷花瓶、陶瓷风铃，甚至还有装沐浴露的瓶子。同时，我也看到各式各样的图案，从刚开始的鸡公，到一些普通的叶子勾勒出的花纹，还有传统的泰国图案，很特别。有一套泰国传统香案，获过国际奖。

公鸡能作为南邦府的标志，并不是全是因为鸡公碗多么热销，更大的原因是公司做的善事让南邦人觉得自豪。鸡公碗博物馆每年从盈利中抽出一部分去救助泰国的大象，还兴建了许多寺庙，做了许多慈善事。在获得泰国人认同的同时，它也在不断地扩大影响力。

留学泰国的日子

2005年暑假，湛江师范学院与泰国皇家理工大学对等交流的项目正式启动，双方每年在各自的暑假中派出等量的交换生到对方学校学习两个月，互免学费和住宿费。学院派出的学生数量，从原来的6人增加到现在的12人，绝大多数来自人文学院对外汉语专业班。共已交流9次，互派学生达90多名。

湛江师范学院派到泰国的学生主要学习泰语、泰国舞蹈和雕刻等课程，并辅助该校汉语教师辅导泰国中文系学生。时间虽然短，但他们不仅增长了知识，了解了泰国的文化，还对专业学习有了更深一层的感悟。我们选取了近几年交换学生的泰国见闻，希望为以后进一步合作交流、为学生更好地提升跨文化交际能力提供经验参考。

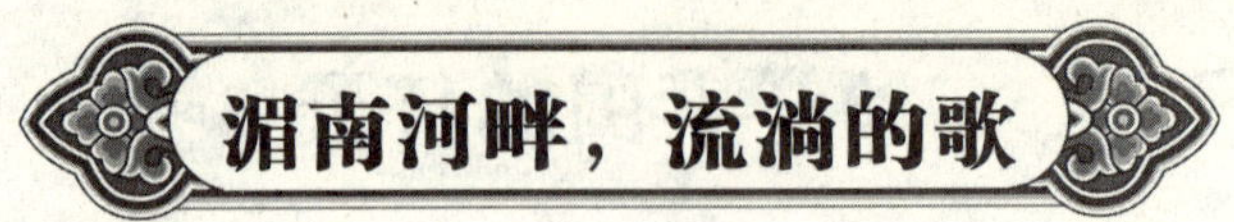

湄南河畔，流淌的歌

陈 靖
（湛江师范学院人文学院对外汉语专业2008级学生）

那事，书写人生的轨迹

赴泰学习交流的机会，是人生一种难得的际遇。从选择赴泰到从泰国归来，这一路走来，其间我们所收获的不仅仅是到异国学习交流的阅历，还有心灵和思维在更高层次的领悟。这段经历，对每一个赴泰交流的人而言，都是受益匪浅的。

泰国这个被称为“微笑国度”的国家，我们从陌生到熟悉，从熟悉到喜欢，在两个月的时间里慢慢地完成了华丽的转身，留给我们的是一生中珍贵的回忆。

在泰国学习交流的两个月里，最初，我们用好奇的眼光去看待身边陌生的一切，而后，我们逐渐接受了泰国生活方式的同时也被泰国的生活接受。我们不断虚心学习泰语、领略异国的风景、体验泰国的风俗习惯以及品位泰国的传统文化和现代文化，我们用心去感受泰国文化的韵味，这一过程在体验和思考的火花中充满了价值的闪光点。

在泰国皇家理工大学的两个月里，学习是我们的主旋律。我们都很珍惜这样在异国学习不同语言和文化的机会。在泰语、雕刻、陶艺、泰国舞蹈、泰国文化等课程里，我们入乡随俗，跟随老师们一起去领略泰国文化的精髓，去聆听另一个国度的声音，每一门课程都有独特的魅力，每当我们穿上校服按泰国的上课时间在教室里听老师讲课的时候，总有一种亲切感。

在学校给我们安排的学习课程之余，我每天都习惯到图书馆去阅读《时代周刊》《新闻周刊》《哈佛商业评论》等全英文杂志，尝试站在异国的角度去了解和领悟外国人看待中国的视角，尝试通过不同的方式更深切和清晰地开阔自己的国际视野，尝试进一步培养自己的思维广度。

泰国皇家理工大学的副校长Suxi老师、林老师和黄老师待我们细致周到，每到周末或节日，他们总会带我们去参观和游览泰国具有历史和独特文化韵味的地方，如大皇宫、金山寺、水上市场、博物馆、古城、大城等。我们在参观和游览的同时，不仅体验到了泰国的风土人情，也在那些建筑和风景里读出了泰国的传统文化和元素。

对外教学实习，是此行重要的一部分。国际交流对于我们对外汉语专业的学生而言，是一次难得的机会。虽然这一次真正教外国人学习汉语，多了很多我们之前并未料到或者仅在理论层面料想到的状况，虽然作为大二的学生在赴泰前尚未学习系统的对外汉语教学法等专业理论知识，但我们在泰国皇家理工大学的学习和实习过程中通过亲身的了解和实践，在不断学习和调整中，全新地理解了真正的汉语教学所要面临的困难和境况，并对汉语教学有了一定的理解和感悟。我想，我的收获不仅是在实践过程中因少了一点理论的束缚而更具创造性地去实践汉语教学，还有通过对泰国学生自身特点和学习外语特点的观察，凭着自己的实践和感悟，就对外汉语教学的相关理论和方法有了进一步的认识。这一点对我们每一个人日后的学习和实践都大有裨益，也使我们尽早地适应了对外汉语教师的角色，从而更好地为自己的学习和人生导航。

那景，原是独有的情怀

最遗憾的是，没有预先在心中装上泰国的山河，就笃定地去寻找这片异国里的那一份情怀。

我时常也会忆起那些人、那些景，可我哪里是偏爱景致？我偏爱的分明是那些和煦国度里的朋友和伴随在景致里的美好记忆。归国后，枕着熟悉的气息醒来，偶尔也会在微笑间想再走一趟那条长长的老街，想再体会一遍行走间忽现的神圣，想再坐一趟渡船，穿梭在湄南河平静的水面上，静静地听那百年流淌的故事。

在曼谷这个被称为“天使之城”的都市里，走在现代化的大街上，穿梭在高速的列车与豪华的商厦间，蓦然地就遇见了驻扎在湄南河畔生生不息的传统文明。摇曳的小舟，如半抹音符，镶嵌在歌曲的旋律中，有着别样的风韵；迎着微风的椰林，用叶子的婆娑碾碎了斜挂的阳光，落得满地金黄，与那休闲踱步的鸽子相映成趣。

在泰国星罗棋布、金碧辉煌的寺庙中，每座寺庙里面所承载的那些传统文化元素，远是那些传承千年的佛教故事，近是那些仍旧保留到今日的传统手工做的壁画，每一寸都足以让人着迷。它们在和煦的晨光或散着余温的夕阳里，让人感觉有一种宁静的肃穆。但是庙外的喧嚣并不打扰寺庙的清静，庙里的肃穆和庙外的车水马龙，仿佛处于平行线的两个世界，相近却不相交。佛家的气息弥漫在生活的每一个角落。不经意间，让心变得虔诚，把脾性浸泡得平和，脸上淡淡的微笑，那种气息就像是朝阳，平缓中带给人舒心和快乐。

把这方面演绎到极致的应属世界著名景点——大皇宫。金殿红瓦，绿草蓝天，肃穆中带着花草跃动的旋律，映衬起来就像一幅幅油画，浓妆淡抹中总有相宜之处。

也见过泰国人对佛和僧侣的无限虔诚，那是我们难以做到也难以想象的。或者是庙宇里络绎不绝的香火和虔诚的祈祷；或者是在清晨的街道上奉上食物，向踏着晨曦、光着脚丫的小和尚布施的诚心。

暮色苍茫的渡口，夕阳洒在平静的水面上，一片一片地随着水波由远至近地荡漾，原是那岸边的景致，尖顶的、圆顶的、传统的、现代的，极其自然地融合在一起，微微伸着懒腰，即将酣睡在这样一片暮色中；直至华灯初上，微风拂来，任由夕阳的温暖变为这个城市并不声张的绚烂。渡船平稳而忙碌地来回穿梭在河面上，质朴的抑或是古典的，它们日复一日地接载着一批又一批的乘客；或者是为了奔赴明天的幸福，或者是想渡往下一站的风景，又或者像我一样，只是想静静地躺在它结实的臂弯里，赏那一片湄南河独有的景致，品那一份独有的情怀罢了。

湄南河终究是隐忍的，它从远古流来，平静地包容着这个国度里人民的安静平和以及间或的躁动不安。

我想，在泰国的文化里，总有那么一些地方，让心安静。这就是这个国度特有的魅力，吸引着我们，又感染着我们。而我们，恰好路过，分享了那份平静的喜悦。我在感受不同文化之间不同魅力的同时，也在一定程度上想要重新去审视和品味中国悠久的历史文化，品味那些得以保留下来的灿烂悠久的历史文化，思考那些一直在我们身边却常被忽略的文化所蕴含的文化暗涌。这趟体验异国文化的历程，让我加深了对中国文化的理解，愈发地深爱并为中国悠久的历史文化而心生自豪。

那情，莲花间的浅笑

忆起一句素淡的小诗：合掌为朴素的敬礼，微启犹如半开的莲花。

那时的经历，像无数道间或模糊的轮廓，要到今天坐下来，细细地回想当日的生活，细细地再描绘一次，才在逐渐清晰成形的泰国阅历里微笑。就像品一口美酒，刚入口时总是刚烈的，让人道不明个中的感觉，只有等酒慢慢下咽的时候，才明白那种齿颊留香的个中滋味。

在某个清晨的钟声或是黄昏的暮色里，行走在这片异国文化的各个角落，慢慢体会其中独有的意蕴。

这里的雨季很特别。每天下午五点左右准时下雨，算得比闹钟还要准时，淅淅沥沥地下得真切。我没有在下雨的时候出去参观过那些古建筑或者金碧辉煌的寺庙，所以尚且没有体会沉浸在暮色下雨景致里金碧辉煌的建筑有着怎样一种韵味，想必是怡情的，带着别样的美好。

这里的鸽子很可爱。红红的小嘴，深蓝色的鼻子，淡蓝色的外套，灰黑色的纹路尾巴，在天空飞累了，就找个地方随意停歇，也不管是否有人在，它对你的信任比人与人之间的信任还要多。常常在外出的时候看到小小的广场上布满了踱步的鸽子，只有在小孩玩耍的时候才惊飞几只。我们见了，笑着开玩笑说，要是在我们那儿，估计成一炖乳鸽了。调侃中带着半分羡慕，半分失落。

这里的人很善良。生活在这片土地上，我想，我不是一个游人，而是一个受依水而生的微笑国度无限宠爱的幸福人儿。之前尚且听过微笑迎接八方来客的话语，却从未真正感受过这样的境况；从未见过对陌生来客如此发自内心的真实和善良，却在这里真切地感受到这份爱。他们是那样不论金钱、不计时间和精力、不计回报地对我们好，让我们在陌生的国度亦未曾受委屈，在羁旅中仍旧感受到家一样的温暖。

想起了余秋雨的《文化苦旅》，冒着危险穿越那些未知的文化，然后用冷静理性的姿态篆刻成笔下川流不息的文化暗涌。我是喜欢那样的文字的，总在落笔的时候，想起自己离那神韵还差半寸，怕是写成了流水账，倒是亵渎了这份情怀。

我曾经想着，倘若有一天，我到了一个传统文化浓郁的地方，我要用笔下的文字把那些文化的韵味细细地熨开，小心翼翼地珍藏在我的记忆里，悠悠地沉淀为属于我的阅历和气质。今天，当我坐下来，泡杯清茶，静静地翻阅相册，悠然地品读那时文字间的心情的时候，才真切地感受到，这趟阅历，自是另一番情怀。

如今重新真切地踏在祖国这片热土上，依旧走在熟悉的校道里，我知道，那两个月与众不同的阅历、记忆和感悟，给予我的，不仅仅是人生中关于异国生活的一段故事，更是一次心灵的洗礼和人生蜕变的成长。

我有理由去相信，赴泰交流的机会给我的大学生活和人生留下了浓墨重彩的一笔，当我日后翻阅人生这本厚书的时候，总有那么一些美好的插图和页面，刻写在时间的书页上。

想念那个雨季

程清兰

（湛江师范学院人文学院对外汉语专业2008级学生）

最近常常刮台风、下大雨，让我常常想起雨季每天都下雨的泰国，想念雨季的泰国生活，想念陪我们两个月的老师和朋友。想他们的时候我会拿出照片看看那些熟悉的面孔，回忆曾经一起去的地方，一起发生的故事，嘴角总是情不自禁地咧开，回忆那些事情就像是在观看影片一样。

由于大家都是第一次出国，很多东西不是很明白，所以在过安检的时候我们浪费了很多时间，让在机场久等我们的泰国老师和朋友担心了很久。来接我们的是带队的林文贤老师和上次来中国学习交流的泰国同学，所以当我们看到那些熟悉的面孔时，感到特别激动和亲切，之前担心找不到接我们的老师那焦虑和不安一下子消失了，因为觉得有她们在我们就安全了。回到宿舍时已经是凌晨三点多，那时我们已经是饥肠辘辘，当拿到老师早已为我们准备好的牛奶和面包时特别感动。另外，为了让我们生活方便一些，老师还安排了一些泰国朋友晚上来陪我们一起睡。从机场回宿舍的路上，我们从泰国朋友那里了解到现在是泰国的佛诞节，全国放假四天，所以接下来的三天我们不需要上课，她们会带我们去寺庙等地方参观。送走老师之后，我们开始收拾行李、洗漱，忙完之后已经是早上六点了，大家拖着疲惫的身子上床睡觉。一觉醒来已经是下午两点，老师和泰国朋友带我们去买生活用品。走在大街上，我们第一次真正感受到原来我们身在国外，现在我们是外国人了。

我们在泰国的那两个月刚好是雨季，虽然雨下得大，但是并不讨厌，因为泰国下雨的时间非常有规律，几乎都是每天的下午四点左右，所以我们并不需要随时带着雨具。说到下雨，总会让我想起住在我们隔壁的阿姨，她是学校的清洁工，每天都会过来帮我们收拾鞋子、打扫走廊，每次下雨她都会帮我们收衣服，让我们能安心地在教室里上课，除了“你好”“吃饭了吧”等几句简单的泰语之外，我们之间的沟通几乎是靠微笑来进行，但是从阿姨的身上我们可以感受到亲人般的关怀。

拿到课程表那一刻，我们感到无比焦虑，因为泰国的上课时间和方式与我们中国的完全不同，他们每次课为三个小时，而且中午没有午休。我们非常担心自己不能坚持下去，还担心会因为自己做不好丢中国人的脸、丢学校的脸。所以私底下我们互相打气，互相鼓励：一定要坚持住，一定要做到最好。当真正开始上课，见到老师的时候，我们都非常谨慎，小心翼翼。星期一，第四、五节课我们都得上泰语课，但有些不同，星期一给我们上课的老师不会中文，她和我们之间的沟通完全依靠英语，那时我们才发现英语是那么重要，非常后悔之前没好好学英语。泰语的基本知识非常难学，也非常难写，另外加上一天六个小时我们都要上同一种课，所以我们感到非常疲惫和乏味。老师了解到我们的情况后，总是安慰我们说泰语非常难学，学不好没关系，因为很多泰国人学了二十几年都还不会。听了老师的话后我们才放松了许多，之后老师总会想许多好玩的游戏，让我们在轻松的环境里不自觉地学到泰语。星期四、星期五上课的老师主要教我们日常用语，方便我们和泰国人交流。在学习泰语的过程中我们闹出了很多笑话，记得在欢迎会上师妹上台讲话赞“泰国人很好”时说成“泰国人很好吃”，在场的泰国老师和同学差点笑破了肚皮，不过我们这些外国人的腔调给欢迎会增添了更多欢乐的气氛。

两个月学习完之后我们发现，来泰国学到最多、也让我们最有成就感的是手工，每周二老师会教我们一种泰国手工，星期三除了了解泰国文化之外我们也会学习泰国的传统手工艺，所以在短短的两个月里我们学到了十几种泰国手工艺。课余时间我们自己去买材料，回来照老师教的做了很多手工艺品送给老师和朋友，看到泰国朋友手上拿着我们中国人做的泰国手工艺品时，我们特别有成就感。两个月里，我们最喜欢的是周末旅游，每个周末老师和泰国朋友都会带我们去不同地方游玩，有闻名世界的周末市场、金碧辉煌的大皇宫、风景优美的芭提雅、独一无二的水上市场等，让我们大开眼界，感受到不同国度的文化。

两个月里我们和泰国老师、朋友相处得非常好，但是由于文化的差异我们还是存在一些分歧，例如我们中国人喜欢快节奏，很多时候都希望快点做完、早点结束，但是泰国人由于受佛教的影响，他们做事情喜欢慢慢来，所以雕刻课和手工课的老师对于我们中国学生快速完成作品的习惯感到特别不适应，他们总喜欢对我们说“慢慢来”。另外，泰国是一个佛教盛行的国家，他们喜欢去寺庙，而且到寺庙时特别虔诚，虽然我们中国学生不太喜欢去寺庙，但为了尊重他们的文化我们也没表现出来，所以希望以后有机会去泰国的师弟师妹要注意这一点，不要因为文化上的分歧给两国带来不好影响。

九月之后，泰国的雨季进入了后期，下雨不再那么频繁，但是我们总感觉少了一些浪漫，回来的那一天是下午的两点多，我们来不及看最后一场雨，希望以后有机会再一次去泰国，感受泰国雨季的浪漫。

这个夏天，难忘的那些人、那些事

梁海雅
（湛江师范学院人文学院对外汉语专业2008级学生）

初体验

7月16日凌晨一点多，飞机缓缓降落，广播用中文通知“飞机抵达泰国曼谷国际机场”，接着是泰语和英语的重复，我的心情一下子紧张和激动起来。泰国——这个曾经在电视上听说过无数次的国度，现在距离我竟是这样的近，心情能不激动紧张吗？走出机舱，就意味着我们为期两个月的赴泰学习交流要正式开始了。

深夜的机场少了喧嚣和热闹，安检口前面那两个壮观的巨人顿时让人感到一股震撼的力量。走出机场大厅，林文贤老师和几位泰国朋友已经在门口等着我们了，微笑着欢迎我们的到来，还没等我们反应过来，泰国朋友已经把我们手中的行李接到自己的手中了，奔波了一整天的我们心中满是感动，感动于他们的热情和友好，感动于他们深夜中的等待。

回到学校宿舍，已经是凌晨三点多了，奔波了一天的我们终于可以安顿下来了，看到宽敞舒适的宿舍，林老师一早就准备好了的牛奶和面包，心中情不自禁地涌起一阵如在家般的温暖，感动和感激之情又填满了心田！

来到泰国的初体验已是满满的感动，两个月的学习和生活，感动从未间断！

学习这些事

参加这次赴泰交流活动，学习是我们最主要的任务。学校给我们安排了非常丰富有趣的课程，有泰语课、泰国文化课、手工课、雕刻课、舞蹈课等。给我们上泰语课的一共有三位老师，Truengta老师是一个很有激情和幽默感的中年老师，她给我们上泰语读写和语法课，全英语教学。刚开始的时候我感觉很不习惯，有很多地方都没听懂，学习兴趣大受打击。后来时间久了慢慢就习惯了，加上受到老师幽默性格的影响，就越来越喜欢上她的课了，印象最深刻是那一次老师在课堂上教我们唱泰文儿歌，然后让我们跟着音乐自己编动作跳舞，非常好玩。那一刻，我觉得我们就像是小孩子跟着妈妈学唱歌、跳舞，很温暖、很和谐的感觉！

黄丽群老师也是我们其中一位泰语老师，她的中文说得很好，给我们上口语课。黄老师是一个和蔼可亲的老师，给人非常亲切的感觉，在她的课堂上是不会有压力的，大家在一个轻松的氛围中学习；课间休息时她经常会问我们在泰国生活得是否习惯，饭吃得好不好等等，非常贴心，有时候真觉得黄老师像我们的妈妈那样。还有林文贤老师，她也给我们上口语课。林老师的课堂很活跃，她对我们的学习要求比较严格，很注重让我们把课堂学到的泰语运用到生活中，鼓励我们在生活中尽可能多地使用泰语与泰国人交流。其实，两个月来，林老师不仅给我们上课，还像大姐姐一样照顾我们，生病了带我们去看医生，时不时给我们送好吃的东西，外出参观游玩时还做我们的导游和翻译……现在每次回想起泰国那段经历，脑海中出现最多的身影就是林老师，回想起她为我们做的每一件事，心里总是满满的感激。在她身上，我不仅学到了对待工作的那种认真负责的态度，更学到她那一份善良及真诚待人的品质。

泰国非常重视手工艺的学习。比如手工制作和食物雕刻，这是他们每个泰国人的必修课。两个月来，学校给我们开设了很多有趣的手工课和雕刻课。老师告诉我们，给我们开设这些课程，不仅仅是要我们学习手工艺，更希望我们可以在学习的过程中培养自己的耐心和恒心，以及对一件事情专心致志、一丝不苟的态度，并且希望我们在日后的学习和工作中也要记住这些，做好每一件事情。

在泰国传统舞蹈课上，我们学习了泰国传统舞蹈以及泰国东北部和中部的舞蹈，在欢送会上，我们给学校的老师和同学表演了所学到的泰国舞蹈。

插　曲

除了学习，学校每个周末都给我们安排了外出参观或游玩的地方，主要有水上市场、古城、大城和有“东方夏威夷”之称的芭提雅等。这些都是非常有泰国特色的地方，到这些地方游玩，我们见识了泰国的风土人情，了解到很多在书本上了解不到的东西，切身地体会到泰国的众多特色。而印象最深的是泰国人的善良和微笑，以及那种待人热情友好的态度，难怪泰国被称为“微笑的国度”，这实在是当之无愧。

8 月 12 日是泰国的母亲节，学校安排我们去泰国学生家感受泰国的家庭生活。泰国学生惠丽一家人带我们到海边玩了一天；鸾珠的妈妈给我们做了非常好吃而且有中国风味的午餐，再一次让我们感受到家的温暖和亲切。

在学校的宿舍生活同样充满着感动。记得刚开始时，学校担心我们初来乍到，有很多不懂和不方便的地方，每天都安排了泰国朋友陪我们一起住，有她们在，我们感到很踏实。记得刚来泰国，我们常常吃不惯当地的食物，泰国朋友知道后专门给我们送来很多适合我们吃的好吃东西过来，我们常常怀着一份难言的感动。记得我的手受伤后，很多事情都不方便做，队友们给了我很多帮助，有的帮我打饭，有的帮我洗头，有的帮我扎头发，师妹还把自己在课堂上学做的小篮子送给我，外出游玩的时候也非常照顾我……所有这一切常常让我觉得自己很幸福，可以遇到这样一班好同学，常常感动得不知道怎么报答她们。

这个夏天能有这样特殊而难忘的两个月，需要感谢的人很多很多，首先要感谢的是学校和老师给了我们这样一个学习交流的机会，给我们的人生带来一份如此特别、难忘的经历。如今，我们结束这一次交流活动回来了。回想这两个月的经历，收获真的很多很多，

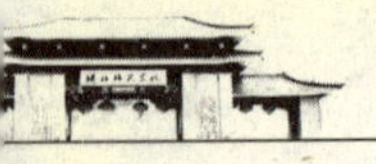

对泰国的见识、对事和对人的态度、难忘的师生情、深切的友情……两个月难忘而短暂的泰国之行将永远定格在我们的记忆里，同时真的很希望我们学校和泰国皇家理工大学之间的交流和合作越来越多，两校之间的情谊延续不断！

我怀念泰国

潘晓君
（湛江师范学院人文学院对外汉语专业 2009 级学生）

我有幸在 2011 年 7 月和另外 11 位学生通过了面试，一起到泰国皇家理工大学学习交流两个月。泰国皇家理工大学（RMUTR）有曼谷、达府、素叻他尼等多个校区。我们所去的是位于曼谷市中心的外语学习校区。

学习篇

我们在泰国的课程主要有泰语、手工艺、泰国文化、泰国舞蹈、泰国雕刻等。泰国学校的作息时间跟中国的很不同，早上八点上课，一直上到十一点，中间休息一个小时，十二点再开始上课，一直到下午三点，如果还有课，那就再从下午四点半上到晚上七点半，同样是三个小时。中间的休息时间由上课的老师决定，通常老师是不下课的，如果学生有需要可以自行出去。所以，这样的作息时间对于我们在中国习惯了午睡的学生来说，真是一件痛苦的事情。我们刚开始也无法习惯连续上三个小时课的方式。有一次上雕刻课的时候，老师问我们："来了泰国一个月了，还没习惯不午睡吗？"我们就说："不习惯，我们都在中国睡了十几年了，怎么会习惯呢？"然后大家都笑了。当然，这只是在关于作息方面的一个小插曲，我们到了另一个国度，出现作息上的一些不适应也是正常的，而我们也试着努力适应泰国的作息方式。

有特色的雕刻课

除了两位教中文的泰语老师和一位用英文教我们泰语的老师，其他老师给我们上课都用泰语，所以，我们上课的时候常常有中文系的学生过来为我们翻译。我觉得在泰国，沟通是一件有意思的事情，无论是老师还是泰国的学生，我们交流的时候都常常用到中文、泰语、英语和肢体语言。有时候甚至是一个句子里，前半句是泰语，后半句是英语，例如：yu ti nai? I want to have dinner with you.（你在哪里？我想和你一起吃晚饭。）整个交流的过程我们是非常开心的，这可能也跟善良的泰国人有关系。

我们的课程里面，最有特色的是泰国雕刻课、手工艺课和泰国舞蹈。这三门课程有一个共同点，那就是要求专注。我们老师说，泰国从小学开始就开设手工艺课，主要是为了培养学生从小就养成专注、耐心的习惯。确实是，我们在泰国见到的泰国人，大部分都是从容生活的，在他们身上，看不出中国城市人的那种匆忙和紧张，所以我也常常思考：我们中国有没有哪一种课程是从小就培养我们某一种内在品质的呢？在这方面我们是不是应该向泰国学习？

总之，在学习方面我们是收获挺多的，我们一边学习，一边感受着泰国这个“微笑的国度”的文化。

生活篇

在生活方面，我衷心地感谢泰国朋友们和我们的泰国老师——林文贤老师。我们刚到泰国的时候，是林老师带着她的学生半夜到机场接我们，到了宿舍后，老师已经为我们准备好了第二天的早餐；当我们起床后，老师又过来带我们出去买生活用品；接下来还为我们打理校服，提醒我们出行时必备的东西；在开会时为我们翻译，一直到最后为我们买好泰国特产送到我们宿舍楼下等等。在这两个月里的点点滴滴，林老师对我们的好我都记在心里，并不断感动着、回味着。我们常说：“泰国的这个女人啊，我要怎么感谢你才好呢？”说的就是林老师，是她常常让我们笑，也常常让我们感动得哭。试想一下，当你一个人去到国外，有个素不相识的人一直关心着你，一直为你着想，无条件地帮助你，难道你不觉得感动吗？

还有泰国朋友轮流到我们的宿舍住，为我们解决生活中的难题（泰国的老师和学生每天下课都会回家，他们是不在学校里住的）。出去的时候她们会帮我们翻译，包括在购物和游玩的时候，所以，我们在泰国的生活是没有什么不方便的。

旅游篇

所谓读万卷书，行万里路。在泰国，我们真正在实践着“行万里路”的格言。

每个周末，我们都会去旅游，到处参观，去感受泰国的文化。细数，我们在泰国到过的地方可真不少：有雄伟恢宏的大皇宫，有金碧辉煌的玉佛寺，有建筑林立的古城，有类似威尼斯水上贸易的水上市场，有全亚洲最大的扎都扎周末市场，有着巴厘岛般迷人风景的小岛……

基本上，除了我们所在的曼谷，我们还把泰国游了一遍。泰国全国 72 个府，我们周末就常常出府去旅游，我们所到的景点，基本都会看到很多的外国游客，有熟悉的东方脸孔，有俊俏的西方面孔。每个人都带有一部相机，想把这个具有泰国特色的地方拍摄下来留作纪念，我们当然也不例外。

人的一生，来也匆匆，去也匆匆，这是无法改变的自然规律。但是我们可以在有生之年去丰富我们的人生，丰富我们的阅历。这一次的泰国之旅，让我们感受到了一个与中国不一样的东方文化，一个沐浴在佛教之中的泰国文化。泰国人的从容、善良、和气，让我无法忘怀，两国之间的文化差异也常常引起我的思考，我思考着宗教的意义和人生的意义，这些思考推动我不断前进！

赴美归来收获多

赴美带薪实习是湛江师范学院开展的又一项跨文化实践活动。从2008年开始，对外汉语专业的学生踊跃参与，在美国各个州的酒店、度假村、蛋糕店等实习四个多月。在实习中，他们深入了解了美国多元文化，提高了英语口语水平，提升了跨文化交流能力。

同美国的交流方面，学校也开辟了跟美国明尼苏达大学对等交换学习的项目，从2007年开始，每年双方派学生交换学习，对外汉语专业的学生也积极参与其中。

我们选取了对外汉语专业一些学生在美国的见闻，从他们好奇、焦虑、喜悦的笔触中，感受异国文化带给他们的新奇，分享他们宝贵的经验，为的是更好地服务以后即将出国实习的学生。

在太平洋彼岸

陈　欢

（湛江师范学院人文学院对外汉语专业2007级学生）

上大学以来我一直很努力地争取出国的机会，希望可以增长自己的见识，也渴望探索自己喜欢的生活方式。幸运的是，今年夏天，我终于获得了这样的宝贵机会，在美国度过了一段终生难忘的日子。虽然从申请赴美到启程，中间遇到过很多复杂且琐碎的程序，很多同学甚至都动了放弃赴美的心思，但是现在看来，一切都是值得的。很感激学校和中外服务中心的老师给予我们这次机会，让我们可以通过一种特别的方式成长。

在美国生活的三个月，对我来说并不像大家想的那样激动人心，因为我始终都以一种平和的心态去理解、判断和享受美国的生活。三个月里经历的事情加上各种所见所闻，让我想通了很多以前没有考虑细致的道理。不知不觉地，我发现自己对待事物的态度和分析事情的能力比以前更成熟、更深刻、更全面了，这三个月里收获的东西绝对让我终生受益。

关于美国和美国人

首先说说美国最让我留恋的一样东西——人文氛围，这是通过美国公民的素质体现出来的。美国人并不代表美国政府，这是我跟美国民众相处之后比较惊讶的一个发现。大家都知道，美国给我们的印象一向都是非常霸道的——随意干涉他国的内政，侵略他国的领土，往往得理不饶人，或者无理地对他国施加压力……美国就是霸权主义的代名词。慢慢地，好斗高傲、不可一世成了我们对美国人的印象。然而在这三个月里，我所接触的美国人大都是非常和善的，他们乐于助人、彬彬有礼、风趣幽默、同时他们很重视个人权利和平等，只要涉及这些问题他们都会显得特别严肃，甚至到了完全没有人情味的地步。

美国人彬彬有礼，乐于助人，幽默风趣，美国的生活充满了人情温暖，这是我三个月里最大的感受。从进入美国境内那天到离开美国，我每天都过得很开心。走在路上，陌生人之间都会很大方地打招呼，几乎每一天我都能遇到主动来提供帮助的陌生人。如果你问路，他们不仅会给你指路，有时候还会亲自带你过去；如果你错过公车，在路边着急无助，他们会主动停下车来问你是否遇到了麻烦，是否需要他们送你回家；如果你工作时遇到不懂的事情，他们会马上帮你解决……但是出于对安全性的考虑，我们都很少接受他们提供便车的帮助。如果你接受了他们的帮助，他们一般是不求回报的，不过如果你愿意给点小费的话他们也会乐意接受，这代表他们的劳动成果得到了认同。在美国每天挂在嘴边的就是“Excuse me（不好意思）”“Thank you（谢谢）”和“Sorry（对不起）”。无论你在超市还是餐厅，或是洗手间，人与人之间都会保持一段很舒适的距离，如果不小心碰到别人或者只要是太靠近了，他们都会觉得侵犯了他人的私人空间，连忙道歉。美国人都很守秩序，插队的现象极少发生。还有就是在我们居住的小镇里，只要有行人过马路，司机一定都会远远就减速或者停下车来让行人先走，无一例外。

在美国人人平等，老幼病残最受照顾。我们在洛杉矶的六旗游乐场里面工作，和中国的游乐场相比，美国的游乐场有一个有趣的现象——前来游玩的不仅是一些敢于挑战极限的健壮青年，还有很多行动不便的老人和一些腿部骨折或者手部骨折的病人。每天看着他们拄着拐杖或者坐着轮椅满乐园玩得不亦乐乎的样子，我们真的不得不佩服美国人！在美国我看到了对老人和对残疾人最实在最真诚的关照，他们的公共设施或者交通工具都设计得非常人性化，残疾人坐公车就非常方便了。美国的公交车和旅游大巴就像变形金刚一样，普通的上下梯可以变成一个小型升降机，专门帮助坐轮椅的人或者腿脚不便的人上下公车，而且司机会很认真地把轮椅锁好，这时乘客们都会十分耐心地等待。美国的飞机场更是会有专门的机场人员为残疾人、老人和孕妇提供一条龙服务。所以在美国，残疾人都很乐意出门，而且脾气还特别大。美国人的平等意识不仅体现在对弱势群体的关照上，也体现在工作中对员工的要求上。有一回，一名男主管让我爬一层楼高的铁梯去擦天花板，擦完一处又一处，我当时觉得十分委屈，问他为什么这么危险的事情不让男生去做，偏偏找我。他见我委屈，但是也没有妥协，他说：“你满 18 岁了吧？既然你已经够 18 岁，那这些任务就在你的职责以内，每个成人都可以做得到，何况这并不困难。”他的回答让我无言以对，羞红了脸，但是我也恍然大悟：你想要别人尊重你的权利，同时也要尽自己该尽的义务。既然我们常常把男女平等挂在嘴边，工作分配上主管也平等地分配给大家，他这样做似乎是出于对大家的尊重，我自然也不会再有委屈之说，反而恨自己为什么那么娇气。

美国人思想单纯，童心未泯，主张及时行乐。看过美剧或者对美国生活有所了解的人应该都知道美国人是一群夜生活特别丰富的人。美国年轻人的业余生活几乎是以派对为主的，一听到有派对不管自己认不认识主人他们一样会去凑热闹。美国人很多时候思想都很单纯，觉得别人对自己好就是因为那个人本来就很友好，不怎么会想着提防，更不会想到他人的别有用心。我工作的地点就有两个偷钱的乌克兰男生，平时常常偷些零食来讨好我们的主管，跟她关系非常好。当他们被告发偷钱之后主管很是惊讶，她说看不出来他们平时对自己那么好居然是这样卑劣的人，这件事情让她特别伤心。其实在我们中国人看来，他们极力讨好主管就是为了让主管包庇他们，但是主管不知道他们的用心，只是单纯地信任了他们，当然最后她对他们也没有任何的包庇。

然而美国人有些方面却是让我不太能接受的，一是他们的个人私生活过于复杂，二是他们比较爱谈论是非谣言。下面的话题也许会有点敏感，但是这些正是我最想提醒未来有可能前往美国的朋友们的事情。过去看一些美剧觉得里面表现的内容过于夸张，但是当我真正融入美国人的生活才发现，电影里的剧情是真有其事，尤其是在加州这样一个热力四射的地方。美国青年人由于常常沉浸于各种各样疯狂刺激的派对之中，他们的私人关系也特别复杂和随意。就像美国流行偶像剧 *Gossip Girl* 里面的剧情一样，一个小小的圈子里面，人与人之间的关系就像网一样交叉着发展，今天他是她的男友，明天又变成好朋友的男友了。通过身边一些朋友的例子我总结出来：一个美国男人，可能他非常和善单纯，但他极有可能也处理不好自己的私生活。说美国人重信用讲原则，也许是。但是在我看来，在私生活方面他们对自己的要求太宽松了。一个美国男人也许深情款款地和一个女孩子共度了一宿，但是第二天开始他就可能永远不联系那个女生，而去找另外一个女孩子了。因为在他看来，他并没有对这个女孩子承诺什么，也没有公开他们是男女朋友的关系，所以无论他们之间发生了什么，他都是自由身，不存在任何的责任和负担。但是一旦这个男人找到了自己爱的女孩，他公开了两人的恋爱关系，这样他就不能以任何借口去背叛这个女生了，否则就会影响他的信用。这样的现象对于美国男女青年来说也许已经司空见惯并成为一种潜规则，然而这样的事情在中国是不能被接受和认可的，这就是两国存在的文化差异。很多人因为看不到这一点，也并不知道自己面对的人是否真心，就单纯地投入了一段感情，最后觉得被骗。所以我真心地提醒大家，在短时间内千万不要太殷勤地和美国人走得太近，也尽量不要发生过多的亲密行为。尤其是女生，不要认为一个美国男人对你示好就代表他真心喜欢你，想让你成为他的女朋友，这种只是中国人的观念而已。中国女生必须要自己冷静思考清楚，自己到底适不适合玩这样的游戏，面前那个英俊帅气、平时为人正直的美国男人心里面的目的到底是什么，千万不要被表象所迷惑。

中国有一句话是“没有不透风的墙”，还有一句话是“跳进黄河也洗不清”。在美国，如果你有了什么令人觉得新奇的事情或者一点绯闻，你就要做好成为众人焦点的准备，因为你总是不知道哪一堵“墙”不小心透了风声。又由于美国人都是非常热心的，他们有时候出于关心打听别人的事情，可是又爱与他人“分享”，所以一传十、十传百，事情于是变得千奇百怪，让人瞠目结舌，也就让当事人跳进黄河都洗不清了。所以，做人还是简单点好。

关于国际学生对中国的看法

这个夏天，和我们中国学生一同参加赴美带薪实习项目的还有其他国家的学生，他们分别来自法国、乌克兰、土耳其和泰国。总体来说，国际学生之间都相处得不错，但是大家都会感觉得出来，有些人始终会以一种有色眼光来看待来自亚洲的学生。我曾了解到有的国际学生对参加项目的各国进行了一个排名：他们说乌克兰第一，法国第二，土耳其第三，泰国第四，中国最后！中国学生听了之后都愤怒了，我也不例外，他们凭什么看不起中国?！后来我在和不同国家朋友的交谈中多少明白了他们偏见的来由：一方面是，相对来自西方国家的学生来说，中国学生普遍性格内向含蓄，我们很少参与西方国家学生那些太疯狂的派对和行为，我们不善于表现自己。而且有一点是不得不承认的，中国学生的英语相对较弱，与人沟通闹了不少笑话，别人提出的要求我们常常不懂拒绝，只说“OK”。所以在他们的印象当中，中国学生就是任劳任怨、傻傻的样子。另外，我从一名学法律的法国朋友那里发现，外国媒体对中国的失实报道也是导致他国对中国产生偏见的一大原因。我和那位法国朋友算是不“打”不相识，我们见面的第一天她就用很尖锐的语气跟我谈论中国的西藏事件和童工事件，她说了很多对中国政府和中国人的不满及误会，然而我都冷静地把她的说法一一推翻了。我告诉她，判断事情不能只靠道听途说，也不能只靠主观意识，她还不了解中国的国情，所以不应该对中国政府和中国人随便下结论。如果她想了解更多，请她亲自到中国走一趟。从那天之后，我们两个成了密友。她告诉我，我是她交的第一个中国朋友，是我，让她改变了对中国人的看法，认识我之后她才发现中国人其实非常友好，非常有个性，并且很正直。到现在我都一直把她的话放在心里，我真的为自己消除了她对中国人的误会而感到骄傲。

关于我们中国学生

在工作上面，中国学生绝对是最认真最诚实的，这一点美国人后来也很赞同。也许一开始人们都觉得中国学生只是懂得工作和微笑的一群人。但是后来，由于发现其他国家的学生偷窃和偷懒的行为以后，美国人不得不承认，朴实的中国人才是最好的。我们诚实，我们勤劳，我们正直，我们真诚，我们友好，我们爱好和平！这就是代表着中华传统美德的我们，我们要改变世界对我们的误解，我们要他们知道真正的中国人不是媒体捏造的那样子！

在美国生活的那段时间里我始终有一种遗憾——快三个月了，我们居然一个邻居都不认识！记得那时候我们常常工作完以后就待在公寓里面上网和睡觉，下班的时候看到一两个陌生人在楼下走过都好像看到豺狼虎豹一样逃回寝室。有自我保护意识是好事，但是慢慢地，我觉得大家的自我保护意识过强了，以至于每天都像在寝室里闭关自守一样。我也许是寝室里面比较大胆的吧，一次偶然的机会，我因为和一只黄金猎犬玩耍而认识了住在对面的邻居。他们是墨西哥人，已经在这里住了好几年了。他们说有时候他们出来遛狗，和我们中国学生打招呼可是都没人理他们，于是渐渐地他们也对中国人不那么热情了。相处下来我发现他们都非常热情友好，有时候会给我送点他们做的苹果派什么的，我也给他们送些中国小礼品，他们的狗还特别喜欢跟着我。然而我跟室友提起我们可以认识一下邻居的时候，她们都是很不屑的样子，于是我也就作罢了。但是我依然很开心和那几位墨西哥人交了朋友，我的美国之行于是也少了一个遗憾。

还有一件事一直让我觉得很失望。很多很多细小的东西，也许大家觉得没必要提及，但是在我看来，这些事却折射出很多讽刺的色彩。绝大多数中国人都是非常遵纪守法的，无论开车或过马路都不闯红灯，可是我却发现一个很奇怪的现象——平时让我感觉素质很高的中国朋友，到美国之后居然无视交通规则，红灯还亮着就大摇大摆地过马路了，我们劝她等绿灯再过，她却理直气壮地说："管他呢，又不是在中国。"于是旁边司机不得不停下来惊愕地看着她。还有的人却恰恰相反，他们说："你在中国怎么样胡来都没问题，但是在美国一定要好好遵守别人的法律法规。"我听到顿时心生怒火，为什么在别人的国土上你可以当一名遵纪守法的良民，反而回到自己的国家却要当一名流氓呢？道德是一种习惯，而不是表演，做人一定要有自己的原则和立场，要有自己的判断能力，大众都在做的事情并不代表都是对的，更不代表这些就值得去模仿和尝试。为什么没有辨别是非的能力了呢？难道道德观念是跟国界有关的吗？到现在我都无法理解。

总之在美国三个月发生的千奇百怪的事情，让我大大地增长了见识。把比较深刻的一

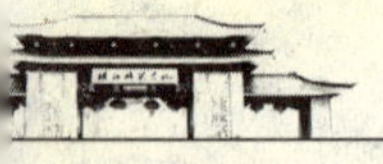

些事情记录了下来，篇幅较长，是因为我很认真地对待这次成长经历。对于学校、中外服务中心和父母，我除了感谢还是感谢，感谢你们给予了我人生中这样重要的一笔财富！说实话，去了美国之后我曾经十分渴望移民到那里生活，因为觉得那里的一切都比中国来得活跃和新颖。然而后来我静心思考，美国文化快餐虽然新奇华美、有吸引力，但是我们也该先品味中华酝酿千年的食谱。美国虽美，那是因为我们所到之处都是其精华所在。我始终对中国有信心，因为，我还没有真正开始探索我们自己伟大的祖国呢！

让自己变得更成熟

李翠云
（湛江师范学院人文学院对外汉语专业2007级学生）

“时光飞逝，岁月如梭”“美好的时光过得总是特别快”等都是形容时间过得快的句子。我想如果用这些句子来形容我在美国生活的这一段时间，一点儿也不为过。在美国带薪实习的这些日子里，短短的三个月，我的感触真的很深。无论是从生活上、工作上，还是其他方面，我都学到了很多东西，积累了很多人生经验。

工作上，我个人觉得，相对于乘坐服务和饮食服务来讲，我的工作是非常轻松和开心的。刚开始工作的时候，觉得压力很大，这份工作很难。游戏部门的游戏分两种，一种是技能游戏，一种是竞赛游戏，而竞赛游戏是需要员工佩戴麦克风的。对于我这个新人来讲，麦克风是“恐怖”的代名词。但幸运的是，我的同事和主管都非常热情友好，无论大小事，只要需要帮忙，他们都很乐意帮我。我的工作主要是负责给游客们讲解游戏规则，并且吸引更多的游客来玩游戏。工作中如果我们表现得好的话，每周都会有提成。有一段时间，工作非常忙，经常要加班。我很乐意加班，但领导们不强制我们加班，他们会征求我们的意见。加班有提成，这就是为什么每周我的工资会比其他人高一些的原因。

生活上，我们六个中国女生住在一起，其中三个是广东女生，三个是四川女生。广东的女生都是同班同学，我就是其中一个。众所周知，四川人喜欢吃辣，所以我们几个女生的饮食习惯自然就有很大的差别。每当做菜，寝室里有一阵阵很呛的辣味儿，那肯定是四川的女生在做饭了。不过刚开始的那一段时间，寝室就只有我和另一个同学会做饭。其他四个女生都不会，几乎从来没靠近过厨房。但是，渐渐地，在这三个月里，她们都学会了做饭，虽然还不能说做得很好，但是我想，学会做饭，可以说是她们这一趟美国之行的一个很大的收获。而对于我自己来讲，也学会了很多新的做菜方法。因为我与部门的同事和主管相处得比较好，我经常会邀请他们过来吃饭。刚开始的时候，我顶着很大的压力，把妈妈曾教过我的一些做菜知识都用上了，不过有些时候还是觉得有点儿苦恼，因为在美国，很多我需要的食材都没有，只能将就，做出来的菜也没有在中国做得好吃。后来，我还经常上网查找一些菜谱，自己学着做，做得还不赖！赢得了室友和美国朋友们的赞赏。其中他们最爱吃的是红烧鱼、大盘鸡和蜂蜜鸡腿。在这一段时间里，我的厨艺进步了不少！

在美国的这三个月时间里，收获最大的就是结识了很多要好的朋友，在这些朋友里面，大多数都是美国本地人。因为我所在的部门，只有两个中国学生，不像饮食服务有很多中国学生和泰国学生。所以日常的生活，我除了在宿舍和舍友们相处得比较多外，其他大部分时间都是跟美国同事相处，这也是我英文进步比较快的原因。部门同事和主管都非常好，经常送我们下班，有些同事也会接我们上班。所以，很多时候，特别是最后一段时间，八月份和九月份，我和另外两个亚洲女生都不用坐穿梭巴士回家，全靠我们的同事和主管送我们回家。另外，在这一段时间里，由于接触的新鲜东西比较多，我感觉自己的心智成熟了很多，学会了从不同的角度去看待事情，也学会了更好地与别人相处，更好地与不同文化背景的人相处。

在相处这些日子里，我们更多地了解了美国的一些经济、文化、宗教等方面情况。目前在美国，尽管有很好的学历，也未必能找到一份好的工作。在异国他乡，难免会将自己的国家和别的国家相比较。这次在美国生活，发现美国人整体的素质确实较高。俗话说：一滴水可以反映整个世界。在美国，在华伦西亚这个小城就可以大概反映出整个美国的社会风气。绝大部分人都非常有礼貌，特别是在对待残疾人和尊老爱幼这一方面，做得特别好。在六旗魔山这个地方，我发现有很多残疾的员工。另外，坐公车的时候，发现会有一些残疾人上车，而在车上有专门为残疾人服务的设备和位置，这充分反映了美国在公共设备和对待残疾人方式上的完善。此外，这里的大部分人都很热情，会主动地提供帮助。

由于我是一个不怎么喜欢去外面玩的人，所以很多休息时间，我都待在寝室里面。另外，由于某些原因，除迪士尼和好莱坞之外，我没有出去旅游过。不像很多同学，去了纽约、旧金山、拉斯维加斯、圣地亚哥等地方。不过，我相信，以后还是有机会去的。

回到中国，回到学校，回到家，我所要做的事情就是继续努力学习，好好准备毕业的一切工作，珍惜大学的最后一年时间。

我们之所以能够顺利出国，在美国顺利地完成了带薪实习的任务，最后又安全地回到祖国，要感谢的人实在是太多太多了。除了要感谢支持我们的家人、同学、朋友之外，最该感谢的就是在背后为我们付出了很多的老师们。他们总是为我们操心，从刚开始的报名准备工作，一直到最后我们安全回国。这一段时间，他们都在背后默默地支持着我们，在这里，由衷地对老师们说一声：谢谢你们！你们辛苦了！

在游乐园做比萨

戴锐良
（湛江师范学院人文学院对外汉语专业2007级学生）

今年我参加了赴美带薪实习项目。整个项目从赴美前的准备、赴美实习，到归国后的事宜等等都让我得到很大的锻炼。

我飞越太平洋，第一次坐飞机、第一次出国、第一次去一个陌生的国度，去工作、去生活、去旅游，很奇妙的一个旅程。我做到了，收获很大很大。

美国幅员辽阔，很多地方都没有开发，人也不像国内那么多。除了在市中心，一般住房都是平房或者别墅，大多是木制的，环境干净又安静。生态环境很好，有很多原始森林，小鸟到处都是。汽车是主要的交通工具，行车非常礼让，行人过马路，司机会停车让行人先走。美国很多日用品都是由中国制造的，特别是衣服鞋帽。卖酒的人要考证，买酒的人要出示证件，年满18岁才能买酒喝酒。没有人会在密闭空间抽烟，在其他地方抽烟会罚款。基本每一个单位都有美国国旗在飘扬。

我在德州六旗游乐园的海上乐园里面的一家比萨店工作。我一开始在厨房里面工作。第一件工作是切比萨。刚做好的比萨是圆的，很大块，不方便吃。我的任务就是在比萨上面切一个十字，把它分成四份。一开始我做得不好，要么十字斜了，要么力气不够大，过了好几天才掌握了这个技能。后来我也渐渐学会了这家店里面的其他工作，如折盒子、做比萨、炸薯条、做面团、做沙拉等等。和同事一起工作非常快乐，我们互相协助，你做面团、我做比萨，你切比萨、我打包装，大家合作得天衣无缝。在工作期间，我跟同事经常聊天，我什么问题都会问，例如你们的衣服洗了为什么不晾在外面，你对中国有了解吗，你们早餐吃什么，你们学校怎样等等。随着我在比萨店的时间越来越长，我从一个什么都不知道的毛头小伙儿变成了一个比萨高手。店里的一些工作是要满18岁才能做的，例如炸薯条、做面团、倒垃圾，而我满了18岁，可以做任何事情。我折盒子只需要3秒，做一个比萨只要10秒，切比萨也非常麻利，我成了我们店最能干的员工。我很喜欢我的工作，觉得在那里工作不是为了钱，而是为了成就感。看到客人在吃我亲手做的比萨，我很满足。工作的后期，我得到了做收银员的机会，从厨房走到了前台。那是很不一样的工作，我面对的主要是收银机和客人。收银机是一台非常人性化的机器，很容易操作。客人各式各样，要求也特别多，我要时刻准备应对他们各种各样的问题，语言也是一个小问题。每当我遇到问题的时候，我的主管和同事都很乐意过来帮我。整个工作过程我都很快乐很充实。

我们每周会有一天的假期。我会跟几个朋友到附近的城市游玩，主要是达拉斯和沃思堡市两个地方。达拉斯是美国第七大城市，沃思堡市是一个非常有牛仔特色的地区。在达拉斯，我们去过 NBA 牛仔队的球馆，去过美国航空中心，去过美国肯尼迪总统遇刺身亡的地方，去过南卫理公会（SMU）大学，看过德州的牛仔，我们去过大大小小的购物中心等。我收获非常大。

两个多月的工作完成后，我们还有大概两周的时间可以在美国旅游。我选择了拉斯维加斯和洛杉矶这两大城市。拉斯维加斯最出名的是那里的赌场和酒店，它被称为“罪恶之城”。首先，拉斯维加斯给我的第一印象是那里的招牌都是一闪一闪的，五颜六色，非常吸引人。那里有非常多的国际化大酒店，酒店不仅提供住宿，还有很多娱乐设施、富含文化特色的建筑、购物广场、自助餐馆和酒吧，每家酒店都有自己的赌场，你可以随意到任何机器和桌子前赌钱。我也小赌了几盘，是“二十一点”，但是那天运气不佳，连输了五盘，一共输了 25 美元，从此便再也不赌了。在晚上，每家赌场都有自己非常有特色的表演，唱歌跳舞、大型喷泉、专业表演等等，都非常精彩。拉斯维加斯已拥有全世界顶尖的度假酒店，以及世界一流的大型表演及高科技的娱乐设施，让人流连忘返。

在德州的时候我们问过同事，美国安全么？她们的回答是，大部分地方还是挺安全的，但是加州除外。我们还去了洛杉矶，美国第二大城市。一个老城，文化语言方方面面都比其他城市复杂。没有达拉斯的安静整齐、崭新和安全。汽车旅馆老板说，这座城市需要住下来慢慢品味才能了解它的文化。我们去了洛杉矶的中国城，这是一个相当大的中国城，中国味道很浓。这里的人很多是潮汕和香港人，比较通用的语言是广东话。我还去了好莱坞著名的星光大道和环球影城。好莱坞这个名字我听过很多次，今天终于来了，很兴奋。好莱坞星光大道是一条沿着美国好莱坞大道与藤街伸展的人行道，上面有 2 000 多颗镶有好莱坞商会铭记的名人姓名星形奖章，以纪念他们对娱乐产业的贡献。环球影城、环球嘉年华和迪士尼主题乐园并称为“世界三大娱乐主题”。环球影城里面有世界顶尖级的 3D 和 4D 电影，其中史瑞克 4D 影院是我们在好莱坞环球影城第一个遇到的游乐项目，在此可以真正地走入电影，体验全方位立体效果的震撼感。终结者（Terminator）游乐区，以 3D 电影和真人结合的方式，重温魔鬼终结者的恐怖场景。其间我还知道了很多电影拍摄的原理，见识了电影拍摄的场景和道具，真是大开眼界。

此外，对美国的生活、经济、文化我也了解了一些。

美国的生活环境很好。只有在大城市里面才有高楼大厦，城市之外都是矮矮的建筑，都是别墅样子，有很多的配套设施，四周都是花草树木，人们的生活质量很高。

美国的物价不高，特别是日常用品，中国制造的特别多，衣服鞋帽，还有很多精致的物品。我在美国想买一台美国制造的电脑，后来发现电脑也是由中国制造的，是戴尔的牌子，这令我很吃惊。

美国的劳动力很值钱。在美国最低时薪是 7.25 美元，这也是德州的最低工资，每个州都有不一样的最低工资。一个普通的工人一天工作 8 个小时，就有 50 多美元，一周工作 6 天就有 300 多美元，600 美元就可以买到一台非常漂亮的电脑。

我在工作期间，通常被问的第一句话是“你喜欢你的工作么?”我总会回答喜欢。在他们眼里，做自己喜欢的工作很重要。而在中国，通常第一句话就是“你一个月工资多少?”我还是喜欢美国人的这种观念。我觉得做自己喜欢的工作是一件非常快乐的事情，只有做自己喜欢的工作，自身的潜能才能发挥出来，人生才会快乐、才会精彩。

美国人很讲礼貌，很小的事情他们都会说对不起，他们觉得是冒犯了别人，侵犯了别人的空间。“祝你有美好的一天”是美国人每天都会挂在嘴边的话。

美国交通礼让做得非常好。美国的交通工具主要是汽车，因为美国幅员辽阔，人不多，公共交通工具只有在大城市里面才有。基本每个家庭都有一两辆私家车。出了家门口就是高速公路。但是美国的交通还是非常好的。过路口或者红绿灯都是停在路口让别人先过，不管红灯、绿灯、黄灯司机都是匀速前进停在灯前，像小孩那样左看看右看看，确实没车了才过去。他们驾车都是非常文明的。行人要过马路，汽车会停着让行人先过。

美国的青少年很早熟。在美国公立学校小学到高中都是免学费的，大学的学费父母也不会支付，由学生自己个人承担，要么是贷款，通过暑假寒假去打工或者毕业后还，要么是拿奖学金来抵学费。在我工作的地方，我都是跟 17 ~ 20 岁左右的青少年一起工作，他们很小，但是已经参加了很多社会活动，有的已经做到主管之类的管理职务，在企业里面做成年人的工作，她们很自立，很有团队精神。

美国人不会把衣服晾在外面。我问他们为什么，他们说不雅观，都用烘干机烘干。我也用过烘干机，烘干衣服需要半小时到一个小时，特别耗电。

美国之旅让我收获良多，受益终生。

心灵的旅行

范文彬
（湛江师范学院人文学院对外汉语专业2009级学生）

这个暑假我参加了学校和中国对外友好服务中心组织的赴美带薪实习项目，这个项目是经由美国政府核准的国际青年学生交流活动，为在校的大学生和研究生设置。学生在美期间可从事短期性基础的工作获取收入，并同时接触美国文化、学习语言、建立国际友谊等。在赚取薪资后，再用它支付到美国各地旅游所需的费用。参加此项目的学生持J-1签证，为期四个月。

我在美国工作的地点是弗吉尼亚州的威廉斯堡，工作内容是客房服务，工作的辛苦与乏味自然不必说，值得自豪的是，我们一行六个中国学生都能从头至尾充满希望乐观地生活下来，没有荒废这次难得的机会。

旅行的开始并不美好。因为机票买得太迟，没有人和我行程一样，这意味着我必须独自一人从中国去到美国一个未知的小镇。现在想来，那时的担心与恐惧似乎有点多余，但“人生的路，总要走过了才知道”。当一个人拉着庞大的行李箱在各个机场转机时，我就是这么想的。出发两天以后，抵达文件指明的目的地时，已经是深夜十二点，已经冷静到绝望的我早已想到在机场过一夜，等天亮再作打算。没想到一出登机口就看到两个同伴已在大厅等我，当时的心情自不必说。从那一刻起，我就坚定了一个想法：没有过不去的坎儿，只要你心存希望。

接下来又费了一番周折才安顿了工作和住处，有四个牙买加人、一个墨西哥人和一个印度人与我们一样，是参加这个项目的国际学生。在接下来的三个月我们一直相处得不错，与墨西哥的Carlos更是成了无话不谈的好朋友。也渐渐开始明白，语言并不是什么不可逾越的障碍，重要的是有没有真心对待身边的人。

威廉斯堡是个古典浪漫又不乏现代气息的小镇，蓝天绿树，静谧清洁。Governors Inn是威廉斯堡区四大宾馆之一，有八十多年的历史了，可以说宾馆本身也是威廉斯堡的景点之一。然而要保持几十年如一日的好名声是不容易的，十周的工作里面，没有一天我们不是筋疲力尽地回到住处，哪怕在温度高达华氏100多度（38℃）的橙色警报天气下，我们还是需要有质有量地完成工作，通过主管的检查，才能下班。一开始我们并不能适应这样高强度的工作，也为此抱怨过，但转念一想，美国能够成为当今世界最发达的国家，还不是因为每一个人高度的责任感和高效率的工作吗？既然我的脚踏在这片土地上，我就要负起我应负的责任来。

十周的工作让我们和其他国际学生、主管之间建立了友好的关系。工作即将接近尾声时，经理请大家吃饭，我这才意识到在一起的时间不多了，大家都有点伤感。

我们的团队精神是这次美国之行最大的收获。Jo 因为年龄最大，被我们尊为“老大”，他是我们中厨艺最好的，起初的一个多月他一直是我们的“厨师”，每天用一个微波炉就能做出两顿六个人的饭，真是劳苦功高！Gale 是个聪明可爱的女孩，湖南人，无论在多么困难的环境下都能看到生活的光明面。Lina 和 Wade 是同学，但以前并不认识，前者强势但聪明冷静，总能妥善处理各种突发情况；后者平和又有条理，他的井井有条有时让我们这些女生都自愧不如。就是这样性格迥异的六个人，却能在将近三个月的工作生活中相亲相爱，简直可以说幸福美满。

工作结束后，我又去了华盛顿、纽约、芝加哥、洛杉矶这四个城市，同样也感受到这些地方与威廉斯堡的宁静所不同的都市魅力。

四个月的美国之旅已经结束，但它带给我的思考才刚刚开始，感谢这次独特的人生经历带给我的成长。

这个与众不同的夏季

张弘慧

（湛江师范学院人文学院对外汉语专业2009级学生）

赴美之行已落下帷幕，感觉像是做了一场梦，一场长达三个多月的美丽而真实的梦。

怀着出去走走的简单想法，我毅然地参加了赴美带薪社会实践这个项目，没有过高的幻想，没有特别的期待。只是出行前给了自己几个小小的目标：用心感受准备阶段、细心品读异国文化、大胆走向未知领域、狠心挑战自我极限。

大概是2010年的11月，我去听了上一期赴美师兄师姐的报告会，发现他们虽经历了一系列的困难，但这些困难成就了那日那时淡定、从容、果敢的他们。天性爱闯的我决定也去挑战一番。

首先和父母商量了一下，一直对我支持有加的家人相当赞成。于是我便报名了，当晚就进行了一个与美国生活有关的口语的考试，这个考试叫感受美国文化，这是第一步。第二步工作在邮件和电话的沟通中进行，老师给我们列了一张单子，上面写明了需要做的事情，例如，向二级学院开具放假证明、无犯罪证明、在校证明等。准备签证的证件，有身份证、护照办理、家庭情况的证明等。接下来是到广州进行一轮简单的和外国面试官的面试，之后的事情便在负责老师的协助下完成。这时可以尽力去准备一下口语和尽可能多地去了解外国文化等。五月初，到广州进行签证辅导和签证，一周左右便可接到签证文件。订机票建议选择大韩航空，赴美有太多的不定数，这个公司的机票可免费改签。其间的琐碎很考验每一个人的耐力，经历了所有的第一次和懵懂之后，我发觉其实很多事情真的可以平心静气地去解决。

到美国后，我在弗吉尼亚海滩的Westin四星级酒店工作，有来自美国当地、牙买加、墨西哥、西班牙、法国、新西兰等国家的朋友们。酒店根据入住信息安排我们的工作时间，每周的安排不定，每周工作五天，因此有机会在休息的时候出去走走。

Westin是一所相当不错的四星级酒店。在这里，我知道了集团的运作规律，学会了如何为人处世。首先，我赞赏他们的工作态度。无论对待任何事情，都有说一不二的认真和负责。刚开始会觉得有点死板，但我不得不承认，能够将一件事自始而终执着坚持是多么难得，这点对我现在的生活影响很深。其次，我赞叹他们的协作能力。作为一个企业，员工和上级没有等级区别，团队协作、互帮互助。再次，我赞赏他们的人文关怀。不管曾经怎么样，当你需要时，他们都会伸出援助之手，还有飓风来临时对我们人身安全的细致考虑等。但是，也存在一些不足。没有严格的考核制度，员工的积极性不高，存在懒散的问题；分工不明确，存在得过且过的现象等。在这里，最想提到的一点是，他们的礼貌和素质，即使是陌生人，相遇了也会远远地向你打招呼，这或许不能算是信任，但至少是文明程度的一个体现。

和我一起的是七个来自祖国不同大学的学生，从不认识到成为好朋友，我们经历了从意见分歧到相互体谅的阶段，或许那就是所谓的珍惜与成长。在美国，我们能感受到前所未有的独立。因为距离问题，因为实际情况，我们无法像在国内那般向家人朋友撒娇，遇到问题，出现在头脑中的第一想法是，如何靠自己和身边的朋友去解决。我们遇到的问题不大，可也不少。如抵达机场没人接机、中外服务中心提供的住宿地点没有我们的信息、房租太贵、找房子、刚开始工作时的不平等待遇、工资被扣、工时被剥削等。残酷的现实面前，我们没有低头，八个人相互鼓励，一起面对。我们自己去找房子，在美国租短期的房子是很困难的，但我们依旧克服了；我们自己去协商工作的问题，用我们的实际行动和真诚的态度去表现我们的友善，最终获得了一份份异国情谊，我们在回国后还依旧保持着联系；我们和主管协商工资的问题，最后也有了相应的答复。除此之外，我们的生活还算惬意。休息日，我们会选择到周边的地方走走，逛逛校园、超市、海边景点、教堂、海军基地、古城区、州政府等等，不同的风景总有不同的体会，走过了、用心了，我总有收获。平时我们会一起或者轮流做饭，我总喜欢为大家做饭，看着他们吃得香喷喷的，感觉像家人。也喜欢朋友做好了饭，叫我去品尝的舒适，真好。我们会一起约定时间学习，在体验工作艰辛的间隙，更能体会学习的珍贵。我们会在忙碌的生活里，一起K歌、一起狂欢、一起去教堂听讲，乐趣满满，怀念那段日子，那段属于我们八个人的回忆。这就是经历，一份难得的磨砺。

由于工作环境的原因，我有幸接触到来自世界不同国度的朋友们。牙买加人的热辣与开放、西班牙人的狂野与保守、法国人的理智与绅士、墨西哥人的细腻与善良、美国人的热情与奔放等，不同的文化孕育了不同的人们，因为多元，所以交织得更精彩。在美国的朋友帮了我们很多很多，我把一份份感激留在心底。他们非常热情，即使非亲非故，也会在大雨来临前开车过来接送我们上下班，会在我们去买生活必需品时接我们回家，会在我们出外游玩时全天候无条件陪伴，会请我们到家中用餐等等。通过与他们的接触，我多少了解了美国的文化，例如对于奥巴马他们是怎么看的，白人与黑人对此为何有不同的见解；对于美国的教育制度，他们的意见是什么；美国民众是否赞同他们的税收制度；教徒们都是如何去贯彻他们的信念的……感谢他们的帮助，也感谢他们和我分享有关美国的故事。不能说了解很多，但至少有所了解，这开启了我们去了解异国文化的大门，相信会有更大的收获。

参团旅游很累，但留在心里的记忆和开阔的视野是无价的。之所以痛下决心斥资去旅游，是因为我觉得旅游有其本身的价值。横跨美国东部与西部，我领略了不同的文化，完成了自己的小小心愿。纽约，是美国的一个另类城市。人种之杂，无法估算，文明程度明显比不上其他州。但这里有它独特的魅力，自由女神像的神圣、帝国大厦的象征、城市的历史、移民者的辛酸成长路，都值得去了解。康辛州，有一所叫做耶鲁大学的学府，因此吸引了不少学子。同时，这里的风景相当迷人。罗德岛州，在大西洋的岸边坐落着一幢世界闻名的听涛别墅，在这里我深深地赞叹人类的智慧，稍显欧洲风格的富丽堂皇的房子，记录了20世纪60年代的家族史，那是一段激励人的成长史，一段从一无所有到权倾全美的绅士的历史。波士顿，这里有我期待的哈佛、麻省理工、圣三一大教堂。哈佛的学子忙碌而低调；哈佛的图书馆雄伟而壮观，作为世界上存书最多的图书馆，对我有特别大的吸引力；哈佛的校园，宁静而优美，有股幽幽的淡香。我在想，假如有一天我也可以漫步此处汲取智慧的精华，该是多么美妙的事情！内华达州之拉斯维加斯是沙漠之州的一朵奇葩，这里的狂野与东部的平和形成了鲜明的对比。金碧辉煌的建筑、随处可见的赌场设计、随处可感的火辣人群、随处可知的大胆热辣的信息，无时无刻不让你感觉到这边的开放。这是一个释放自己的场所。在沙漠之州依然有如此景观，让我更坚定地相信没什么是不可能的。加利福尼亚州之洛杉矶，相比拉斯维加斯，洛杉矶一点也不逊色。以环球影城和迪士尼出名的洛杉矶，充满了刺激与新奇。这里的设计，可谓鬼斧神工，值得好好去体验。

一路风雨一路歌，走过了体验过了，也就收获了。

长达 112 天的赴美之旅在洛杉矶国际机场拉下了帷幕。赴美之旅结束了，但它带给我的影响和指导意义永不落幕。

赴美，让我体会到了前所未有的独立与担当。尽管双肩依旧稚嫩，但已有足够的信心去挑战自己的极限。未来的旅程剩下的是坚定、淡定地成长。选我所爱，爱我所选，并脚踏实地地去践行。赴美，让我懂得了这个世界没什么不可以。在你踏出第一步的那一刻，所有的可能性就已经诞生。不做无谓的彷徨，不要所谓的感伤，大胆地去做，也许会收获意外的惊喜。永远都相信自己是一座潜能库。赴美，让我褪去了浮华，选择了简单。简简单单地活着，有自己的思想，并关心身边的人们。感恩常在！

回国后的日子，在比较中得出结论，我要做更纯、更真、更出色的自己！

选择没有对错，关键在于是否真的用心去成长，毕竟赴美不是一块可以随意让人发光发亮的金砖，你不会因为去了美国而身价百倍。赴美，挑战与机遇并存，困难与提升兼备，我成长了！

飞越太平洋的梦想

梁桂华

（湛江师范学院人文学院对外汉语专业2008级学生）

童话般的世界

明尼苏达州，在太平洋彼岸的那个冰天雪地、如诗如画的童话世界，成了我最美好的回忆。明尼苏达州是美国大陆最北的州，冬天非常寒冷，可以看见我梦境中的大雪。

明尼苏达州的圣约翰·圣本尼迪大学（CSB-SJU）与我们学校有交流生项目。大一那年，去那边交流的师兄师姐回来后说了很多传奇的故事，我自己也梦想着出去看看外面的世界。上个学期，我们学校的学生也有到那边交流的机会，通过和家人的多次沟通，我终于报了名，而且通过了面试，得到了这个宝贵的机会。

经过了两天多的旅程，我们终于抵达了美国明尼苏达州的明尼阿波利斯机场。美国那边的负责老师早已在机场等待我们。我听很多人说那边很冷，所以穿了很多衣服过去，一路上都在流汗。透过机场的玻璃，我看见外面有很多积雪，很想出去感受一下外面的气温，让我这身衣服能有用武之处。终于到了外面，看着一堆堆白雪，干净的路面，一幢幢两三层的小别墅和周围的树木互相映衬，呼吸着新鲜的空气，我感到心旷神怡，不知不觉就喜欢上了这个童话般的世界。

新颖的教学方式

CSB-SJU是一所宗教性大学，在St. John's唯一的研究生学院就是神学院，St. Ben's没有研究生学院。学校分男校区和女校区，坐校车有差不多十五分钟的车程，校车每半个小时一趟，课间时候校车较多，如果错过了校车很可能就会迟到，因为我们都没有汽车。几乎每个美国学生都有汽车，但他们也是搭校车上学。美国的校园很开放，没有围墙，而且大路就从女校区通过，男校区周围是森林和一个很大的天然湖。最让我吃惊的是，校园里有很大的墓地，并成了校园的一大景点。

我们在那里上了六门不同的课，分别是Chinese 312、Chinese Women in Literature、Intercultural Communication、People's Republic of China、East Asian Gardens和ESL。那里的上课时间和上课方式和我们的很不同。他们也是早上八点开始上课，但我是早上十一点二十分开始上课，一直上到下午三点五十分。每节课是70分钟，每两节课之间有半个小时的课间时间。中午没有休息时间，刚开始时由于不习惯，我们很多人都在打瞌睡。

美国的教室没有讲台，桌子和椅子连在一起，都是可以移动的，老师和学生都是平等的，喜欢怎么摆放教室的桌椅来上课都行。在第一节中文课上，中文老师Sophia就给我们强调美国的课堂都是师生平等的，老师除了期末时能决定同学们的得分，其他都是平等的。美国的课堂很重视发挥学生的主观能动性，老师讲得比较少，把很多时间交给学生来讨论发言。充分体现出了学生为主体、教师为主导的开放式教学方式。

来美国之前，我以为美国大学生的学习是很轻松的，但让我吃惊的是，他们几乎每节课都有作业，而且教授还会布置很多论文。几乎每个月都会有一次不定时的小考，期末就是大考，平时的考勤等都计入平时分。所以美国学生学习都很努力，很少有人逃课。而且他们每天晚上做作业几乎要做到半夜，早上还要一大早就起来做兼职，几乎每个美国学生都有兼职，他们晚上只睡四五个小时，中午没有时间休息，很辛苦，完全没有我当初想象中那么轻松。

美国学生周一到周五都很努力学习，到图书馆看书，但是周末的时候就完全不一样了。周末，很少有人在图书馆看书，而且平时很努力学习的美国学生们周末也都跑到酒吧去疯狂了。跳舞、喝酒是他们在酒吧消遣的主要内容，也是他们平时派对上的主要内容。好像除了喝酒和跳舞，他们找不出更好的娱乐方式了。也许是他们的学习压力太大，需要酒精和跳舞来放松自己吧。

丰富多彩的生活

来美国之前，我听以前到过CSB-SJU的师兄师姐说美国人很冷漠，不会怎么理睬他们，而且回来了也不会和他们保持联系。我听了很害怕，曾经犹豫过要不要到那个冷漠的国度去。然而，到了明尼苏达州，我们却遇到了一群热情的美国教授和朋友。还记得在校长家的美国大餐，Rachel家的自制饼干，Philip Kramer博士家的美味早餐，美国学生为我们举办的火锅聚会，边看电视边吃美国菜的聚会；还记得美国学生带我们去购物，带我们去体验美国酒吧的疯狂，带我们去滑冰，带我们去攀岩等等；还记得在我们遇到困难时，美国教授和学生们耐心地为我们解决难题，帮助我们；还记得课堂上我们互相讨论、互相帮助学习时的欢声笑语——这一切一切，都将永久留在我的记忆中！

我们在美国也度过了一个难忘的春节。第一次不在家里过春节，而是在离家几万里之外的美国度过，其中的感觉很难形容。春节来临时，我在美国感觉不到一点春节的气息。此时此刻，我才感觉到自己是如此的思念家乡和亲人。除夕的时候，我们去超市买了很多菜回来，做了中国火锅，还炒了很多中国菜，邀请了一些老师和美国朋友，大家围着桌子，一边吃火锅，一边看春晚，其乐融融！吃完了饭，美国学生还带我们去了酒吧。酒吧里大都是大学生，当他们知道当晚是中国的除夕时，一起跟我们倒数，让我们很感动！更让我感动的是，课堂上，Bohr博士还给我们每个人准备了红包。

2月5日晚上，我们中国留学生举办了“中国年”晚会，表演了舞蹈、葫芦丝、街舞、唱歌等节目，得到了美国朋友的好评，也让更多的美国朋友了解了中国文化。很高兴我可以在异国他乡表演葫芦丝，而且从中也认识了很多朋友并得到了很多人的指导。我们学校以前的外教 Aaron、John、David 等和他们的家人也到了现场为我们加油助威。还有一个外教 Mary 后来还特地从印第安纳飞来明尼阿波利斯和我们见面，让我们很感动。

多元文化

那里的建筑都是比较矮小的，一般都是两三层的小别墅，一般房子都会有地下室。我们就住在地下室里，冬暖夏凉。我们的公寓很大，三个人住的房间只住了我和另外一个队友，很宽敞。那里所有的屋子里面都有暖气设备，很暖和，感觉比湛江还热，有时得把暖气关一会儿再开。公寓里有洗衣房，里面洗衣机、烘干机齐全，很方便。我们洗衣服前得先在本子上登记，这样有东西遗漏在洗衣机里时容易找到失主。记得刚开始时我经常忘记登记名字就去洗衣服了，而且衣服还在烘干机里烘着就去睡觉，第二天早上起来就看到衣服被放到了外面，因为美国学生是早晚都洗澡的。

刚开始时我不知道如何做美国三明治和汉堡包，只得把所有的东西都混在一起吃。我没有看见旁边的面包，所以每次吃的都是做三明治和汉堡包的馅。后来我只得跟在美国学生后面，他们怎么做我就怎么做。他们也非常友善，很有耐心地教我做美国三明治和汉堡包。

美国学生的素质很高，排队上校车很有秩序。下车时也是等前面的人下了，后面的人才跟着下。有一次我在车上睡着了，车停了没有下车，后来队友发现我没下来，跑回头叫醒我下车。我回头一看，我后面的同学都没下车，在等着我下，当时很震惊。美国的交通也很有秩序，当红灯亮时，行人或车辆是绝对不会横穿马路的。有些地方，当你想过马路时，可以按绿灯，高效又省时。美国学生很有礼貌，当他们打开门时，都会拉着门让后面的人通过，以免后面的人被门撞到。美国学生的高素质体现在很多方面，也许这就是素质教育的结果。

当在明尼苏达科学博物馆看到密西西比河时，我不敢相信这是真的。这是一个飞越太平洋的梦想，曾经在地理书上学到它，现在它就呈现在我眼前；曾经在梦境中冰天雪地的童话世界，现在也呈现在了眼前。美国之旅，让我更加坚信：只要心怀梦想，并为之努力奋斗，就一定会实现的。

作为一个对外汉语专业的学生，我在美国也学到了不少对外汉语教学知识。希望我毕业后能到美国去教汉语。我会为这个梦想继续努力的，相信我的未来不是梦！

异国留学、办孔院

随着世界“汉语热”的兴起，我国高校纷纷创办对外汉语专业，截至2012年底，共有342所高校创办了该专业。针对国外缺师资，国内毕业生不能对口就业的矛盾，各个高校纷纷和国外学校合作办学，或者开办孔子学院，为学生真正实现汉语国际教育开辟途径。

我校除了开辟赴泰国、美国实习外，从2011年起还和国立韩国交通大学开展了3+1合作办学模式，双方每年从大三年级中选出语言流利、成绩优秀的三名学生，到对方学校学习一年，成绩互认。2013年底时，第二批学生贺丹、郑钧仁和陈诗慧三名同学正在韩国学习。她们在韩国学习的亲身感受，可以带着我们深入了解韩国的高校教学、学习情况，也为我们了解韩国文化提供了翔实资料。

孔子学院是传播中国文化的一个途径。截至2013年9月，全球已经有425所孔子学院，644间孔子课堂，分布在五大洲117个国家和地区。孔子学院的创办，需要中外院校共同努力和辛勤工作。朱习文老师在马达加斯加孔子学院工作了两年半，他的经历正好让我们窥一斑而见全豹，了解在国外开创孔子学院的艰辛，也看到全心投入、热情工作后的丰硕回报。

我们在韩国留学

贺 丹 陈诗慧 郑钧仁
（湛江师范学院人文学院对外汉语专业2010级学生）

作为我校与国立韩国交通大学为期一年交流活动的第二批同学，我们三个将带领大家看看我们在韩国的学习、生活以及风土人情。

学校介绍

国立韩国交通大学是韩国教育科技部直属国立大学，是韩国地方重点综合性大学。其主校区坐落于韩国忠清北道的主要经济城市忠州市市区内，校园环境典雅，古朴幽美，人文氛围浓郁，具有鲜明的特色。

由于韩国国土面积相对较小，而且住校申请要根据个人学习成绩和家庭条件来决定，因此韩国的大学生大多数是走读的。我们有幸入住两人间的女生宿舍，宿舍条件非常舒适，配有地暖、电梯、休息室、洗衣房和健身房。让我们充分感受到了学校的人文关怀。

自由选课和讨论式学习

学习生活方面，与国内大学不一样的地方首先体现在课业安排上，所有课程都是按照自己的意愿来选择，在要求的学分内，除了几门专业必修课以外，其他系别的很多课程都可以供我们选择，上课时间也是自己安排。韩国的大学都没有固定的班级，只有系别、专业和年级之分。上课的规模也相对较小，每节课的人数一般在20人左右。在课堂上，教授常常会要求学生自己做课件来发表课题，锻炼学生的动手能力和上台发言能力。我们在这里接受全韩语的教学模式，虽然有挑战性，但不得不说这是一个提高我们韩语水平的好机会。

选课，这是我们来到韩国之后要做的最重要的一件事。韩国学生上课和中国学生不一样，每个学生都有专属于自己的课程表，所有课程都是学生按照自己所需要修的学分或者自己的兴趣来定的，可以说，每个学生的课程表都不一样。而且他们没有班级的概念，因为每个人课程表不一样，自然而然每天在身旁一起上课的同学也会不一样。

上课基本上都挺随意的，这里的随意不是指老师上课随随便便，而是指上课气氛轻松活跃，上课时间灵活。在上课时，教授们会时不时地和同学们开个小玩笑，讲个小笑话什么的，可以说，教授们和同学们相处的方式就像亲密的朋友。让我印象很深的是，为了更好地进行期中考试，教授在课堂上积极地询问同学们的意见，并且给出两种选择，通过举手表决的方式让学生来选择更适合自己的考试方式，少数服从多数。从这点不难看出，师生之间更像以一种朋友的方式相处，并且真的做到了。学生上课可以随时问老师问题，可以就某个问题和老师谈论很久；考虑到有的学生要赶着末班车回家，老师也会适当地缩短上课的时间，提早放学。这方面带给我们的感触颇深。

在集体活动方面，课后，同学们也经常会聚到一起讨论问题，以小组讨论的方式进行学习，大家一起思考，一起解决。就拿我们几个中国交换生来说，因为我们在中文系，所以和韩国同学一起学习、交流的机会也相对较多，他们会时不时地把我们约出来一起看书，一起复习。有不懂的地方大家互相帮助，查漏补缺，这样一来，学习的效率一下子就提高了。

尽情展现的学校活动

学校一般不会硬性规定学生要参加什么活动，也不会不去就扣分。韩国可能受西方影响比较大，个人观念比较强，学生一般只参加对自己有意义、能够吸引自己的活动。

记得有一次学校的一个吉他社举行了小型的演唱会，现场来观看表演的学生们大部分都是自发过来的，有的是来给自己的朋友加油打气的，有的是对吉他感兴趣的，那天晚上可以说大家的热情都挺高的，一整个晚上欢呼声此起彼伏，掌声不断。因为这都是大家共同爱好的东西，因此不仅演员们表演得卖力，观众们也看得不亦乐乎。可以说，韩国学生能很好地融入集体，同时也能很好地通过集体来满足自身的需求，促进自身的发展。

学校每学期开学都会进行学生代表选举，规模很大。代表们会在全校范围内进行宣传拉票，到处可以看到他们的宣传横幅与标语。学校的每一位同学都有投票机会。

韩国的教师节是每年的 5 月 26 日，在教师节当天中午，学生会带领同学们给所有老师唱歌、献花、送礼物，让我们感受到了韩国学生们对老师的尊敬与感谢。

一年一度的校庆也是校园活动的重头戏，连续三天的校庆活动丰富多彩，有同学们自己摆摊，也有各种协会社团的表演。当然，今年学校同样也邀请了明星来助阵，在观众席中我们身临其境地感受到大家高涨的热情。

另外，国际交流本部给我们所有的交换生安排了丰富的活动，其中有一项是韩国学生一对一地带领交换生体验韩国生活、文化和风土人情，是叫做 Mentor（导师）的活动。“导师”们带我们看樱花，体验韩国的饮食文化、宗教文化等等。虽然只有短暂的三个月时间，但我们与各自的“导师”建立了深厚的友谊之余，也充分感受到了韩国的文化风采。

还有另外一项活动是暑假期间的济州岛之旅。这是让所有人都无比期待的一次旅行。国际交流部的老师带领我们全体交换生体验了济州岛独一无二的美丽。虽然只有短暂的三天两夜，但济州岛以其独特的风景和历史，让我们感受到了不一样的韩国。

微笑服务和尊重别人

超市是我们经常去的地方。韩国超市最让我印象深刻的是工作人员的服务态度。首先，在超市的入口有一名工作人员，当我们刚刚走进超市的时候，立刻就对我们点头鞠躬，微笑并有礼貌地向我们问好。这着实把我吓了一跳，因为在中国的超市极少能有这样的体会。超市里的职员都穿戴整齐，脸上都化着淡妆，在你购物时，会面带微笑地耐心为你介绍各种商品，当你离开他们所负责的购物区域时，即使在费了一番口舌后，你仍然没有购买商品，他们都会很有礼貌地和你说上一句“请您慢走”。总之，随处都可以看到笑脸，听到礼貌的问候。这一点让顾客很满意，也是吸引顾客的“软武器”。

在超市外面，有公交车站和计程车站。在计程车站，可以看到一辆辆计程车秩序井然地排着队，等待着客人，不急不躁，不争不抢。上车时，司机会有礼貌地向乘客问好，下车时，司机仍会面带微笑地向乘客道别。韩国这个曾经对我们来说有点陌生的国度，因为这些微笑，让我们心里感觉暖暖的。不仅仅是在超市，在饭店、服装店、市场、学校、食堂、宿舍都可以看到挂着微笑的脸和亲切的眼神。可以说，韩国给我的第一印象就是——一个面带微笑的礼仪之国。当然，在别人对你致以微笑与问候的时候，你也应该给对方礼貌性的回应，否则会被视为没礼貌，没教养。

韩国人对外貌非常重视。在韩国的大街上，几乎看不到素颜出门的女生，大家都是化了妆，把自己打扮得漂漂亮亮才出门的。如果没有化妆，女生们会选择戴帽子，反正会以各种方式把自己没化妆的脸遮起来，因为在他们看来，素颜出门是对别人的一种不尊重，是没有礼貌的表现。在韩国的校园里，女学生都是浓妆艳抹的，男生也如此，大部分韩国男生都使用化妆品，会经常对自己的皮肤进行保养与护理，有时化妆品甚至比女生还要多。

在颜色搭配方面，韩国人大部分都喜欢鲜艳的颜色，书包是荧光黄的，裤子是亮红的，鞋子是嫩绿的，有时候走在路上，很容易就被几抹亮丽的颜色所吸引。仔细一想，韩国人之所以每时每刻脸上都挂着微笑，每分每秒都注意自己的妆容，都源自两个词——礼貌与自信。因为注重礼貌与礼仪，所以脸上时常挂着微笑，想给人留下好的印象；因为想在别人面前自信地展现自己，所以才会如此关注自己的外貌与打扮；选择亮色的衣服或鞋子，也是想一下子就能吸引别人的注意，然后自信地在别人面前表现一番。

韩国的泡菜

提到韩国的饮食，脑海里立刻蹦出几个词语——辛辣、清淡、西式化。

辣，真的是韩国菜的一大特点，几乎每天吃的都是辣的食物——辣的泡菜，辣的汤，辣的酱料，辣的面条……刚到韩国的时候觉得还挺好的，可是日子久了，问题就开始来了。因为辣的食物吃多了容易上火，每天都这样吃，额头上、脸上几乎能长痘痘的地方都长满了痘痘，嘴里长了个大大的溃疡，非常疼。除了上火之外，另一个问题也随之而来，辣带有较强的刺激性，每天都吃的话，感觉舌头除了辣这种味道之外，其他味道都感觉不到了，满嘴不是咸的就是辣的，真是欲哭无泪！

说到韩国菜，不得不提的就是泡菜。泡菜真的可以算是韩国的国民食物了，每一天每一餐必不可少的就是泡菜，没有泡菜，在韩国人看来就不能算作正餐；没有泡菜，就总感觉好像缺了点什么。

除了重口味的辣之外，韩国菜的另一个特点就是清淡。看到这里可能会觉得奇怪，辛辣和清淡不是两个极端吗？在韩国，几乎很少能看到煮熟的蔬菜，为了最大限度地保持蔬菜的营养，菜一般都是生吃的，这样蔬菜的营养才不会因为高温烹调而流失。韩国人在吃饭的时候，汤水是必需品。除了大酱汤之外，“冷汤”也给我们留下了深刻的印象。所谓的“冷汤”其实就是将适量的醋和水调和在一起，再配上海带和洋葱的一种汤。喝的时候，感觉酸酸的、凉凉的，放在中国，压根不能算是汤的一种。

再来说说西式化，韩国料理不仅保持了本国独有的特色，同时也融入了西式料理的特点。比较明显的一点就是煎炸、快餐类的食物比较多。平时吃饭的时候，吃到最多的就是煎饺、煎牛排等各种煎炸类的食物；而在超市中，随处可见快餐类、速冻类的食品，这可能与韩国社会快速的生活节奏有关，一分钟的时间对于性子急的韩国人来说就好像过了一个小时般漫长。

我在马达加斯加的日子

朱习文
（湛江师范学院人文学院教授，博士）

2009 年 4 月 25 日，我赴马达加斯加的塔那那利佛大学孔子学院任教，成为该院的首批汉语教师。从此，我在这个遥远的国度生活了将近两年半时间。这段时光给了我一段独特的人生经历，成了我人生中不能忘却的记忆。

马达加斯加概况

近年来，电视台陆续播放了《马达加斯加的企鹅》《马达加斯加 2：逃往非洲》等系列动画片，曾经有人问："马达加斯加真有企鹅吗?"其实那都是虚构的动画片罢了，我没见过企鹅，也没听说这个国家有企鹅。虽然马达加斯加没有企鹅，却也是动物的天堂。提到马达加斯加，可能很多人都不知道它是一个非洲的岛国，甚至误解为美国的拉斯维加斯，我在机场就曾遇到过这种情况。那就让我们来了解一下这个国家的概况吧。

马达加斯加全称马达加斯加共和国，非洲岛国，位于印度洋西部，隔莫桑比克海峡与非洲大陆相望，当地华侨华人喜欢称之为"马岛"或"马国"。全岛由火山岩构成，中部为高原，东部为带状低地，西部为缓倾斜平原，逐渐下降到沿海平原。该岛是非洲第一、世界第四大岛，面积近 60 万平方公里，相当于 1/16 个中国，人口约 2 200 万，只相当于中国的 1/60，跟中国相比，这是一个地广人稀的国家。公元 1 世纪至 10 世纪，印度尼西亚人和阿拉伯人陆续迁入该岛，并同当地人通婚，形成马尔加什人，所以当地人无论是个子还是肤色，都与非洲大陆人有一定区别。其民族语言为马达加斯加语，属马来—波利尼西亚语系。在马达加斯加定居的尚有少数科摩罗人、印度人、巴基斯坦人和法国人，另有华侨和华裔约 5 万人。马达加斯加是世界最不发达的国家之一，国民经济以农业为主，工业基础非常薄弱，绝大部分工业品依赖进口，近年来有大量中国人在此经商。马达加斯加旅游资源丰富，这里有人迹罕至的沙滩、高耸入云的猴面包树、大片的红树林及一望无垠的草原和原始森林，法国电影人查尔斯·加索特曾说："这是一种野性美，我愿意为此放弃一切!"主要旅游点为诺西贝岛、圣玛丽岛和迪戈迪雅兹城等。

马达加斯加初印象

我从北京首都机场出发，在巴黎转乘到马达加斯加首都塔那那利佛的班机，经过约二十小时的飞行，终于来到了塔那那利佛上空。此刻的我虽极度疲惫，但窗外的灯光顿时让我的神经兴奋了起来，我心里呼喊着：“马达加斯加，我来了！”飞机终于平安降落了，机场给我印象最深的有两点：一是机场真小，总共也不会超过五架飞机，我们下飞机也都像国家领导人乘坐的专机一样，从舷梯直接下到地面；二是出关很麻烦，排了很长的队，一大堆人排着队填登记卡，更让我想不到的是，过安检时居然工作人员强行要我把包全部打开，他用肉眼对我的行李进行了彻底检查，结果我那装满行李的行李袋拉链也被搞坏了。刚到马岛，我的心为之一震，这是一个什么样的国家啊，我可要在这里工作生活两年多时间呢！

经过一番折腾，走出机场，天色已明，我们乘车穿过首都，赶往学校。呈现在我们面前的是一个新奇的世界。放眼望去，全是黑皮肤的人群，于是有了强烈的置身异国他乡的感触。他们大多穿着破旧的衣服，也许是肤色的缘故，显得很脏，还有很多人衣衫不整，甚至打着赤脚。这里房子很破很低，街道很窄很乱，像没有什么规划的乡镇。这里的车子很破很旧很小但很多，清一色的二手小汽车，大部分是老爷车，没有一辆大巴车，我想大巴车肯定无法在如此狭窄的街道上行驶。街上的小商小贩很多，他们手上拿着很少的商品，在车窗外向我们兜售。这里的人扛重物也是一绝，都是顶在头上，而且不用手，平衡掌握得很好。这里的人晒衣服更是一怪，几乎没看到晾在绳子或搭在架子上的，通通放在草地上，花花绿绿，形成一道独特的风景线。这里的太阳很毒很辣，晒在皮肤上有灼热的感觉；太阳光很白很亮，非常刺眼。这里的天很蓝，而且有一团一团棉花似的白云。

清新“汉”风吹遍马岛

经过简单的休整，我们就展开了孔子学院的建设工作。由于这里刚发生政变，治安不好，政局也不稳定，这给我们的工作带来较大的影响。首先，我们要解决教室问题，到这里打前站的院长虽与学校多次交涉，最终只争取来一块空地。我们只能求助当地华侨华人，他们热情地为我们提供了临时教学场所。其次，要解决招生问题，由于错过了大学新生招录的时间，我们借助报纸电台进行广告宣传，招录了一些高考落榜生和已毕业的大学生，又面向社会招收了大量业余班学生，首次招生的生源量即出乎我们的意料，居然有这么多人对汉语有热情。后来我们了解到，这个国家很多人会多门语言：他们的民族语是马达加斯加语；因为曾是法国殖民地，法语是其官方语言；英语也已纳入其国民教育体系，从小学就开始学。所以，这里会三门语言的人不在少数，有的学生甚至已掌握了六七门语言。然而这里会汉语的人不多，我们所在的全国最好的大学，会汉语的仅有两位，而且他们已多年不常使用汉语。最后，我们要解决留住学生的问题。汉语难学，汉字难写，学生极易产生畏难情绪；很多学生家境贫寒，常为生活所迫而承受辍学的压力；有的同学浅尝辄止，认为只要能进行简单交流，能做买卖就行了。所以，我们面临着渐渐失去学生的压力。于是我们认真上好每一堂课，频繁开展各种文化活动，让他们在学习汉语的同时，也了解了博大精深的汉文化。就这样，我们稳住了首批学员。

在后来的日子里，我们孔子学院的中方院长不断开拓进取：新建了教学楼，添置了图书资料；逐一拜访马岛的所有公立大学、部分私立大学及大量华侨子弟学校，并增设了大量教学点；我们的学生人数从最初的几十人增加到了几千人，任课教师也由最初的两人增加到了近百人。我们的热情与执着掀起了马达加斯加学习汉语的热潮，让清新的“汉”风吹遍了马岛的每一个角落。

我眼中的马达加斯加人

有人这样形容非洲：“穿衣一块布，吃饭一棵树。说话不算数，发展靠援助。”前两句是说他们的生活，后两句是说他们的为人及社会现状。一些马达加斯加人曾向我们明确表示：“马达加斯加不是非洲。”那我们就来了解一下这个生活在与世隔绝的岛国上的民族吧！

话说非洲人为什么可以“吃饭一棵树”，那是因为非洲部分地区气候温暖，雨量充沛，物产富饶，尤其盛产水果，所以，他们只需要守着一棵树就能解决吃饭问题。马达加斯加也是一个物产富饶的国家。这里盛产热带水果，如香蕉、木瓜、荔枝、芒果、鳄梨、菠萝蜜，价格也非常便宜，如一公斤荔枝大概折合三元人民币。马达加斯加还被称为“牛背上的国家”，这里富裕的标志是“牛”，牛的多少决定着主人的地位，他们对牛有着一种特殊的、近乎狂热的崇拜：牛要像孩子一样接受洗礼；男婚女嫁，老人殉葬时，要杀牛摆宴招待宾客；部分地区还会在死者坟前立一个牛头模型，表示死者生前的荣耀并保佑其死后灵魂的超度。所以，牛肉是他们的主要肉食品。此外，他们也吃鸡肉、猪肉和鱼肉，但不像中国人一样什么肉都吃。虽然物产如此富饶，但我也目睹了大量穷人的艰苦生活，他们的一日三餐或用米饭就咸鱼，或用木薯蘸白糖。我曾想，为什么他们不去乡下养一群牛，种很多果树，却要来到城市打工呢？到现在我也没明白个中缘由。

非洲人可以“穿衣一块布”，是因为这里气候温暖，衣着可以非常随意。马达加斯加也是一个赤道附近的国家，加之我们所在的城市地处高原，常年气温二十五度左右，气候宜人，平常只需穿衬衣，冷的时候加件外套即可。据说中国商人来到马达加斯加之前，大部分人是不穿鞋的，现在有鞋穿了，但主要是拖鞋。在街上也很少看到只裹一块布的衣着方式，因为很多中国商人在这里销售服装，他们穿的衣服基本是中国制造，跟我们没太大区别。虽然这里的人都能穿上衣服鞋子，但是质量还很差，甚至随处可见二手衣服和鞋子出售。

由于贫富悬殊，穷人和富人的房子是天壤之别。富人住的是气派的别墅，高大、宽敞、气派，有车库，有精美的花园。而穷人住的是简陋窝棚，低矮、狭小、尖顶，有的是土坯房，有的是茅草房。城市没有统一的规划，房屋建筑杂乱无章，不过远远望去，也能给人一种参差错落之美。很少有住宅小区，不过近年来，一些中国人在这里开发房产，修建了几座高档社区。

茅草房

马达加斯加首都塔那那利佛车很多，什么样的车都有，可以称之为“车的博物馆”。

说它是博物馆，一是车的数量多，二是车的种类多，三是车的历史悠久。比如出租车多是“二战”前后的老爷车，这种车有时会突然抛锚，有时爬不上坡，有时启动不了。我曾有这样一些乘坐出租车的经历：车抛锚了，司机就用嘴吸油疏通油路；车没油了，司机用装着汽油的矿泉水瓶加油；车爬坡到一半却上不去了，司机被迫掉头逆行；车启动不了了，司机就请路人帮忙推车。这里的公交车也很有特点，一辆小小的面的，要挤满二十个人左右，连过道都不留，如果中途有人下车，坐在前面的人就要被迫下车让道。然而，马达加斯加的交通秩序很好，虽然没有红绿灯，交警也少，但司机都相互礼让。

马达加斯加虽然有丰富的资源，富饶的物产，但大部分老百姓的生活却是清贫的。其中应该有许多原因，但我觉得有一些是自身原因。据我的观察，很多人目光不够长远、做事缺乏毅力、生活比较懒散。比如部分人常常是到没钱的时候才去赚钱，如果一次性赚到的钱比较多，就要把钱挥霍完后再去赚钱。他们做事节奏较慢，强度不太大，效率也不够高。街道上随处能见到无所事事、懒洋洋地晒着太阳的人群。

即便如此，我还是非常喜欢这个民族。比如，他们热情友好。我们几乎天天去市场买菜，菜摊摊主一看到我们出现，都会微笑着说：“那麻拿，擦拉背，擦拉背！”“那麻拿”意思是“朋友”，“擦拉背”意思是“很好”，整句话的意思是：朋友，我卖的东西很好，快来买吧！一路上还有很多小孩子远远追着我们，像唱歌一样叫“麻那我那”“撒那麻”“肥路麻”，“麻那我那”意思是“你好”，“撒那麻”意思是“你身体好吗”，“肥路麻”意思是“再见”。由于当地人的热情友好，我们的购物活动就在这样的欢声笑语中完成了，买菜对我们来说成了一种乐趣，我们去买菜也成了商贩和孩子们的乐趣。又如，他们诚实守信。最初那几天，我们不懂当地的语言，买菜的时候既不询价也不算账，直接递给他们钱，让他们自己找，结果发现他们非常诚实。这里的菜市场没有漫天要价，也没有缺斤少两，菜市场的秤是公平秤，秤砣多重，买的东西就多重，有时候没秤砣，就找一块同样重量的石头，甚至连秤也不用，直接论堆卖。再如，他们淳朴善良。有一次，我们在一个小餐馆吃饭，吃完离开走出大概五十米了，餐馆老板追了出来，我们还以为是算错了账，结果他说我们把东西忘他店里了，他给我们送了过来。我们接过东西表达谢意之后，又继续前行，走了一会，发现他又气喘吁吁地跑了过来，手里拿着另一件我们落下的东西，着实让我们感动不已。更重要的是，他们懂得幸福的真谛。幸福并不是拥有多少物质财富，一瓶啤酒，一杯咖啡，已能让他们如痴如醉；幸福也不是拥有成功的事业，拿一把吉他，哼几首小曲，却流淌着心底的喜悦；幸福也不需要纸醉金迷，一块空地，一个音箱，就能点燃激情，舞动人生。他们就这样简单而快乐地生活着，随时随地都流露出单纯而幸福的微笑。

穿越马达加斯加

为了开拓汉语教学点，院长曾带着我和另一位同事从首都出发，经过菲亚那兰楚阿，到达了图利亚拉。越过山峦起伏的高原，穿过一望无际的草原，抵达了湛蓝澄澈的海洋。一路上我们见到了成群的牛羊、奇特的猴面包树、会跳舞的狐猴、壮观的石林……

我们所在的首都是马岛的中部高原。清晨，我们驱车出发，汽车沿着弯弯曲曲的公

公路上奔跑的牛群

路，穿行在崇山峻岭中，沿途山峦起伏，满目苍翠。一路上车辆很少，突然，公路前方出现了奔跑的牛群，最初我们很诧异，怎么牛都跑到公路上来了呢？于是我们被迫降低车速，缓慢行驶，发现这些牛群都在牛仔的指挥下井然有序地顺着公路赶往首都，绵延好几公里，煞是壮观。后来我们了解到，这是牛仔赶着牛群去首都出售，为了把牛群赶到首都，他们常常要经历十天半月的长途跋涉，还必须和牛群一起风餐露宿。

经过一天的奔波，我们来到了另一个城市菲亚那兰楚阿，处理完公事后，我们就出发了。不久，汽车就驶上了S形的盘山公路，我们已经到达草原和高原的交界处。汽车在蜿蜒的山路上盘旋而下，极大的坡度和弯度，让我们的心紧绷了起来。下到山的底部，地势逐渐变得平坦开阔起来，我们已经离草原越来越近了。吃过午饭后，我们又继续前行，车开出不久，在我们前面就出现了一片开阔的大草原，那无际的草原如同一幅巨大的画卷，无遮无拦，抬头远望，四野茫茫，无边无际，竟然找不到一个可以聚焦的点，这就如同一片静止的海洋，让人感觉有些恐慌，又让人产生无限遐想。汽车在笔直的公路上飞驰，几乎看不到其他车辆，偶尔能看到草丛中成群的牛羊。我体会到了草原那无边无垠的广袤与洒脱，以及生命的散漫与豪放。突然，在我们的前方出现了许许多多怪石嶙峋、寸草不生的石头山，这应该是马达加斯加的石林吧，可惜的是，因为工作要紧，我们没能驻足欣赏。

猴面包树

傍晚时分，我们来到了一个中国驻马石油队，准备在这里休整一晚再出发。由于草原上没有路，我们漫步来到石油队驻地。此时，夕阳西下，在落日与余晖中，在金色的天幕下，草原中笼罩着一片金黄，我们都沉醉在这片柔光的温馨中。我们穿行在灌木和草丛中，尽情去感受草原的辽阔与旷达，去寻找自由释放的感觉，在这里我们的思绪可以随意驰骋，也可尽情地奔跑，放声地歌唱，心中竟也生起阵阵诗意。石油队的同胞们还在这里饲养了一只狐猴，它有一双美丽的大眼睛，长长的尾巴上有环状花纹，动作敏捷，喜欢直立，性格温和，活泼有趣。狐猴可是马达加斯加的国宝，就像中国的大熊猫一样珍贵，非洲的马达加斯加是狐猴最后的避难所，除了这座岛屿，这种长有一双美丽大眼睛的灵长类动物已经在地球上其他地方消失了。

第二天早上，我们又向终点图利亚拉进发。出发前石油队的同胞就告诉我们，前面有猴面包树。猴面包树是这个地球上古老而独特的树种之一，只分布在非洲大陆、北美部分地区和马达加斯加岛。尽管猴面包树并不是马达加斯加所独有，但是全世界只有马达加斯加岛还保存有成片的猴面包树林，而且全世界 8 种猴面包树全部都能在马达加斯加见到，这 8 种当中的 7 种还都是马达加斯加所独有的。它们构成了马达加斯加草原一道壮丽的风景线，是大自然的造物者钟情于马岛而留给世人的一个个惊叹号。出发没多久，我们终于在路边发现了它，那高大浑圆的树干耸立在草原上，像一个个矗立的巨人。它那如同瓶子一样的特殊比例以及大蘑菇般的树冠，颠覆了我们对“树”的认识，给人一种震撼的感觉。

中午过后，我们来到了海滨城市图利亚拉。处理完公务后，我们抽空前往一个海边的旅游景点，然而汽车开出没多久，就因为路面的积沙而不能前行，我们放弃汽车，徒步来到海边。一片蔚蓝的大海呈现在我们面前，海面是平静的，阵阵微风，泛起了粼粼波光，像一块硕大的翡翠闪烁着美丽的光泽。天空是淡蓝的，漂浮着几片薄纱似的轻云。海水与天空在远处汇合成一条直线。我们踏着软绵绵的细沙，沿着几乎没有行人的沙滩慢慢前行，荒芜的海边沙地上生长着一簇簇仙人掌，几头无人看管的牛儿安详地享用着这些带刺的美食，同行的老师不禁唱起了：“阳光、沙滩、海浪、仙人掌，还有一位×院长。”最终我们没有到达预期的旅游景点，但我们已经感受了马达加斯加大海的澄澈和纯净，因为没有工业，这里的大海几乎未被污染，我从没见过如此美丽的海天。

别了，马达加斯加

在这个遥远的非洲岛国，我度过了八百多个日日夜夜。在这里，我用热忱开凿清泉、用血汗浇灌梦想！最后，我想用我在欢送会上的离别感言来浓缩那段难忘的岁月：

时光荏苒，岁月如梭，我即将告别人生的一个重要驿站——马达加斯加。我终于顺利走完了这一段特殊的人生旅程，我觉得很庆幸。在马达加斯加的日子，并不是风平浪静。我们刚来马达加斯加时，动乱还没结束，后来还经历了多次骚乱和一次枪战。非常幸运的是，我在这里无病无灾，没被偷没被抢。希望我所有的同事都能健康平安回到祖国。

在我离开中国国土的那一刻我就开始回国倒计时，无时无刻不在期待着回到祖国的怀抱。现在这一刻终于到了，我却并没有想象中那样欣喜若狂。在马达加斯加两年多的日子，我将永生难忘。因为我觉自己已经爱上了这个国家，爱上了孔子学院。马达加斯加人民淳朴善良，热情友善。孔子学院的领导对我们关怀备至。更有无数的孔子学院老师，像兄弟姐妹一样相亲相爱。在我思念祖国的时候，有你们温暖的陪伴；在我困难无助的时候，有你们真诚的帮助。在此，请允许我表达诚挚的谢意。明天就要离开你们了。再见了，我亲爱的兄弟姐妹们。聚，不是开始；散，也不是结束。我在中国等待着与你们相聚。

作为孔子学院首批教师，我见证了孔子学院的建立、成长与辉煌。记得当初我们刚来时，没有一间教室，没有一个学生，一切都是从零开始。到如今，宏伟的教学大楼有了，先进的教学设备有了，图书资料逐渐丰富了，教师队伍越来越壮大了，学生数量也越来越多了，办学规模也从首都扩展到了整个马达加斯加，现已成为全球优秀孔子学院。虽然我可能再也没有机会亲眼见到这工作和生活了两年多的孔子学院，但我会在遥远的中国关心着她，并在心里默默为她祝福。在此，我衷心祝福我们孔子学院的明天更美好！

后 记

广东湛江师范学院于2003年开办了汉语言文学“对外汉语教学方向”本科专业，2005年正式创办对外汉语专业，到2013年正好办学十年，共有毕业生412人。教育部2012年调整高等院校专业目录，从2013年起对外汉语专业更改为“汉语国际教育”。我们应该抓住这个发展契机，总结办学经验，梳理专业建设方向，为推进汉语国际教育本科专业发展，培养适应汉语国际教育事业需求的高素质人才尽一份力。

这本书从专业实践、实习角度，收录了我校对外汉语专业师生在十年间赴外教学、实习以及交流学习的见闻。我们选取的赴印度尼西亚教学文章，呈现了印度尼西亚的华文教学特色以及华人领袖呕心沥血地传承华文的感人事迹。从赴泰国实习、交流生中选取的一些文章，展现了他们在泰国大、中、小学任教和学习时，对泰国汉语教学、生活以及跨文化交际等问题的感想及有效措施；选取的几篇赴美国进行非教学实习以及赴韩国交流学习的见闻，给我们展示了在美国多元文化下工作所应具有的责任心，以及对韩国国际化教学的感悟。此外，在马达加斯加办孔子学院的经验也是很有借鉴意义的。总之，所有这些文章都饱含着作者的真情实感、真知灼见。他们都用心地去分析、思考域外文化，得出的一些经验都是弥足珍贵的第一手资料，如对教学对象特点的总结，教学方法的创造，课堂管理的有效措施，处处闪耀着教学理论联系实际的创造性火花；生活中跟当地同事、朋友相处时，那些触动心灵的民族心理模式和思维模式所带给他们的文化撞击等，都给我们跨文化交际教学提供了真实的案例。因此，他们亲身体验并提出的教学方法和交际经验都有利于我们反思现有的课程设置，改进专业课堂教学内容和方法，他们宝贵的建议也为我们继续国际合作项目提供了很有用的参考价值。

汉语国际教育是一项国家的民族的事业，我们这本文集提供的一些赴外教学经验和跨文化交际经验，希望能为新形势下汉语国际教育事业的发展尽一份绵薄之力，也希望我校在下一个十年中，专业建设和学科建设更加蒸蒸日上。

文集的出版，得到湛江师范学院领导的大力支持，并得到人文学院前院长熊家良教授拨冗赐序，也得到暨南大学出版社屈哲等编辑精心审稿，认真批阅，在此致以衷心的感谢。文集的出版还得到了2011年中央财政支持地方高校发展专项资金项目（财教〔2012〕140号）、广东省高等学校教学质量与教学改革工程项目“汉语言文字学课程教学团队”（粤财教〔2011〕473号）、广东省普通高校人文社会科学研究基地重大项目“基础教育课程改革与教师专业成长研究”（11JDXM88001）、广东省教育厅高等教育质量改革工程（粤教高函〔2012〕80号）、湛江师范学院2012年度教学改革重点项目（ZSJG1207）“对外汉语专业课程体系整体优化与教学内容凸显特色的研究与实践”，以及湛江师范学院2012年度“对外汉语专业综合改革试点”项目（〔2012〕97号）的资助，在此一并致谢！

郑继娥

2013年10月10日